Recht - schnell erfasst

Reihenherausgeber

Detlef Kröger, Buch, Deutschland

Claas Hanken, Bremen, Deutschland

In jedem Band dieser aktuellen Sammlung werden die wichtigsten Normen im Wortlaut vorgestellt, verständlich kommentiert und mit den - für die gelungene Fallbearbeitung - notwendigen Verweisen versehen. Wer bei der Lösung von Problemstellungen schnell auf den Punkt kommen will, ohne sich mit komplizierten juristischen Theorien auseinandersetzen zu müssen, findet hier alles, was er dafür benötigt. Klar und verständlich ermöglichen die Autoren einen schnellen Einstieg in die Methodik und Anwendung des juristischen Handwerkzeugs. Das Lernpaket bietet folgende Vorzüge:- übersichtliche Gliederung - Auflockerung durch Illustrationen- Veranschaulichung durch Fallbeispiele und deren Lösungen- aussagekräftige Übersichten und klare Schemata- Marginalien mit schlagwortartigen Hervorhebungen- Wiederholungsfragen zur Wissensüberprüfung.

Weitere Bände in der Reihe: http://www.springer.com/series/3296

Martin Hussels

Strafprozessrecht - Schnell erfasst

4. Auflage

Martin Hussels
Landgericht Ravensburg
Ravensburg, Deutschland

ISSN 1431-7559
Recht - schnell erfasst
ISBN 978-3-662-61652-9   ISBN 978-3-662-61653-6   (eBook)
https://doi.org/10.1007/978-3-662-61653-6

Die Deutsche Nationalbibliothek verzeichnet diese Publikation in der Deutschen Nationalbibliografie; detaillierte bibliografische Daten sind im Internet über http://dnb.d-nb.de abrufbar.

Springer
© Springer-Verlag GmbH Deutschland, ein Teil von Springer Nature 2002, 2008, 2015, 2020
Das Werk einschließlich aller seiner Teile ist urheberrechtlich geschützt. Jede Verwertung, die nicht ausdrücklich vom Urheberrechtsgesetz zugelassen ist, bedarf der vorherigen Zustimmung des Verlags. Das gilt insbesondere für Vervielfältigungen, Bearbeitungen, Übersetzungen, Mikroverfilmungen und die Einspeicherung und Verarbeitung in elektronischen Systemen.
Die Wiedergabe von allgemein beschreibenden Bezeichnungen, Marken, Unternehmensnamen etc. in diesem Werk bedeutet nicht, dass diese frei durch jedermann benutzt werden dürfen. Die Berechtigung zur Benutzung unterliegt, auch ohne gesonderten Hinweis hierzu, den Regeln des Markenrechts. Die Rechte des jeweiligen Zeicheninhabers sind zu beachten.
Der Verlag, die Autoren und die Herausgeber gehen davon aus, dass die Angaben und Informationen in diesem Werk zum Zeitpunkt der Veröffentlichung vollständig und korrekt sind. Weder der Verlag, noch die Autoren oder die Herausgeber übernehmen, ausdrücklich oder implizit, Gewähr für den Inhalt des Werkes, etwaige Fehler oder Äußerungen. Der Verlag bleibt im Hinblick auf geografische Zuordnungen und Gebietsbezeichnungen in veröffentlichten Karten und Institutionsadressen neutral.

Springer ist ein Imprint der eingetragenen Gesellschaft Springer-Verlag GmbH, DE und ist ein Teil von Springer Nature.
Die Anschrift der Gesellschaft ist: Heidelberger Platz 3, 14197 Berlin, Germany

Vorwort

Wieder einmal sind fünf Jahre seit der letzten Auflage ins Land gegangen, und abermals ist der Gesetzgeber im Bereich der Strafprozessordnung durch etliche Neueinfügungen und Modifikationen, teils durch Vorgabe von EU-Richtlinien, in Erscheinung getreten. Diese Tatsache und die positive Aufnahme des Buches durch die Leserschaft haben eine neue, grundlegend überarbeitete und erweiterte Auflage bedingt, ohne dass hoffentlich die Überschaubarkeit des Stoffes gelitten hat.

Die Gesetzeslage entspricht dem neuesten Stand im Zeitpunkt der Drucklegung. Eingearbeitet wurden u. a. das Gesetz zur effektiveren und praxistauglicheren Ausgestaltung des Strafverfahrens (2017), das 2. Gesetz zur Stärkung der Verfahrensrechte von Beschuldigten im Strafverfahren und zur Änderung des Schöffenrechts (2017), das Gesetz zur Erweiterung der Medienöffentlichkeit in Gerichtsverfahren (2017), das Gesetz zur Modernisierung des Strafverfahrens sowie das Gesetz zur Neuregelung der notwendigen Verteidigung, die beiden letzteren aus dem Dezember 2019.

Rechtsprechung und Literatur wurden bis Anfang 2020 berücksichtigt und eingearbeitet. Für erstere sind dies vor allem das BGH-Urteil zum Beweisverwertungsverbot im Falle einer Vernehmung des Beschuldigten ohne Hinzuziehung eines Verteidigers, die neuere Rechtsprechung des BVerfG und des BGH zur Verständigung im Strafverfahren sowie die schier nicht endenwollende Kasuistik des BGH zur Beweiswürdigung, zum Beweisrecht und richterlichen Überzeugungsbildung. Bedeutsame internationale Bezüge des Strafprozessrechtes durch europäisches Recht wurden, wo relevant, eingearbeitet. Gänzlich neu ist ein Teilkapitel über die Kosten und Auslagen des Verfahrens.

Kein Buch ist so gut, als dass man es nicht noch besser machen könnte – für Kritik wie auch für Anregungen bin ich deswegen jederzeit dankbar. Sie können gerne an Martin.Hussels@web.de gesendet werden.

Mein besonderer Dank gilt auch diesmal wieder auf Verlagsseite Frau Dr. Brigitte Reschke und Herrn Claas Hanken sowie Frau Lena Hussels für die engagierte Mitarbeit an der Erstellung des Manuskriptes.

April 2020
Ravensburg/Konstanz
Martin Hussels
Vorsitzender Richter am Landgericht Ravensburg
Lehrbeauftragter an der Universitäten Konstanz und Luzern – Staatsanwaltsakademie

Inhaltsverzeichnis

1	**Einleitung**	1
1.1	Strafprozessrecht – Was ist das?	2
1.2	Arbeiten mit dem formellen Recht	5
1.2.1	Allgemeines	5
1.2.2	Systematik der StPO	6
1.3	Wichtige Schritte zur strafprozessualen Falllösung	8
1.3.1	Der Sachverhalt	9
1.3.2	Die Normensuche	10
1.3.3	Die Normanwendung	11
1.3.4	Weitere Folgen der Normanwendung	12
1.3.5	Formulieren der Lösung	14
1.4	Zusammenfassung	15
2	**Ermittlungsverfahren einschließlich Abschlussverfügungen**	17
2.1	Grundlagen	20
2.1.1	Verfahrensgrundsätze	20
2.1.2	Aufbau der Strafgerichtsbarkeit	26
2.1.3	Stellung der Staatsanwaltschaft und ihrer Ermittlungspersonen	29
2.2	Einleitung und Durchführung des Ermittlungsverfahrens	35
2.2.1	Einleitung des Ermittlungsverfahrens	35
2.2.2	Durchführung des Ermittlungsverfahrens	38
2.3	Die Stellung des Beschuldigten sowie seine Rechte und Pflichten; verbotene Vernehmungsmethoden	40
2.3.1	Beschuldigtenbegriff	40
2.3.2	Belehrungspflicht nach § 136 StPO	40
2.3.3	Folgen einer unterbliebenen Belehrung	44
2.3.4	Inhalt der Aussage	45
2.3.5	Verbotene Vernehmungsmethoden	46
2.3.6	Mithörfälle („Hörfalle")	49
2.4	Der Verteidiger	51
2.4.1	Der Verteidiger als Beschuldigtenbeistand	51
2.4.2	Der Verteidiger als Organ der Rechtspflege	52
2.4.3	Der Pflichtverteidiger	53
2.4.4	Rechte des Verteidigers	56
2.5	Die Beweismittel der StPO	56
2.5.1	Allgemeines	56
2.5.2	Sachverständige	57
2.5.3	Augenschein	57
2.5.4	Urkunden	58
2.5.5	Zeugen	58
2.6	Die Untersuchungshaft	72
2.6.1	Allgemeines	72

2.6.2	Voraussetzungen der Untersuchungshaft	72
2.6.3	Außervollzugsetzung des Haftbefehls	80
2.6.4	Rechtschutz gegen einen Haftbefehl	81
2.6.5	Haftprüfungstermine	81
2.6.6	Zuständigkeiten	83
2.6.7	Beschränkungen in der Untersuchungshaft	84
2.7	Sonstige Zwangsmittel	85
2.7.1	Beschlagnahme und Sicherstellung	85
2.7.2	Durchsuchung	88
2.7.3	Telefonüberwachung (TKÜ)	93
2.7.4	Sonderprobleme bei modernen Kommunikationsmitteln	97
2.7.5	Vorläufige Festnahme	102
2.7.6	Körperliche Untersuchung; Blutprobe	103
2.7.7	Längerfristige Observation	105
2.7.8	Erkennungsdienstliche Maßnahmen beim Beschuldigten	106
2.8	Rechtschutz gegen Zwangsmaßnahmen im Ermittlungsverfahren	107
2.8.1	Rechtsschutz gegen Zwangsmaßnahmen vor ihrer Erledigung	107
2.8.2	Rechtsschutz gegen Zwangsmaßnahmen nach ihrer Erledigung	108
2.8.3	Sonderfall: Rechtsschutz gegen Zwangsmaßnahmen nach § 101 VII StPO	109
2.9	Die Abschlussverfügung der Staatsanwaltschaft	110
2.9.1	Verfahrenshindernisse	111
2.9.2	Fehlender Tatverdacht	113
2.9.3	Hinreichender Tatverdacht	114
2.10	Wiederholungsfragen	122
3	**Zwischenverfahren**	125
3.1	Sinn und Zweck des Zwischenverfahrens	126
3.2	Gang des Zwischenverfahrens nach Anklageerhebung	127
3.2.1	Anklageerhebung	127
3.2.2	Inhalt und Form der Anklageschrift	128
3.2.3	Entscheidungsmöglichkeiten des Gerichtes	130
3.3	Gang des „Zwischenverfahrens" nach Strafbefehlsantrag	134
3.4	Wiederholungsfragen	136
4	**Hauptverfahren**	137
4.1	Einleitung	139
4.2	Begriff der prozessualen Tat als Gegenstand des Hauptverfahrens	139
4.2.1	Definition des Tatbegriffs	139
4.2.2	Aufgabe des prozessualen Tatbegriffs	140
4.3	Vorbereitung und Durchführung der Hauptverhandlung	141
4.3.1	Vorbereitung der Hauptverhandlung	141
4.3.2	Durchführung der Hauptverhandlung	142
4.4	Allgemeine Grundsätze der Beweisaufnahme	145
4.4.1	Einleitung	145
4.4.2	Streng- und Freibeweis	146
4.4.3	Grundsatz der richterlichen Aufklärungspflicht	146

4.5	Der Unmittelbarkeitsgrundsatz	147
4.5.1	Grundlagen	147
4.5.2	Durchbrechung des Grundsatzes der persönlichen Vernehmung; Verlesung von Protokollen	149
4.5.3	Der Zeuge vom Hörensagen	155
4.5.4	Videoaufnahmen	156
4.5.5	Verdeckte Ermittler und andere Ermittlungsgehilfen	161
4.6	Der Beweisantrag und seine Ablehnung	165
4.6.1	Einleitung	165
4.6.2	Beweisantrag – Beweisermittlungsantrag	166
4.6.3	Ablehnung eines Beweisantrages	167
4.7	Beweisverbote	173
4.7.1	Einleitung	173
4.7.2	Beweiserhebungsverbote	174
4.7.3	Beweisverwertungsverbote	174
4.7.4	Reichweite der Beweisverwertungsverbote (Fernwirkung)	177
4.8	Die Verständigung im Strafprozess, § 257 c StPO	178
4.9	Das Urteil einschließlich seiner Rechtskraft	182
4.9.1	Grundlagen und Begriffe	182
4.9.2	Urteilsfindung, § 261 StPO	184
4.9.3	Aufbau und Inhalt eines Urteils	188
4.9.4	Formelle Rechtskraft	191
4.9.5	Materielle Rechtskraft	192
4.9.6	Durchbrechung der Rechtskraft	192
4.9.7	Nichtige Urteile	192
4.10	Wiederholungsfragen	193
5	**Rechtsmittel und Rechtsbehelfe**	**195**
5.1	Allgemeines	196
5.1.1	Rechtsmittel und Rechtsbehelfe	196
5.1.2	Generelle Voraussetzungen der Rechtsmittel der StPO	197
5.2	Berufung	199
5.2.1	Statthaftigkeit	199
5.2.2	Zulässigkeit	199
5.2.3	Begründetheit	202
5.3	Revision	205
5.3.1	Statthaftigkeit	205
5.3.2	Zulässigkeit	206
5.3.3	Begründetheit	208
5.4	Beschwerde	212
5.4.1	Statthaftigkeit	213
5.4.2	Zulässigkeit	214
5.4.3	Begründetheit	215
5.5	Sonderform: Einspruch nach Erlass eines Strafbefehls	216
5.6	Wiederholungsfragen	217

6	**Anhang: Vollstreckung des Urteils und Kosten des Verfahrens**	219
6.1	Vollstreckung des Urteils	220
6.2	Kosten des Verfahrens	223
7	**Klausurfälle**	227
7.1	Tipps für Klausuren	228
7.2	Tipps für Hausarbeiten	232
7.3	Ein Fall aus dem Strafprozessrecht	234
7.3.1	Sachverhalt	234
7.3.2	Lösungsvorschlag	235
7.4	Ein Fall aus dem Straf- und Strafprozessrecht	239
7.4.1	Sachverhalt	239
7.4.2	Lösungsvorschlag	241
7.5	Eine Klausur aus dem Strafprozessrecht	247
7.5.1	Sachverhalt	247
7.5.2	Lösungsvorschlag	250
7.6	Eine „typische" Zusatzfrage aus dem Strafprozessrecht	256
7.6.1	Sachverhalt	256
7.6.2	Lösungshinweise	257

Serviceteil

Glossar 260

Einleitung

Inhaltsverzeichnis

1.1 **Strafprozessrecht – Was ist das? – 2**

1.2 **Arbeiten mit dem formellen Recht – 5**
1.2.1 Allgemeines – 5
1.2.2 Systematik der StPO – 6

1.3 **Wichtige Schritte zur strafprozessualen Falllösung – 8**
1.3.1 Der Sachverhalt – 9
1.3.2 Die Normensuche – 10
1.3.3 Die Normanwendung – 11
1.3.4 Weitere Folgen der Normanwendung – 12
1.3.5 Formulieren der Lösung – 14

1.4 **Zusammenfassung – 15**

© Springer-Verlag GmbH Deutschland, ein Teil von Springer Nature 2020
M. Hussels, *Strafprozessrecht - Schnell erfasst*, Recht - schnell erfasst,
https://doi.org/10.1007/978-3-662-61653-6_1

1.1 Strafprozessrecht – Was ist das?

> ▶ **Beispiel**
> Irgendein verlassenes Nest irgendwo im Westen. Glühende Hitze – die Sonne brennt. Zwei Cowboys auf der staubigen Hauptstraße, den Hut tief ins Gesicht gezogen, die Hand am Revolver. Der Tag der Rache ist gekommen. Plötzlich, von hinten – ein Schuss peitscht durch die Stille, trifft einen der beiden. Er fällt auf die einzige Straße in diesem gottverlassenen Nest, irgendwo im Nirgendwo. Blut versickert im Staub – der Cowboy ist tot, hinterrücks erschossen. Ein ganz normaler Vorfall an irgendeinem Tag irgendwo im Westen ... ◀

Verbot der Selbstjustiz

Diese Geschichte ist lange her, und auch die Zeiten des Wilden Westens gibt es nicht mehr. Dort hat ebenfalls die Zivilisation Einzug gehalten. Es ist inzwischen eherner Bestandteil eines Rechtstaates hier wie da, dass grundsätzlich niemand Selbstjustiz üben darf, also einen vermeintlich oder wirklich bestehenden Strafanspruch – womöglich mit Waffengewalt und anschließender sofortiger Vollstreckung – selbst durchsetzt.

staatlicher Strafanspruch

Wenige einschränkende Ausnahmen gibt es im Bereich der Notwehr und des Festnahmerechts. Vielmehr nimmt in unserer Rechtsordnung, wie in den meisten anderen zivilisierten Ländern der Welt auch, der Staat in Anspruch, das Strafrechtspflegemonopol alleine inne zu haben (sog. staatlicher Strafanspruch).

Justizgewährungs-anspruch des Bürgers

Mit diesem Monopol des Staates korrespondiert ein Justizgewährleistungsanspruch des Bürgers, mithin die Pflicht, dem Gemeinwesen und damit einhergehend dem einzelnen Bürger eine funktionstüchtige Strafrechtspflege zur Verfügung zu stellen. Nur so wird sichergestellt, dass der Täter seiner rechtmäßigen und entsprechend gerechten Strafe zugeführt wird.

keine Gerechtigkeit um jeden Preis

Dies gilt jedoch nicht absolut; Gerechtigkeit kann es nicht um jeden Preis geben.

Neben einer effektiven Strafverfolgung mit entsprechender Bestrafung ist es eine weitere und ebenso wichtige Aufgabe des Strafverfahrensrechtes, Mechanismen für das ordnungsgemäße, insbesondere das rechtsstaatliche Zustandekommen dieser Entscheidung zur Verfügung zu stellen. Diese beiden Aufgaben und Ziele kollidieren häufig miteinander. Die Lösung dieses Konfliktes ist teilweise durch das Gesetz (z. B. bei der Beschränkung der Untersuchungshaft durch Art. 104 GG, §§ 112 ff. StPO) selbst

1.1 · Strafprozessrecht – Was ist das?

vorgegeben, z. T. muss die Problematik durch Rechtsprechung und Wissenschaft einer verträglichen Lösung zugeführt werden (z. B. bei der Anerkennung von Beweiserhebungs- und -verwertungsverboten).

Das Strafverfahren soll aber letztendlich mit seinen Möglichkeiten auch Rechtsfrieden schaffen: Eine – einmal rechtskräftig gewordene – Entscheidung regelt verbindlich für alle Beteiligten eine bestimmte strafrechtlich festgestellte Konstellation, tatsachen- wie sanktionsmäßig. Dies für unsere Prozessordnungen wichtige Instrument der Rechtskraft wird daher nur in einigen wenigen Fällen zugunsten der materiellen Gerechtigkeit und Wahrheit durchbrochen, beispielsweise durch das Wiederaufnahmeverfahren.

Die Strafprozessordnung ist also hauptsächlich die gesetzliche Vorgabe für die prozessuale Umsetzung dieses staatlichen Strafanspruches. Erfasst werden nach § 13 GVG alle Strafverfahren vor Strafgerichten, sofern sie nicht besonderen anderen Stellen zugewiesen sind.

§ 13 GVG

Es geht also hier um das Über-Unterordnungsverhältnis Staat – Bürger, im Gegensatz zum Zivilrecht, welches die Lebensverhältnisse und Beziehungen der Bürger untereinander regelt. Im Strafrecht tritt daher der Staat, vertreten durch von ihm geschaffene Institutionen wie Staatsanwaltschaft und Strafgericht, dem Bürger aufgrund seiner Hoheitsgewalt gegenüber. Er überlässt es ihm nicht – von wenigen Ausnahmen, z. B. die Privatklage nach §§ 374 ff. StPO, einmal abgesehen –, seinen strafrechtlichen Anspruch als Verletzter einer Straftat selbst durchzusetzen. Deshalb ist der Strafprozess, in Abweichung zum Zivilprozess, nicht nach dem Zwei-Parteien-Prinzip und dem Beibringungsgrundsatz geschaffen worden. Vielmehr gilt nach § 244 II StPO der Amtsermittlungsgrundsatz, nach dem die staatlichen Strafinstitutionen mit dem ihnen zur Hand gegebenen Instrumentarium objektiv versuchen, dem staatlichen Strafanspruch zur Durchsetzung zu verhelfen. Insofern wird das Straf- und Strafprozessrecht überwiegend dem Gebiet des öffentlichen Rechtes zugeordnet.

Strafprozess ist ein Amtsermittlungsprozess.

Die StPO ist das tägliche Handwerkszeug eines im Strafrecht tätigen Juristen, sei es nun Strafrichter, Staatsanwalt oder Strafverteidiger. Sie ist auf den ersten Blick nicht einfach zu durchschauen; zusammenhängende Vorschriften sind verstreut, Verweisungen von einem Verfahrensabschnitt in den anderen nicht selten. Es ist daher gerade hier wichtig, grundlegende Zusammenhänge und Strukturen zu erkennen. Dabei soll dieses Buch als Leitfaden dienen.

Materielles und formelles Recht gehen Hand in Hand: die klügsten materiellen Überlegungen nutzen nichts, wenn der Verfasser nicht in der Lage ist, sie prozessual umzusetzen. Beispielsweise wird zwar feststellt, dass sich eine Person nach materiell-rechtlichen Normen strafbar gemacht hat, aber man weiß nicht, ob die Erkenntnisse, die zu diesem Ergebnis geführt haben, überhaupt prozessual ordnungsgemäß gewonnen wurden und daher verwertet werden können. Zur Erlangung dieser Fähigkeit möchte dieses Buch beitragen. Der Leser kann zwar damit weniger zum vielbeachteten Staranwalt und hochbezahlten Prominentenverteidiger aufsteigen; er sollte aber die Lage versetzt werden, eine Vielzahl strafprozessualer Problemfälle zutreffend lösen zu können. Es wird daher Schritt für Schritt aufgezeigt, wie solche Fälle anzugehen und in den Griff zu bekommen sind.

Die Strafprozessordnung beinhaltet eine Vielzahl von Spezialbegriffen. Diese zu definieren, ist notwendig und daher unvermeidbar. Nach kurzer Zeit werden sie dem Leser jedoch so geläufig und vertraut sein, dass er problemlos damit umgehen kann. Wichtig ist lediglich, dass er sich diese unbefangen einprägt. Nachstehende Aufstellung vermittelt einen Überblick über die wichtigsten strafprozessualen Begriffe und ihre Bedeutung.

Schlüsselbegriffe des Strafprozessrechts
- Beschuldigter – gegen den sich die strafrechtlichen Ermittlungen erstrecken
- Angeklagter – gegen den Anklage erhoben und das gerichtliche Hauptverfahren eröffnet wurde
- Untersuchungshaft – Inhaftierung des Beschuldigten vor rechtskräftiger Aburteilung zur Sicherung des staatlichen Strafanspruches
- Abschlussverfügung – formelle Entscheidung der Staatsanwaltschaft zur Beendigung des Ermittlungsverfahrens
- Prozessvoraussetzung – Bedingung für die Zulässigkeit von bestimmten Verfahren bzw. Verfahrensarten
- Strengbeweis – verlangt die volle richterliche Überzeugung der Wahrheit einer Tatsache durch bestimmte, in der StPO zugelassene Beweismittel im Rahmen eines förmlichen Beweisverfahrens
- Freibeweis – ist auf gesetzliche Beweismittel nicht beschränkt; es genügt i. d. R. ein geringerer Grad der Überzeugung

- Urteil – formgebundene Entscheidung eines Gerichtes, welche eine bestimmte Rechtsfolge ausspricht und gleichzeitig den Verfahrensabschnitt beendet
- Rechtsmittel – Berufung und Revision, außerdem – eingeschränkt – Beschwerde sowie der Einspruch gegen einen Strafbefehl; über sie wird in nächster Instanz entschieden, die Vollstreckung ist gehemmt
- Rechtsbehelf – ist z. B. das Wiederaufnahmeverfahren; hier entscheidet nicht automatisch die nächste Instanz, und die Vollstreckung ist nicht zwangsläufig gehemmt
- Zustellung – die in gesetzlicher Form vorgeschriebene Bekanntgabe gerichtlicher Entscheidungen
- Rechtskraft – bewirkt die Unanfechtbarkeit (von i. d. R. gerichtlicher) Entscheidungen
- Strafvollstreckung – Durchsetzung und Vollziehung einer rechtskräftigen gerichtlichen Entscheidung

1.2 Arbeiten mit dem formellen Recht

1.2.1 Allgemeines

Um einen Sachverhalt strafrechtlich erfassen zu können, müssen zwei Bereiche strikt auseinandergehalten werden. Zuerst ist die Frage anzugehen, ob und wie sich die Beteiligten strafbar gemacht haben. Dies beantwortet sich nach dem materiellen Recht und den diesbezüglichen Gesetzen, in denen Strafbarkeitsnormen verankert sind (z. B. StGB, Waffengesetz, StVG etc.).

Suche nach Strafbarkeitsnormen

Danach muss die Frage beantwortet werden, wie die Straftaten verfahrensrechtlich aufgearbeitet werden können. Dies beantwortet das formelle Recht (StPO, GVG, JGG, aber auch das GG mit seinen Justizgrundrechten). Jedoch finden sich zusätzlich im materiellen Recht Vorschriften mit zumindest teilweise verfahrensrechtlichem Inhalt, wie u. a. diejenigen über das Strafantragsrecht oder die Verjährung (Verfahrenshindernis!) in §§ 77 ff. StGB.

formelles Recht

Weiterhin ergeben sich Einflüsse aus dem internationalen Recht, insbesondere der Europäischen Menschenrechtskonvention (EMRK), deren Rechte vor dem Europäischen Gerichtshof für Menschenrechte (EGMR) eingeklagt werden können.

Europäische Menschenrechtskonvention

Zentrale Norm für das Verfahrensrecht ist hierbei Art. 6 EMRK, der zahlreiche Rechte für an Strafverfahren beteiligte Personen statuiert, wie z. B. die Unschuldsvermutung nach Art. 6 II EMRK. Auch wenn die Konvention nur einfachgesetzlichen Rang hat, sind die Entscheidungen des EGMR innerstaatlich bei der Auslegung von Gesetzen zu beachten: Eine Verletzung der dort verankerten Rechte kann ein Verfahrenshindernis darstellen oder zumindest einen Strafabschlag, z. B. bei überlanger Verfahrensdauer, nach sich ziehen. Außerdem besteht die Möglichkeit der Verfahrenswiederaufnahme nach § 359 Nr. 6 StPO.

Man muss daher folgende Fragen unterscheiden:
- materielles Recht: Wie haben sich die Beteiligten strafbar gemacht?
- formelles Recht: Wie können sie dafür zur Verantwortung gezogen und bestraft werden?

▶ **Beispiel**

Im Einführungsfall liegt materiell-rechtlich ein heimtückischer Mord (§ 211 II StGB) vor. Ob der Täter, wenn er denn gefunden wird, dafür bestraft werden kann, ob also genügend Beweise zur Überführung vorhanden sind und ob diese zur Verurteilung ausreichen oder zu einer anderen Verfahrenserledigung zwingen, bestimmt das Verfahrensrecht. ◀

Das formelle Recht regelt also die Frage, ob genügend Beweise vorhanden sind, die – nach der Vorprüfung des Gerichtes im Zwischenverfahren – in einer anschließenden Hauptverhandlung mit gewisser Wahrscheinlichkeit zu einer Verurteilung führen. Dieses Strafverfahren gliedert sich in vier Abschnitte:
- Ermittlungsverfahren (§§ 151 ff. StPO)
- Zwischenverfahren (§§ 198 ff. StPO)
- Vorbereitung des Hauptverfahrens und seine Durchführung, einschließlich der Rechtsmittel (§§ 212 ff. StPO)
- Vollstreckungsverfahren (§§ 449 ff. StPO)

Die Aufgaben der einzelnen Verfahrensabschnitte werden noch im Einzelnen im weiteren Verlauf dieses Buches angesprochen werden.

1.2.2 Systematik der StPO

Insgesamt besteht die StPO aus acht Büchern:
- Allgemeine Vorschriften §§ 1–150 StPO
- Verfahren im ersten Rechtszug §§ 151–295 StPO
- Rechtsmittel §§ 296–358 StPO

1.2 · Arbeiten mit dem formellen Recht

- Wiederaufnahme eines durch rechtskräftiges Urteil abgeschlossenen Verfahrens §§ 359–373 a StPO
- Beteiligung der Verletzten am Verfahren §§ 374–406 l StPO
- Besondere Arten des Verfahrens §§ 407–444 StPO
- Strafvollstreckung und Kosten des Verfahrens §§ 449–473 a StPO
- Schutz und Verwendung von Daten §§ 474–500 StPO

Man sieht also: Der eigentliche Strafprozess macht also nur einen Teil der Regelungen der StPO aus. Er gliedert sich vielmehr in vier große Bereiche:

- Das Ermittlungsverfahren (§§ 151–197 StPO): In diesem Stadium untersucht die Staatsanwaltschaft in Zusammenarbeit mit anderen Behörden den strafrechtlichen Vorfall. Dabei erhebt sie – eventuell unter Durchführung von Zwangsmaßnahmen – die erforderlichen Beweise und prüft diese. Hier wird also festgestellt, ob gegen den oder die Beschuldigten ein hinreichender Tatverdacht vorliegt. Nach Abschluss der Ermittlungen erlässt sie eine Abschlussverfügung, mit der sie das Verfahren einstellt, Anklage erhebt oder das Verfahren anderweitig erledigt.

  Prüfung durch die StA, ob eine strafbare Handlung vorliegt

- Das Zwischenverfahren (§§ 198–211 StPO): Erhebt die Staatsanwaltschaft Anklage, so prüft das angegangene Gericht in einem summarischen Verfahren, ob zum jetzigen Zeitpunkt nach Aktenlage mit den aufgeführten Beweismitteln eine spätere Verurteilung hinreichend wahrscheinlich ist. Das Zwischenverfahren hat somit eine Filterfunktion und soll gänzlich unbegründete Anklagen der Staatsanwaltschaft von einer zeitaufwendigen und umfangreichen Hauptverhandlung fernhalten. Ist eine Verurteilung hinreichend wahrscheinlich, so eröffnet das Gericht das Hauptverfahren.

  Vorprüfungsstadium

- Das Hauptverfahren einschließlich der Rechtsmittel (§§ 212–358 StPO): Es ist das Kernstück eines jeden Strafprozesses und stellt mit dem rechtskräftigen Abschluss des Verfahrens für und gegen jedermann Schuld oder Unschuld des Angeklagten fest. Im Falle einer Verurteilung wird darüber hinaus eine Sanktion ausgesprochen. Das das Verfahren abschließende Urteil (eventuell nach durchgeführtem Rechtsmittelverfahren) ist darüber hinaus Grundlage des Vollstreckungsverfahrens.

  Ziel des Hauptverfahrens ist die Feststellung von Schuld oder Unschuld.

- Das Vollstreckungsverfahren (§§ 449–463 d StPO): In diesem Abschnitt erfolgt die Darstellung der Vollstreckung der gerichtlich verhängten Sanktion. Eingeleitet wird das Verfahren durch die Staatsanwaltschaft, die auch für die

  Vollstreckungsverfahren dient der Durchsetzung der strafrechtlichen Verurteilung.

Durchsetzung der Geldstrafen verantwortlich ist. Ausgesprochene Haftstrafen vollzieht die Justizvollzugsanstalt auf der Grundlage des Strafvollzugsgesetzes in eigener Zuständigkeit. Abweichungen gibt es im Verfahren gegen Jugendliche und Heranwachsende, die nach Jugendstrafrecht verurteilt wurden (§§ 82 ff. JGG).
– Aus alldem wird deutlich, dass als Konsequenz des staatlichen Strafanspruches der Bürger im strafrechtlichen Verfahren weder das Erkenntnis (d. h. die Entscheidung) noch die Vollstreckung des Urteils erzwingen und durchsetzen kann.

1.3 Wichtige Schritte zur strafprozessualen Falllösung

Probleme im Rahmen von Aufgabenstellungen sind dazu da, gelöst zu werden; das gilt erst recht für den juristischen Bereich. Hilfreich dabei ist das Vorgehen in logischer gleicher Schrittfolge.

Es ist nicht entscheidend, und das sei an dieser Stelle ausdrücklich betont, dass man zu einem bestimmten Ergebnis – möglichst noch dem der herrschenden Meinung – kommt, sondern wie man dorthin gelangt. Saubere juristische Argumentationen und ein stringent aufgebauter Gedankengang sind hierbei wichtig und werden letztendlich honoriert. Hierzu seien einige Hinweise gegeben:

Sachverhaltserfassung

– Ausgangspunkt der Falllösung ist das Erfassen des Sachverhaltes und die Beachtung der Fallfrage. In aller Regel wird ein umfangreiches, materiell-strafrechtliches Gutachten verlangt, oftmals als Annex eine prozessuale Zusatzfrage gestellt. Diese Konstellation ist unproblematisch zu erfassen. Bisweilen wird aber auch nach den Aussichten eines bestimmten Rechtsmittels gefragt, oder es muss in einer prozessualen Fallgestaltung die Strafbarkeit der Beteiligten unter Berücksichtigung dieser besonderen Konstellation (z. B. Verwertbarkeit bestimmter Beweismittel!) untersucht werden. Diese beiden Aufgabenstellungen sind erheblich schwieriger zu erfassen; auf sie wird noch einzugehen sein, und diese sind im Klausurenkapitel anhand von Beispielen erläutert.

Normensuche

– Im Hinblick auf die Aufgabenstellung sind die geeigneten Normen zu suchen. Sie finden sich in aller Regel in der StPO. Weitere Gesetze, welche prozessuale

1.3 · Wichtige Schritte zur strafprozessualen Falllösung

Vorschriften enthalten, sind das GVG (insbesondere zur Frage der Öffentlichkeit und deren Ausschluss, §§ 169 ff. GVG) sowie das JGG (welches Anwendung findet, wenn die Straftäter zum Zeitpunkt der Tat zwischen 14 und 21 Jahre alt sind). Auch die sog. „Justizgrundrechte" der Art. 101–104 GG gehören hierzu.

— Sind diese Normen gefunden worden, so hat der Bearbeiter deren Tatbestandsmerkmale zu prüfen. Das ist die eigentliche juristische „Subsumtion", das Kernstück innerhalb eines Gutachtens. Es ist also zu untersuchen, ob die vorgegebenen Angaben im Sachverhalt den gesetzlichen Voraussetzungen der ausgewählten Norm entsprechen. Nur wenn dem so ist, kann sie mit ihrer Rechtsfolge angewendet werden. — Subsumtion

— Ist dies nun der Fall, muss eine weitere strafprozessuale Besonderheit beachtet werden: Hat der Bearbeiter festgestellt, dass eine anwendbare Norm eine bestimmte Rechtsfolge nach sich zieht, so stellt sich dann die Frage, ob ein Verstoß gegen eine Norm überhaupt relevant ist, und sich hieran noch weitere Folgen knüpfen, also die Konstellation der sog. „Fort- und Fernwirkung" vorliegt. — Verwertungsverbote

— Erst am Schluss wird das Ergebnis im Gutachtenstil formuliert. — Ergebnis im Gutachtenstil

1.3.1 Der Sachverhalt

Vor der Erstellung des Gutachtens ist der Fall gedanklich zu lösen und konzeptionell zu Papier zu bringen. Dabei müssen Sachverhalt und Aufgabe vollständig erfasst werden, wobei grundsätzlich davon auszugehen ist, dass jede Information wichtig ist.

Die meisten strafprozessualen Aufgabenstellungen sind diesbezüglich unproblematisch: Der Bearbeiter hat einen Sachverhalt materiell-rechtlich zu würdigen, wobei als Annex eine strafprozessuale Frage gestellt wird, welche separat zu lösen ist und in vielen Fällen an die materielle Fragestellung anknüpft. Folgende Konstellationen sind sehr beliebt und finden sich häufig in Klausuren:

— Darf in der Hauptverhandlung das Protokoll über die frühere Vernehmung des X verlesen werden?
— Darf das (als rechtswidrig gerügte) erlangte Beweismittel verwertet werden?
— Kann sich der Zeuge X auf ein Zeugnisverweigerungsrecht berufen?

Hier versteht sich für die Fallbearbeitung von selbst, dass zuerst der materiell-rechtliche Teil angegangen werden muss, bevor die prozessuale Frage beantwortet wird.

Zwei Konstellationen der strafprozessualen Klausur sind aber sehr viel schwieriger zu erfassen und bedürfen daher einiger vertiefter Erläuterungen:
- Es wird nach den Erfolgsaussichten eines Rechtsmittels, in aller Regel einer Revision, gefragt.

Hier ist dann dessen Zulässigkeit und Begründetheit zu prüfen. In der Zulässigkeit muss immer zur Statthaftigkeit, Form und Frist Stellung genommen werden; dabei sind oftmals prozessuale Probleme eingebaut. In der Begründetheit wird anschließend überprüft, ob das angefochtene Urteil formell und materiell richtig ist, also nicht nur, ob die strafrechtliche Bewertung vom vorgegebenen Sachverhalt gedeckt ist, sondern auch, ob das Verfahren, welches zum angefochtenen Urteil geführt hat, prozessual ordnungsgemäß war. Das heißt, dass in der Begründetheit vom Aufgabensteller zweierlei verlangt wird: die Anwendung materiellen und prozessualen Wissens. Deswegen ist es in dieser Konstellation besonders wichtig, die materielle Strafbarkeit sowie den prozessualen Verlauf bezüglich sämtlicher Beteiligter einzeln genau auseinander zu halten. Nicht selten werden die Ergebnisse hier divergieren.
- Der Aufgabensteller schildert im Rahmen eines strafprozessualen Geschehens einen strafrechtlichen Sachverhalt.

Dieses sind die wohl anspruchsvollsten Klausuren auf diesem Gebiet; ein jeweils entsprechendes Beispiel ist im ▶ Kap. 7 abgedruckt und besprochen.

1.3.2 Die Normensuche

Wo werden anwendbare Normen gesucht?

Wie oben dargestellt, wird in den allermeisten Fällen nach der Folge einer bestimmten prozessualen Handlung gefragt. Der Bearbeiter muss also die entsprechende Norm des Prozessrechts ausfindig machen. Die überwiegende Anzahl findet sich in der StPO, wobei deren Systematik verstanden worden sein muss, d. h. an welcher Stelle das Gesetz die entsprechende Frage regelt. Viele Normen finden sich – sozusagen vor die Klammer gezogen – im allgemeinen Teil, §§ 1–150 StPO; sie gelten für alle Verfahrensstadien, entweder direkt oder analog im Rahmen eines

1.3 · Wichtige Schritte zur strafprozessualen Falllösung

Verweises. Sollte man dort nicht fündig werden, muss zuerst überlegt werden, in welchem Verfahrensstadium die strittige Handlung geschah oder geschehen soll und ob sich dort Sonderregeln finden.

> ▶ **Beispiel**
>
> Beispiel: Staatsanwalt S lädt den Beschuldigten X im Rahmen eines bei ihm anhängigen Ermittlungsverfahrens zu sich zur Vernehmung. Dieser erklärt nach Erhalt der Ladung, dass es ihm nicht im Traum einfalle, dort zu erscheinen und auszusagen, da die Justiz „eh korrupt" sei und außerdem „mit linken Touren" arbeite. S überlegt, ob er gegebenenfalls zwangsweise das Erscheinen von X erwirken und seine Aussage erzwingen kann. ◂

Die StPO regelt die Beschuldigtenvernehmung allgemein im 1. Buch, 10. Abschnitt. Dort steht in § 133 II StPO, welches Zwangsmittel gegen einen ordnungsgemäß geladenen, aber nicht erschienen Beschuldigten besteht, nämlich die zwangsweise Vorführung.   *Normensuche*

Zur Aussage kann er jedoch nicht gezwungen werden, wie sich aus der Belehrung über seine Rechte nach § 136 I StPO ergibt. Jedoch gelten diese Vorschriften expressis verbis nur gegenüber dem Gericht. Die direkte Anwendung der gefundenen Normen hilft also nicht weiter. Deswegen muss geprüft werden, ob sich in dem betreffenden Verfahrensabschnitt Sonderregelungen befinden. Vorliegend geht es um eine Beschuldigtenvernehmung durch einen Staatsanwalt im Ermittlungsverfahren. Das 2. Buch regelt das Verfahren im ersten Rechtszug, dessen 2. Abschnitt die Vorbereitung der öffentlichen Klage, mithin also das Ermittlungsverfahren. Dort muss nun eine Norm gesucht werden, welche die entsprechende Vernehmung vor der Staatsanwaltschaft regelt. Sie existiert in § 163 a III StPO.   *Normenverweisung*

1.3.3 Die Normanwendung

Nachdem die entsprechende Norm gefunden wurde, folgt ihre eigentliche Anwendung auf den vorgegebenen Sachverhalt, die sog. Subsumtion. Dabei wird jedes Tatbestandsmerkmal der gefundenen Norm angesprochen und geprüft, ob es erfüllt ist oder nicht und welche Rechtsfolge sich daran knüpft.   *Anwendung der Norm auf den Sachverhalt = Subsumtion*

> ▶ **Beispiel**
>
> In obigem Beispielsfall kann Staatsanwalt S den X, der verpflichtet ist, auf Ladung vor der Staatsanwaltschaft zu er-

scheinen, nach §§ 163 a III 2, 133 II StPO vorführen lassen. Die Aussage erzwingen dagegen kann er nicht, da er ihn nach §§ 163 a III 2, 136 I 2 StPO über sein Aussageverweigerungsrecht zu belehren hat. Sollte S jenes mit Zwangsmitteln wie Drohung oder Gewalt versuchen, so ist § 136 a StPO zu beachten, der dies verbietet und für staatsanwaltschaftliche Vernehmungen über § 163 a III 2 StPO analog gilt. Das bedeutet im Ergebnis, dass eine Vorführung zwar zulässig, eine Aussageerzwingung dagegen unzulässig ist. ◄

1.3.4 Weitere Folgen der Normanwendung

In strafprozessualen Aufgabenstellungen kann sich bisweilen die Notwendigkeit ergeben zu fragen, ob das gefundene Ergebnis, insbesondere wenn es um die Unzulässigkeit einer bestimmten Handlung oder Maßnahme geht, überhaupt angreifbar ist und/oder ob sich daran noch weitere Folgen knüpfen.

Verletzungen mancher Vorschriften in der StPO ziehen keinerlei Konsequenzen nach sich, da sie lediglich Ordnungs- und keine zwingenden Vorschriften sind. Als Beispiel sei die Ladungsfrist des Angeklagten zur Hauptverhandlung nach § 217 I StPO genannt, die mindestens eine Woche beträgt. Wird sie nicht eingehalten, so kann der Angeklagte nach Abs. 2 lediglich eine Aussetzung verlangen; mit einem Rechtsmittel kann die Verletzung des Abs. 1 dagegen nicht gerügt werden.

> ► **Beispiel**
> In obigem Beispielsfall hat Staatsanwalt S – einmal angenommen – den X nicht über sein Aussageverweigerungsrecht belehrt und ihn unter Drohung zur Aussage gezwungen, worauf hin dieser in Unkenntnis der einschlägigen Vorschriften für ihn belastende Angaben zur Sache macht. Es stellt sich nun die Frage, ob diese, da unter Verstoß gegen § 136 I 2 (und auch § 136 a I 2) StPO erlangt, verwertbar sind. Die frühere Rechtsprechung erkannte in § 136 StPO lediglich eine Ordnungsvorschrift mit der Folge, dass etwaige Verstöße dagegen keinerlei rechtlich relevante Folgen nach sich zogen. Dies ist nach dem Verdikt BGH, NJW 1992, 1463 ff. anders: In dieser Entscheidung wurde klargestellt, dass § 136 StPO verbindlichen Charakter hat; Verstöße dagegen ziehen mithin ein sog. Beweisverwertungsverbot nach sich. ◄

Fernwirkung

Aus dem Ergebnis, dass ein Verstoß gegen eine prozessuale Norm vorliegt, in gerade genanntem Beispiel der Inhalt

1.3 · Wichtige Schritte zur strafprozessualen Falllösung

der Aussage also nicht verwertet werden darf, resultiert nicht zwangsläufig, dass diese gewonnenen Erkenntnisse für weitere Ermittlungen „gesperrt" wären. Wenn der Sachverhalt dafür Anhaltspunkte bietet, ist dies eine gesondert zu prüfende Frage, nämlich die der Fernwirkung und/oder Fortwirkung:

„Fernwirkung" bedeutet, dass die gesetzwidrig erlangten Erkenntnisse auch nicht als Grundlage für weitere Ermittlungen herangezogen werden dürfen bzw. diese neuen Ergebnisse auch wieder einem Beweisverwertungsverbot unterliegen. Diese, aus dem anglo-amerikanischen Rechtskreis stammende „fruit-of-the-poisonous-tree"-Doktrin wurde allerdings von der Rechtsprechung des BGH bis auf eine hier nicht relevante Ausnahme nicht auf den hiesigen Rechtskreis übertragen. Es kann daher der Grundsatz gelten, dass rechtswidrig erlangte und daher nicht verwertbare Erkenntnisse nach § 477 II 2–4 StPO trotzdem als – zumindest eingeschränkte – Grundlage für weitere Ermittlungen dienen können.

> ▶ **Beispiel**
>
> In obigem Fall dürfte also Staatsanwalt S den Inhalt der Aussage des X nicht unmittelbar einer Anklage zugrunde legen; er könnte jedoch auf Basis dieser Angaben beispielsweise weiter ermitteln und einen Durchsuchungsbeschluss beantragen, wobei er Beweismittel finden mag, die auf die Täterschaft des X hindeuten. ◀

Davon zu unterscheiden ist der Begriff der „Fortwirkung". Er beinhaltet die Frage, ob eine einmal rechtswidrig durchgeführte Ermittlungsmaßnahme abermals, aber jetzt rechtmäßig, durchgeführt werden darf oder ob ihr der Makel der Rechtswidrigkeit für die Dauer des laufenden Ermittlungsverfahrens anhaftet. Für einen Verstoß gegen §§ 136, 136 a StPO ist überwiegend anerkannt, dass eine Fortwirkung nicht besteht: Gericht/Staatsanwaltschaft können nach einer sog. qualifizierten Belehrung des Angeklagten, d. h. über die Unverwertbarkeit von bisher unter Verstoß gegen §§ 136, 136a StPO erlangten Aussagen/Beweisen, den Angeklagten erneut vernehmen und ein dann erfolgendes Geständnis verwerten.

Fortwirkung

> ▶ **Beispiel**
>
> Staatsanwalt S könnte also X nochmals laden, ihn – ohne Verfahrensfehler – belehren und vernehmen. Eine so zustande gekommene Aussage unterliegt keinem Beweisverwertungsverbot und darf im weiteren Verfahren unmittelbar zugrunde gelegt werden. ◀

Es sei aber nochmals ausdrücklich darauf hingewiesen, dass vorstehende Erörterungen nicht in jedem Falle, sondern nur dann vorzunehmen sind, wenn der Sachverhalt Anlass dazu bietet, also beispielsweise bei einer weiteren Ermittlungsmaßnahme, die auf einer zuvor erfolgten (rechtswidrigen) aufbaut.

1.3.5 Formulieren der Lösung

Im letzten Schritt ist die gefundene Lösung zu formulieren. Das Ergebnis ist mit den entsprechenden rechtlichen Fachausdrücken und unter Zitieren der einschlägigen Vorschriften niederzulegen.

Gutachtenstil – Urteilsstil

Aus der Verwendung der Subsumtionstechnik ergibt sich der Gutachtenstil, im Gegensatz zum richterlichen Urteilsstil, bei dem das Ergebnis vorweggenommen und anschließend begründet wird.

Obersatz

Dies ist anfangs etwas gewöhnungsbedürftig; man findet aber schnell eine gewisse Übung. Begonnen wird immer mit einem sog. Obersatz im Konjunktiv, also beispielsweise: „Die zwangsweise Vorführung des X durch S könnte gegen §§ 163 a III 2, 133 StPO verstoßen. Dort ist festgelegt, dass …".

Schlusssatz

Im weiteren Verlauf der Falllösung werden Zwischenergebnisse gefunden, und diese auch als solche deutlich gemacht. Das erleichtert dem Leser das gedankliche Nachvollziehen der Lösung ungemein. Die weiteren Lösungsschritte werden dann durch Formulierungen wie „deshalb", „daher" oder „daraus folgt" eingeleitet, bis man das Endergebnis (den Schlusssatz) erlangt hat. Dies wird immer im Indikativ zusammengefasst, also z. B.: „Ein Verstoß gegen §§ … liegt somit nicht vor."

Es gibt keine allgemein verbindlichen Regeln hinsichtlich des Stils eines Gutachtens. Einige Grundanforderungen sollten jedoch beachtet werden:
- übersichtliche und logische Gliederung
- vom Obersatz (Hypothese) zum Schlusssatz (Feststellung) gehende Argumentation
- Ausführungen gestaffelt nach rechtlicher Wichtigkeit
- klarer und verständlicher Ausdruck
- Zwischen- und Endergebnisse formulieren und optisch herausheben.

1.4 Zusammenfassung

Die vorangegangene Einführung hat gezeigt, wie die meisten Probleme aus dem Strafprozessrecht grundsätzlich gemeistert werden können. Ausgangspunkt dabei ist immer die Fragestellung des Aufgabenstellers; sie darf während der Bearbeitung nie aus den Augen verloren werden.

Gehen Sie bei der Fallbearbeitung in folgenden Schritten vor:
1. Lesen Sie sich genau und aufmerksam den Sachverhalt und vor allem die Aufgabenstellung durch. Bei mehreren beteiligten Personen fertigen Sie eine Übersichtsskizze.
2. Suchen Sie sich die in Frage kommenden prozessualen Normen heraus; Sie finden sie hauptsächlich in der StPO, JGG und im GVG.
3. Prüfen Sie die Voraussetzungen der gefundenen Vorschriften (Subsumtion): Liegen diese vor oder nicht?
4. Welche – unmittelbaren und mittelbaren – Folgen ergeben sich? Bei entsprechender Fragestellung: Ist ein Verstoß gegen eine Norm anfechtbar und gegebenenfalls wie?
5. Formulieren Sie durchgehend im Gutachtenstil und fassen Sie am Schluss das gefundene Ergebnis in einem Satz zusammen.

In diesem Buch sind die wichtigsten Vorschriften wörtlich abgedruckt; weniger relevante Passagen wurden weggelassen.

Beispiele im Text sind besonders hervorgehoben. Lernen Sie diese nicht auswendig; sie dienen nur zur Veranschaulichung des zuvor Erläuterten. Schon kleine Änderungen im Sachverhalt können zu einem gänzlich anderen Prüfungs- und Lösungsweg führen; das auswendig Gelernte hilft Ihnen dann nicht mehr weiter.

Bei Beherzigung dieser Grundregeln werden Sie die allermeisten strafprozessualen Fragestellungen in den Griff bekommen und einer zutreffenden Lösung zuführen können. Dies gilt auch für auf den ersten Blick kompliziert anmutende Fälle oder Sachgebiete, von denen Sie bislang noch nichts gehört haben.

Möge Ihnen dieses Buch beim Durcharbeiten Spaß am Strafprozessrecht und Erfolg bei den Prüfungen bringen.

Ermittlungsverfahren einschließlich Abschlussverfügungen

Inhaltsverzeichnis

2.1 Grundlagen – 20
2.1.1 Verfahrensgrundsätze – 20
2.1.2 Aufbau der Strafgerichtsbarkeit – 26
2.1.3 Stellung der Staatsanwaltschaft und ihrer Ermittlungspersonen – 29

2.2 Einleitung und Durchführung des Ermittlungsverfahrens – 35
2.2.1 Einleitung des Ermittlungsverfahrens – 35
2.2.2 Durchführung des Ermittlungsverfahrens – 38

2.3 Die Stellung des Beschuldigten sowie seine Rechte und Pflichten; verbotene Vernehmungsmethoden – 40
2.3.1 Beschuldigtenbegriff – 40
2.3.2 Belehrungspflicht nach § 136 StPO – 40
2.3.3 Folgen einer unterbliebenen Belehrung – 44
2.3.4 Inhalt der Aussage – 45
2.3.5 Verbotene Vernehmungsmethoden – 46
2.3.6 Mithörfälle („Hörfalle") – 49

2.4 Der Verteidiger – 51
2.4.1 Der Verteidiger als Beschuldigtenbeistand – 51
2.4.2 Der Verteidiger als Organ der Rechtspflege – 52
2.4.3 Der Pflichtverteidiger – 53
2.4.4 Rechte des Verteidigers – 56

© Springer-Verlag GmbH Deutschland, ein Teil von Springer Nature 2020
M. Hussels, *Strafprozessrecht - Schnell erfasst*, Recht - schnell erfasst,
https://doi.org/10.1007/978-3-662-61653-6_2

2.5	**Die Beweismittel der StPO – 56**	
2.5.1	Allgemeines – 56	
2.5.2	Sachverständige – 57	
2.5.3	Augenschein – 57	
2.5.4	Urkunden – 58	
2.5.5	Zeugen – 58	
2.6	**Die Untersuchungshaft – 72**	
2.6.1	Allgemeines – 72	
2.6.2	Voraussetzungen der Untersuchungshaft – 72	
2.6.3	Außervollzugsetzung des Haftbefehls – 80	
2.6.4	Rechtschutz gegen einen Haftbefehl – 81	
2.6.5	Haftprüfungstermine – 81	
2.6.6	Zuständigkeiten – 83	
2.6.7	Beschränkungen in der Untersuchungshaft – 84	
2.7	**Sonstige Zwangsmittel – 85**	
2.7.1	Beschlagnahme und Sicherstellung – 85	
2.7.2	Durchsuchung – 88	
2.7.3	Telefonüberwachung (TKÜ) – 93	
2.7.4	Sonderprobleme bei modernen Kommunikationsmitteln – 97	
2.7.5	Vorläufige Festnahme – 102	
2.7.6	Körperliche Untersuchung; Blutprobe – 103	
2.7.7	Längerfristige Observation – 105	
2.7.8	Erkennungsdienstliche Maßnahmen beim Beschuldigten – 106	
2.8	**Rechtschutz gegen Zwangsmaßnahmen im Ermittlungsverfahren – 107**	
2.8.1	Rechtsschutz gegen Zwangsmaßnahmen vor ihrer Erledigung – 107	

2.8.2	Rechtsschutz gegen Zwangsmaßnahmen nach ihrer Erledigung – 108	
2.8.3	Sonderfall: Rechtsschutz gegen Zwangsmaßnahmen nach § 101 VII StPO – 109	
2.9	**Die Abschlussverfügung der Staatsanwaltschaft – 110**	
2.9.1	Verfahrenshindernisse – 111	
2.9.2	Fehlender Tatverdacht – 113	
2.9.3	Hinreichender Tatverdacht – 114	
2.10	**Wiederholungsfragen – 122**	

2.1 Grundlagen

Zweck des Erkenntnisverfahrens

Das Ermittlungsverfahren ist neben dem Zwischenverfahren und dem Hauptverfahren, auf die beide noch eingegangen werden wird, Teil des Erkenntnisverfahrens. Zweck dieses Abschnitts der StPO ist es, mit den Befugnissen, welche sie den Ermittlungsbehörden an die Hand gibt, festzustellen, ob eine strafbare und verfolgbare Handlung vorliegt. Dabei dürfen diese nicht willkürlich vorgehen, sondern sind an verschiedene Verfahrensgrundsätze gebunden und bedürfen eines gewissen, unterschiedlichen Verdachtsgrades, um Ermittlungen zu tätigen bzw. Eingriffe vorzunehmen.

2.1.1 Verfahrensgrundsätze

Sie sind die (nicht nur verfassungs-)rechtlichen Vorgaben für das gesamte Strafverfahren und daher in allen Verfahrensabschnitten zu beachten. Die wichtigsten sind:

2.1.1.1 § 152 I StPO – Die Offizialmaxime

Staatsanwaltschaft erhebt öffentliche Klage.

Danach ist die Staatsanwaltschaft zur Erhebung der öffentlichen Klage berufen, nicht der einzelne Bürger. Sie ermittelt von Amts wegen. Man spricht auch vom „Anklagemonopol des Staates". Einschränkungen gibt es bei den Antrags- und Ermächtigungsdelikten sowie im Rahmen der Privatklage nach §§ 374 ff. StPO.

2.1.1.2 Das Legalitätsprinzip – §§ 152 II, 170 I StPO

> **§ 152 II StPO – Legalitätsgrundsatz**
> (2) Sie (die Staatsanwaltschaft) ist, soweit nicht gesetzlich ein anderes bestimmt ist, verpflichtet, wegen aller verfolgbarer Taten einzuschreiten, sofern zureichende tatsächliche Anhaltspunkte bestehen.

Bei Anfangsverdacht müssen Ermittlungen aufgenommen werden.

Danach ist die Staatsanwaltschaft aufgerufen, bei Vorliegen eines entsprechenden Anfangsverdachtes Ermittlungen aufzunehmen und gegebenenfalls Anklage zu erheben, sog. Verfolgungszwang. Das Gegenstück ist der Opportunitätsgrundsatz, der aber in der StPO nur beim Abschluss der Ermittlungen gilt (vgl. §§ 153 ff. StPO), anders als etwa im Ordnungswidrigkeitenrecht, wo er das gesamte Verfahren beherrscht.

2.1 · Grundlagen

Fraglich ist aber, wie über die (Rechts-)Frage zu entscheiden ist, ob das zur Prüfung anstehende Verhalten eine „strafbare Handlung" darstellt. Das Problem stellt sich dann, wenn die StA ein Verhalten für nicht strafbar erachtet, die Rspr. aber schon. Umgekehrt kann aber auch die Situation eintreten, dass die StA einen Sachverhalt anklagen möchte, bei dem nach – bisher geäußerter – Auffassung der Rspr. keine Strafbarkeit vorliegt.

Die überwiegende Meinung differenziert hinsichtlich einer etwaigen „Bindung der StA an Präjudizien": Während in der letzten Variante keine Bindungswirkung besteht, die StA also jederzeit den Sachverhalt zur gerichtlichen Überprüfung (mit der Gelegenheit zur Änderung der Rspr.!) bringen kann, befürworten im ersten Fall die Rspr. und ein Teil der Lehre eine Bindungswirkung: Die rechtsprechende Gewalt ist nach Art. 92 GG den Gerichten übertragen. Dies würde aber zumindest teilweise leerlaufen, wenn es der StA – wegen ihres Anklagemonopols – vollkommen freigestellt wäre, einen Sachverhalt zur Anklage zu bringen, hinsichtlich dessen eine Strafbarkeit schon bejaht wurde. Das stünde desweiteren auch in Widerspruch zu § 170 I StPO, wonach Anlass zur öffentlichen Klage bei hinreichender Verurteilungswahrscheinlichkeit besteht. Sollte die StA an ihrer Auffassung festhalten wollen, so kann sie diese im gerichtlichen Verfahren durchsetzen (◘ Abb. 2.1).

◘ **Abb. 2.1** Ermittlungen (Reinald Fenke)

2.1.1.3 Das Akkusationsprinzip – § 151 StPO

Ohne Anklage keine gerichtliche Untersuchung des Falles

Es bedeutet, dass die Eröffnung einer gerichtlichen Untersuchung des Vorwurfes von der vorhergehenden Erhebung einer Anklage abhängt. Das Gegenstück war das Inquisitionsprinzip, bei dem eine Personalunion zwischen Ermittler, Richter und Ankläger bestand; dies war insofern problematisch, als der Richter aufgrund seiner Ermittlungstätigkeit häufig voreingenommen war.

Weitere Konsequenzen dieses Grundsatzes sind die Fertigung und Einreichung einer Anklageschrift mit der Folge der Festlegung der prozessualen Tat (Art. 103 II GG, §§ 155, 264 StPO).

2.1.1.4 Der Amtsermittlungsgrundsatz – §§ 160 II, 244 II StPO

§ 160 II StPO – Pflicht zur Sachverhaltsaufklärung
(2) Die Staatsanwaltschaft hat nicht nur die zur Belastung, sondern auch zur Entlastung dienenden Umstände zu ermitteln und für die Erhebung der Beweise Sorge zu tragen, deren Verlust zu besorgen ist.

Staatsanwaltschaft muss von Amts wegen Be- und Entlastendes ermitteln.

Man spricht auch vom Untersuchungsgrundsatz, der die Pflicht der Strafverfolgungsbehörden darlegt, von Amts wegen den Sachverhalt zu erforschen und sowohl Be- als auch Entlastendes zu ermitteln. Das Gegenteil existiert im Zivilprozess, in dem die Verhandlungsmaxime (Dispositionsgrundsatz) herrscht; hier befinden allein die Parteien, was sie dem Gericht zur Entscheidung unterbreiten wollen.

2.1.1.5 Der Grundsatz der freien richterlichen Beweiswürdigung – § 261 StPO

§ 261 StPO – Grundsatz der freien richterlichen Beweiswürdigung
Über das Ergebnis der Beweisaufnahme entscheidet das Gericht nach seiner freien, aus dem Inbegriff der Hauptverhandlung geschöpften Überzeugung.

Keine Beweisregeln in der StPO

Durch diesen Grundsatz gibt es i. d. R. keine fixen Beweisregeln mehr, von Ausnahmen wie der Beweiskraft des Protokolls (§ 274 StPO) einmal abgesehen. Sind sie aber vorhanden, stellen sie lediglich gesetzliche Präsumtionen auf, die aufgrund der Unschuldsvermutung widerlegbar sein müssen. Ein anschauliches Beispiel hierfür aus dem materiellen Recht bietet § 69 II StGB: danach gilt ein Angeklagter als charakterlich ungeeignet zum Führen von Kraftfahrzeugen, wenn er eine bestimmte Straftat begangen hat. Um diese gesetzliche Vermutung nun zu widerlegen, muss die Verteidigung entsprechende Argumente vorbringen, welche die charakterliche Ungeeignetheit ausräumen. Darüber hinaus sind Regeln wie Gottesurteile oder die Beibringung von mindestens zwei Zeugen („Zweier Zeugen Mund tut die Wahrheit kund!") in der StPO aus gutem Grund nicht mehr existent. Welchen Kriterien die objektiven Grundlagen für die (subjektive) Überzeugungsbildung folgen, wird später noch dargelegt.

2.1.1.6 Das Mündlichkeitsprinzip – § 261 StPO

Der Prozessstoff muss in der mündlichen Verhandlung angesprochen werden, wenn er in die Entscheidung mit einfließen soll. So sollen Überraschungsurteile vermieden werden.

Nur das mündlich Vorgetragene ist Grundlage der Entscheidung.

2.1.1.7 Das Unmittelbarkeitsprinzip – §§ 226, 250, 261 StPO

Das bedeutet zunächst, dass alle vom Gesetz vorgeschriebenen Personen, vor allem Gericht, Staatsanwaltschaft, Verteidiger und Angeklagter, während der gesamten Hauptverhandlung ununterbrochen anwesend sein müssen. Es verlangt weiterhin, dass bei der Aufklärung des Geschehens möglichst das tatnächste Beweismittel Verwendung finden muss. Auf die Problematik des „Zeugen vom Hörensagen" wird noch eingegangen.

2.1.1.8 Der Grundsatz „in dubio pro reo" – Art. 20 III GG, Art. 6 II EMRK, § 261 StPO

Dies ist ein materieller Entscheidungssatz (keine Beweisregel!), der zum Inhalt hat, dass das Gericht von der Schuld des Angeklagten überzeugt sein muss, bevor es ihn verurteilt. Dies soll außerdem in einem prozessordnungsgemäßen Verfahren geschehen. Außerdem ist er auf Prozessvoraussetzungen entsprechend anwendbar.

Zweifelssatz

2.1.1.9 Das Beschleunigungsgebot – Art. 20 III GG

Anspruch auf gerichtliches Gehör in angemessener Zeit

Dieser Grundsatz besagt, dass der Angeklagte binnen einer angemessenen Zeit von dem Gericht, das über den Vorwurf zu entscheiden hat, gehört werden muss. Eine überlange Verfahrensdauer ist nach überwiegender Auffassung jedoch kein Verfahrenshindernis mit der Folge einer Einstellung nach § 260 III StPO, sondern lediglich in der Strafzumessung zu berücksichtigen (sog. Vollstreckungslösung). Ist der Angeklagte jedoch freigesprochen worden, so ist dieser Weg nicht gangbar, da gerade keine Strafe ausgesprochen wurde. Entsprechende Überlegungen gelten, wenn der Verurteilte immaterielle Schäden erlitten hat. In diesem Fall normiert § 198 I, II GVG einen staatshaftungsrechtlichen Ausgleichsanspruch sui generis; aus § 199 III GVG ergibt sich die Anerkennung der Vollstreckungslösung.

In der Hauptverhandlung findet das Beschleunigungsgebot in der Konzentrationsmaxime seinen Niederschlag (vgl. §§ 228, 229 StPO).

2.1.1.10 Der Grundsatz der Öffentlichkeit – § 169 S. 1 GVG

> **§ 169 S. 1 GVG – Öffentliche Verhandlung**
> Die Verhandlung vor dem erkennenden Gericht einschließlich der Verkündung der Urteile und Beschlüsse ist öffentlich.

Jedermann kann Zuhörer bei Gerichtsverhandlungen sein.

Grundsätzlich darf jedermann einer mündlichen Gerichtsverhandlung beiwohnen; es handelt sich um eine Art Kontrolle der Gerichte durch die Öffentlichkeit. Das setzt voraus, dass im Rahmen der tatsächlichen Möglichkeiten und Gegebenheiten der Zutritt zum Sitzungssaal für eine beliebige Anzahl von Zuhörern ermöglicht wird.

Kein Ausschluss bei der Urteilsverkündung §§ 171a, b, 172 GVG

In einigen besonderen Fällen kann die Öffentlichkeit für die Verhandlung, nicht aber für die Urteilsverkündung ausgeschlossen werden (vgl. § 173 I GVG). Dies geschieht etwa zum Schutz der Privatsphäre, von Persönlichkeitsrechten oder der öffentlichen Ordnung und Sicherheit oder Sittlichkeit. In Verfahren gegen Jugendliche wird nach § 48 I JGG grundsätzlich nichtöffentlich verhandelt.

2.1.1.11 Das fair-trial Prinzip – Art. 20 III GG, Art. 6 I EMRK

Dieser Grundsatz ist selbstredend; der Angeklagte ist Subjekt und nicht Objekt des Strafverfahrens; daher ist auch beispielsweise der Einsatz eines Lügendetektors nicht erlaubt. Unklar ist allerdings seine Reichweite bei einem Verstoß gegen dieses Prinzip; nach der Rechtsprechung begründet ein solcher kein Prozesshindernis, sondern ist allenfalls im Rahmen der Strafzumessung zu berücksichtigen.

> Angeklagter ist Subjekt des Strafverfahrens.

2.1.1.12 Der Grundsatz des gesetzlichen Richters – Art. 101 GG

> **Art. 101 I GG – Verbot von Ausnahmegerichten**
> (1) Ausnahmegerichte sind unzulässig. Niemand darf seinem gesetzlichen Richter entzogen werden.

Dieser Grundsatz fordert objektive und abstrakt-generelle Regeln hinsichtlich der Zuständigkeit der Strafgerichte. Dementsprechend regeln StPO und GVG die örtliche, sachliche und funktionelle Zuständigkeit; die Geschäftsverteilungspläne innerhalb eines Gerichtes sorgen für deren Umsetzung auf die einzelnen Spruchkörper.

2.1.1.13 Der Grundsatz des rechtlichen Gehörs – Art. 103 I GG

> **Art. 103 I GG – Grundrechte vor Gericht**
> (1) Vor Gericht hat jedermann Anspruch auf rechtliches Gehör.

Der Angeklagte hat das Recht, sich gegenüber dem erkennenden Gericht bzgl. der gegen ihn erhobenen Vorwürfe schriftlich oder mündlich zu äußern. Er bedeutet weiterhin, dass das Gericht seine Ausführungen zur Kenntnis nehmen und in Erwägung ziehen muss. Wichtigste Ausprägung des rechtlichen Gehörs ist das letzte Wort nach § 258 II StPO.

2.1.2 Aufbau der Strafgerichtsbarkeit

Die Gerichtsbarkeit in Deutschland wird durch unabhängige und neutrale Gerichte ausgeübt.

> **§ 1 GVG – Unabhängigkeit der Gerichte**
> Die richterliche Gewalt wird durch unabhängige, nur dem Gesetz unterworfene Gerichte ausgeübt.

2.1.2.1 Ordentliche Gerichtsbarkeit

Die Strafgerichte sind neben den Zivilgerichten Teil der ordentlichen Gerichtsbarkeit. Das Gegenstück hierzu ist die Verwaltungs-, Finanz-, Arbeits- und Sozialgerichtsbarkeit (vgl. Art. 95 I GG).

Es gilt der vierstufige Gerichtsaufbau:

Aufbau der ordentlichen Gerichtsbarkeit

- Amtsgerichte,
- Landgerichte und
- Oberlandesgerichte als Gerichte der Länder sowie
- der Bundesgerichtshof als Gericht des Bundes.

2.1.2.2 Gerichte und Spruchkörper

Die einzelnen Gerichte sind als selbstständige Behörden organisatorische Einheiten. An ihnen gibt es die einzelnen Spruchkörper, welche das Prozessgericht, also das erkennende Gericht, darstellen. Vor diesen wird das jeweilige Verfahren durchgeführt.

Diese Spruchkörper wiederum sind mit Richtern besetzt, für die folgende Grundsätze gelten:

Der Richter ist nur dem Gesetz unterworfen.

- sachliche Unabhängigkeit: Richter sind nach Art. 97 I GG unabhängig und dem Gesetz unterworfen, außerdem nur an Recht und Gesetz gebunden. Im Rahmen ihrer richterlichen Tätigkeit dürfen ihnen keinerlei Weisungen erteilt werden.

keine Absetzbarkeit des Richters

- persönliche Unabhängigkeit: Die hauptamtlichen und planmäßig endgültig angestellten Richter sind grundsätzlich unabsetzbar und unversetzbar, Art. 97 II GG.

Der Richter darf mit dem Fall persönlich nicht befasst sein.

- richterliche Neutralität: Für die richterliche Tätigkeit ist wesentlich, dass sie von einem nicht am Streitfall beteiligten Dritten ausgeübt wird, der entscheidende Richter also nicht mit dem Fall befasst ist. Ansonsten wäre er befangen und müsste aus dem Verfahren ausscheiden. Sorge tragen dafür die Vorschriften der §§ 22 ff. StPO, wobei zwischen der „Ausschließung" eines

2.1 · Grundlagen

Richters nach §§ 22 und 23 StPO sowie der „Ablehnung" wegen der Besorgnis der Befangenheit nach § 24 StPO zu unterscheiden ist. Der Katalog des § 22 StPO ist abschließend und selbsterklärend. Der Ausschluss nach § 23 StPO wegen Mitwirkung an der Vorentscheidung ist restriktiv auszulegen; die Rspr. geht davon aus, dass auch ein mit der Sache bereits vorbefasster Richter sich nicht von seiner vorhergehenden Entscheidung beeinflussen lässt und weiterhin neutral agiert. Nicht als ausreichend für einen Ausschluss wurde die vorherige Mitwirkung des Richters am Eröffnungsbeschluss, am Erlass eines Haftbefehls oder wohl auch eines Strafbefehls (str.) angesehen. Eine Besorgnis der Befangenheit nach § 24 II StPO liegt vor, wenn ein durchschnittlicher Beobachter, der sich in die Rolle des Angeklagten versetzt, bei *verständiger* Würdigung den Verdacht hegen würde, es bestünde ihm gegenüber (i. d. R.: *nicht* gegenüber dem Verteidiger!) eine Voreingenommenheit. Beispiele aus der Rspr.:

— Richter zum Angeklagten in einem Tötungsprozess: „Ihre tote Frau möge Ihnen nachts vor die Augen treten!"
— Richter pflegt intensive private Kontakte zum Angeklagten;
— Angeklagte bestreitet in der HV die Tat; der Vorsitzende zu ihm: „Dann will ich es Ihnen mal erklären, denn Sie waren es!"

Nach § 31 StPO gelten diese Vorschriften für Schöffen und Urkundsbeamte analog, aber nicht für Staatsanwälte.

Über die Befangenheit entscheidet der abgelehnte Richter nach § 29 I StPO nicht selbst, sondern das Gericht ohne seine Mitwirkung – es sei denn, das Gesuch ist unzulässig, § 26 a StPO. Wird das Ablehnungsgesuch innerhalb der Hauptverhandlung gestellt, dann darf der abgelehnte Richter nach § 29 I StPO noch weiter an der Hauptverhandlung teilnehmen und unaufschiebbare Handlungen durchführen, da über den Antrag nicht sofort, sondern nach Abs. 3 erst bis spätestens vor Ablauf von zwei Wochen stets vor der Urteilsverkündung entschieden werden muss.

Die Strafgerichtsbarkeit wird bei einigen Spruchkörpern an Amts- und durchgehend bei Landgerichten neben den Berufsrichtern auch von ehrenamtlichen Richtern ausgeübt, den Schöffen. Sie werden auf fünf Jahre aus der Bevölkerung gewählt. Einige Berufsgruppen, wie Juristen,

In der Strafgerichtsbarkeit wirken ehrenamtliche Richter (= Schöffen) mit.

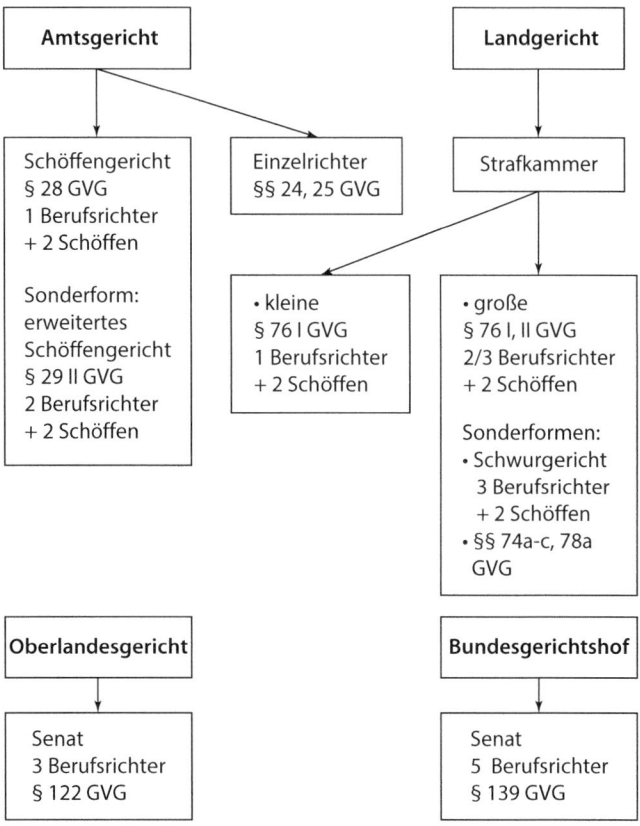

◘ Abb. 2.2 Gerichte und ihre Spruchkörper

Polizisten, Regierungs- und Parlamentsmitglieder sowie Personen unter 25 und über 70 Jahren, sind nach §§ 33 und 34 GVG vom Schöffenamt ausgeschlossen. Andere Personen können ihre Berufung in das Schöffenamt nach § 35 GVG ablehnen.

Die obige ◘ Abb. 2.2 bietet eine Übersicht zu Gerichten und ihren Spruchkörpern.

2.1.2.3 Instanzenzug

Gerichte in 1. Instanz
Strafgewalt des Amtsrichters
Strafgewalt des Schöffengerichts

In erster Instanz ist entweder das Amtsgericht oder das Landgericht zuständig. Der Einzelrichter beim Amtsgericht entscheidet bei Vergehen, wenn eine Geldstrafe oder Freiheitsstrafe von bis zu zwei Jahren zu erwarten ist. Das Schöffengericht entscheidet bei Verbrechen (gesetzliche Mindeststrafe nach § 12 I StGB: ein Jahr) und bei Vergehen, wenn mehr als zwei Jahre Freiheitsstrafe zu erwarten sind. Das Höchstmaß der verhängbaren Freiheitsstrafe beträgt vier Jahre.

2.1 · Grundlagen

Das Landgericht ist in erster Instanz entscheidungsberufen bei einer Straferwartung von mehr als vier Jahren oder grundsätzlich bei Tötungsdelikten oder solchen mit Todesfolge; bei dieser Kategorie ist die Straferwartung irrelevant.

In zweiter Instanz ist das Landgericht zuständig bei Berufungen gegen Urteile beider Abteilungen des Amtsgerichtes.

Das Oberlandesgericht entscheidet ebenfalls in zwei Instanzbereichen: in erster Instanz aufgrund eines abschließenden Kataloges des § 120 GVG, welcher Spionage- und sonstige Staatsschutzdelikte beinhaltet, darüber hinaus in dritter Instanz als Revisionsgericht gegen Entscheidungen des Landgerichtes, die dieses in zweiter Instanz gefällt hat; in Ausnahmefällen ist eine Sprungrevision gegen erstinstanzliche Urteile beider Abteilungen des Amtsgerichtes zum Oberlandesgericht möglich.

Der Bundesgerichtshof entscheidet in zweiter und letzter Instanz bei Revisionen gegen erstinstanzliche Urteile des Landgerichtes und des Oberlandesgerichtes. Eine Berufung gegen solche erstinstanzlichen Urteile gibt es daher nicht.

Eine Übersicht zu den Zuständigkeiten bietet ◘ Abb. 2.3.

> Das LG entscheidet in 1. und 2. Instanz
>
> Das OLG entscheidet in 1. und 3. Instanz.
>
> Der BGH ist nur Revisionsgericht.

2.1.3 Stellung der Staatsanwaltschaft und ihrer Ermittlungspersonen

2.1.3.1 Die Staatsanwaltschaft im Rahmen der Rechtsprechung

Die Staatsanwaltschaft bleibt im Grundgesetz unerwähnt; sie ist nicht Teil der Rechtsprechungstätigkeit in dem Sinne, dass sie als unbeteiligter Dritter an einem Rechtsstreit feststellt und ausspricht, was rechtens ist. Sie erfüllt aber, da das Gewaltmonopol beim Staat liegt, durch ihre Ermittlungstätigkeit gemeinsam mit dem Richter auf dem Gebiet des Strafrechts Aufgaben der „Justizgewährung". Sie ist daher Organ der Strafrechtspflege und deswegen überwiegend nicht als Teil der Verwaltung, sondern der Justiz anzusehen (str.). Diese Zuordnung zur dritten Gewalt folgt auch aus der Verpflichtung der Staatsanwaltschaft zur objektiven Wahrheitssuche und Gerechtigkeit sowie aus der Aufgabe der Gesetzeswahrung. Die grundlegenden Normen zur Staatsanwaltschaft finden sich in §§ 141 ff. GVG.

> Die Staatsanwaltschaft ist überwiegend Teil der dritten Gewalt im Staat.

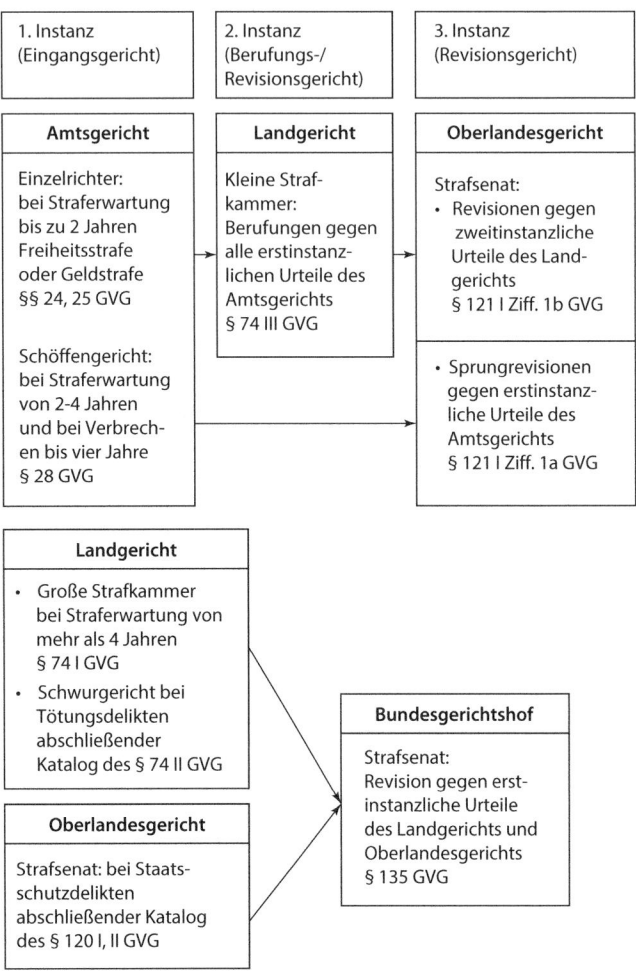

◘ Abb. 2.3 Übersicht Instanzenzug

2.1.3.2 Organisation und Stellung der Staatsanwaltschaft

Staatsanwaltschaften auf Bundes- und Landesebene

§§ 142 I Nr. 1, 142a GVG

Organisation: Bei der Organisation der Staatsanwaltschaften muss zwischen der Bundes- und Landesebene unterschieden werden, wobei sich die Struktur am Gerichtsaufbau orientiert:

— Auf Bundesebene existiert parallel zum BGH die Bundesanwaltschaft. Sie vertritt die Anklage in allen Verfahren, die vor dem BGH verhandelt werden, also hauptsächlich in Revisionen. Sie hat aber auch eine

2.1 · Grundlagen

Sonderermittlungszuständigkeit. An der Spitze steht der Generalbundesanwalt.
- Auf Landesebene muss unterschieden werden:
  1. Höchste Staatsanwaltschaft eines Landes ist die Generalstaatsanwaltschaft, welche beim OLG angesiedelt ist, wobei in manchen Bundesländern mehrere existieren. Sie ist zuständig für die Anklagevertretung in Verfahren vor dem OLG; sie hat außerdem eine eigene Ermittlungszuständigkeit. Leiter ist der Generalstaatsanwalt. § 142 I Nr. 2 GVG
  2. Beim LG ist eine Staatsanwaltschaft eingerichtet, welche sämtliche Aufgaben (Ermittlungs- und Sitzungszuständigkeit) bei einem LG als erst- und zweitinstanzliches Strafgericht wahrnimmt und von einem Leitenden Oberstaatsanwalt geführt wird. § 142 I Nr. 2 GVG
  3. In einigen Bundesländern ist beim AG eine Amtsanwaltschaft aufgestellt worden. Deren Kompetenz ist beschränkt auf bestimmte Delikte, die zur Zuständigkeit des Einzelrichters gehören. § 142 I Nr. 3 GVG

> **§ 144 GVG – Staatsanwaltschaftliche Organisation**
> Besteht die Staatsanwaltschaft eines Gerichtes aus mehreren Beamten, so handeln die dem ersten Beamten beigeordneten Personen als dessen Vertreter; sie sind, wenn sie für ihn auftreten, zu allen Amtsverrichtungen desselben ohne den Nachweis eines besonderen Auftrages berechtigt.

Die Staatsanwaltschaft ist eine hierarchische Behörde, der ein Behördenleiter vorsteht. Daraus ergibt sich folgendes:

Alle Staatsanwälte sind zu sämtlichen Amtsverrichtungen an ihrer Behörde ohne besonderen Auftrag berechtigt; ihre Handlungen sind im Außenverhältnis ohne Einschränkung wirksam, auch wenn sie im Innenverhältnis gegen eine Weisung verstoßen sollten.

Die Zuständigkeiten bei der Staatsanwaltschaft sind nicht fix und starr; Staatsanwälte können – anders als bei Richtern wegen des Gebotes des gesetzlichen Richters – jederzeit von einem Fall abgezogen und durch einen anderen ersetzt werden bzw. die höhere Behörde kann den Fall selbst an sich ziehen (sog. Substitutions- und Devolutionsrecht, vgl. § 145 GVG).

Die Staatsanwaltschaft ist eine hierarchische Behörde.

§ 145 GVG

> **§ 146 GVG – Weisungsgebundenheit des Staatsanwaltes**
> Die Beamten der Staatsanwaltschaft haben den dienstlichen Anweisungen ihres Vorgesetzten nachzukommen.

Staatsanwälte haben als Beamte den dienstlichen Weisungen ihres Vorgesetzten nachzukommen. Welcher wie weisungsbefugt ist, ergibt sich aus folgendem:

externes Weisungsrecht
— **externes** Weisungsrecht: der Bundesjustizminister gegenüber dem Generalbundesanwalt und den Bundesanwälten sowie der Landesjustizminister gegenüber allen Staatsanwälten im Lande;

internes Weisungsrecht
— **internes** Weisungsrecht: der Generalbundesanwalt gegenüber den Bundesanwälten; der Generalstaatsanwalt gegenüber allen Landesstaatsanwälten seines Bezirkes sowie der Leitende Oberstaatsanwalt gegenüber den Staatsanwälten (und Amtsanwälten) in seiner Behörde.

Den Weisungen sind jedoch Grenzen gesetzt: Sie müssen grundsätzlich rechtmäßig sein; außerdem dürfen sie nicht gegen die Menschenwürde verstoßen oder Straftaten bzw. Ordnungswidrigkeiten darstellen.

2.1.3.3 Aufgaben der Staatsanwaltschaft

Sie hat drei Hauptaufgaben:

a. Herrin des Ermittlungsverfahrens

Die Staatsanwaltschaft bestimmt den Umfang der Ermittlungen.

Der Staatsanwaltschaft steht die alleinige Anklagebefugnis zu; sie hat also das Anklagemonopol. Sie muss, sofern nicht ein anderes bestimmt ist, wegen aller verfolgbarer Straftaten einschreiten, wenn dafür tatsächliche Anhaltspunkte vorliegen (Legalitätsprinzip). Sofern diese existieren, muss sie unter Verpflichtung zur Objektivität den Sachverhalt erforschen. Sie kann selbst ermitteln, hat aber auch Ermittlungsbeamte zur Unterstützung. Sie verfügt über das Recht zur Vornahme von Zwangsmaßnahmen wie Durchsuchung, Beschlagnahme etc., welche in Eilfällen von ihr selbst, sonst vom Richter angeordnet werden. Nach Abschluss der Ermittlungen kann sie das Verfahren aus Opportunitätsgründen einstellen oder auch anklagen. Ergibt sich kein Tatverdacht oder liegt ein Verfahrenshindernis vor, so muss sie das Verfahren einstellen.

2.1 · Grundlagen

b. Anklagevertreterin in der Hauptverhandlung
Die Staatsanwaltschaft muss nach § 226 StPO ununterbrochen während der Hauptverhandlung anwesend sein; fehlt sie und wird der Prozess trotzdem fortgesetzt, ist dies nach § 338 Nr. 5 StPO ein absoluter Revisionsgrund. Sie hat Verpflichtungen während des Prozesses (Anklageverlesung, Fragerechte etc.); sie besitzt das Recht zum Abschlussplädoyer und kann Rechtsmittel für und gegen den Angeklagten einlegen. Eine Ausnahme ist das „Vereinfachte Jugendverfahren" nach §§ 76 ff. JGG, in dem sie regelmäßig nicht auftritt.

Die Staatsanwaltschaft ist Prozessbeteiligte in der Hauptverhandlung.

c. Strafvollstreckungsbehörde
Die Staatsanwaltschaft leitet als Vollstreckungsbehörde gemäß § 451 StPO nach §§ 449 ff. StPO die Strafvollstreckung eines rechtskräftigen Urteils ein. Nur die Durchführung desselben, wenn es sich um eine Freiheitsstrafe handelt, obliegt der jeweiligen JVA.

Staatsanwaltschaft als Vollstreckungsbehörde

2.1.3.4 Der „befangene" Staatsanwalt?

Wie sich u. a. aus § 160 StPO ergibt, hat ein Staatsanwalt das Strafverfahren unabhängig und objektiv zu führen. Insofern stellt sich die Frage, ob er nicht in gewissen Konstellationen – ähnlich einem Richter – als befangen anzusehen ist und wie eine solche Voreingenommenheit prozessual durchgesetzt werden kann.

a. Befangenheitsgründe
Einigkeit besteht darin, dass die gesetzlich normierten Befangenheitsgründe der §§ 22 ff. StPO nur für Richter und über § 74 StPO auch für Sachverständige gelten sowie nach § 31 StPO analog ebenso für Schöffen und Urkundsbeamte der Geschäftsstelle und andere berufene Protokollführer. Auf Staatsanwälte finden sie keine Anwendung; insofern fehlen gesetzliche Regelungen, wobei bemerkenswerterweise einige Länder (fraglich ist die Gesetzgebungskompetenz nach Art. 73, 74 GG!) Befangenheitsvorschriften für Staatsanwälte erlassen haben, wie z. B. Baden-Württemberg in Art. 11 AGGVG.

Es sind nun grundsätzlich Konstellationen denkbar, in denen die Möglichkeit naheliegt, der Anklagevertreter handle nur noch einseitig und lasse jegliche Objektivität in der Verfahrensführung und Behandlung des Beweisergebnisses vermissen. In solchen Fällen wird überwiegend der Rechtsgedanke des § 22 StPO herangezogen, und zwar insbesondere in den Varianten der Nr. 1 (Verletzter der Straftat) und Nr. 2 (persönliche oder familiäre Beziehungen zum Angeklagten). Diese Fälle bzw. Befangenheitsgründe erscheinen unproblematisch.

Darüber hinaus ist grundsätzlich anerkannt, dass ein Staatsanwalt nach § 22 Nr. 5 StPO analog von der weiteren Amtsausübung im konkreten Fall ausgeschlossen ist, sobald er als Zeuge vernommen wurde. Beim „Zeugenstaatsanwalt" bestehen zu Recht erhebliche Bedenken hinsichtlich einer objektiven Würdigung der eigenen Aussage im Ermittlungsverfahren oder im Plädoyer. Eine solche Befangenheit gilt nach der Rspr. allerdings nicht uneingeschränkt: Sie ist nur dann anzunehmen, wenn seine (weitere) Tätigkeit in diesem Verfahren in unlösbarem Zusammenhang mit seiner Aussage steht und einer gesonderten Bewertung nicht zugänglich ist (so: BGH NStZ 2020, 180).

b. Prozessuale Geltendmachung der Befangenheit

Nachdem die Befangenheit des Staatsanwaltes gesetzlich nicht geregelt ist, gibt es folgerichtig auch keine Vorschriften zur prozessualen Geltendmachung seiner Voreingenommenheit. Zwei praktikable Möglichkeiten sind denkbar: Zum einen kann der Angeklagte – direkt oder über seinen Verteidiger – den vorgesetzten Beamten des Staatsanwaltes bitten, diesen nach § 145 GVG vom Verfahren abzuziehen und durch einen Kollegen zu ersetzen. Zum anderen kann eine revisionsrechtliche Lösung dergestalt gefunden werden, dass die weitere Mitwirkung des befangenen Staatsanwalt einen Revisionsgrund nach § 337 StPO schafft, der seitens der Verteidigung in diesem Rahmen geltend gemacht werden kann, wobei für den Erfolg einer solchen Rüge die Beruhensfrage zu prüfen ist. Die überwiegende Meinung tendiert zu letzterer Lösung.

2.1.3.5 Ermittlungspersonen der Staatsanwaltschaft

Die Staatsanwaltschaft kann die erforderlichen Ermittlungen selbst vornehmen, ist aber aufgrund der beschränkten Personalkapazität dazu häufig nicht in der Lage. Sie braucht daher Unterstützungskräfte, die diese Arbeit für sie erledigen. Daher ist sie auf andere Behörden sowie auf die Beamten des allgemeinen Polizeidienstes angewiesen:

> **§ 161 I StPO – Allgemeine Ermittlungsbefugnis der Staatsanwaltschaft**
> (1) Zu dem in § 160 Abs. 1 bis 3 bezeichneten Zweck ist die Staatsanwaltschaft befugt, von allen Behörden Auskunft zu verlangen und Ermittlungen jeder Art entweder

> selbst vorzunehmen oder durch die Behörden und Beamten des Polizeidienstes vornehmen zu lassen, soweit nicht andere gesetzliche Vorschriften ihre Befugnisse besonders regeln. Die Behörden und Beamten des Polizeidienstes sind verpflichtet, dem Ersuchen oder Auftrag der Staatsanwaltschaft zu genügen, und in diesem Falle befugt, von allen Behörden Auskunft zu verlangen.

Der Gesetzgeber hat also der Staatsanwaltschaft gegenüber allen Polizeibeamten mit dieser Regelung eine Weisungsbefugnis eingeräumt. Diese bezieht sich aber nur auf die repressive Tätigkeit der Polizei, also die Aufklärung bereits begangener Straftaten, nicht aber auf deren präventive Aufgaben, mithin der Kriminalvorbeugung, da die Staatsanwaltschaft auf diesem Gebiet selbst keine Kompetenzen hat.

Staatsanwaltschaft und Polizei sind repressiv tätig.

Einige bestimmte Beamte sind sog. „Ermittlungspersonen der Staatsanwaltschaft", denen nach der StPO besondere Befugnisse, insbesondere Anordnungen bei „Gefahr im Verzug" zustehen:

> **§ 152 I GVG – Staatsanwaltschaftliche Ermittlungspersonen**
> (1) Die Ermittlungspersonen der Staatsanwaltschaft sind in dieser Eigenschaft verpflichtet, den Anordnungen der Staatsanwaltschaft ihres Bezirks und der dieser vorgesetzten Beamten Folge zu leisten.

Wer eine solche „Ermittlungsperson" ist, regelt auf Grundlage des § 152 II GVG das Landesrecht. Dieses Regelungsgeflecht war notwendig, da die Staatsanwaltschaften dem Justizministerium, die Polizeibehörden aber dem Innenministerium unterstellt sind, ein direktes Ober-/Unterordnungsverhältnis also gerade nicht besteht.

2.2 Einleitung und Durchführung des Ermittlungsverfahrens

2.2.1 Einleitung des Ermittlungsverfahrens

Das Strafverfahren der StPO beginnt mit dem staatsanwaltschaftlichen Ermittlungsverfahren. Nach dem Legalitätsprinzip ist die Staatsanwaltschaft verpflichtet, dieses

Anfangsverdacht

bei zureichenden tatsächlichen Anhaltspunkten einzuleiten. Dies ist der sog. *Anfangsverdacht*: Er bedeutet, dass konkrete Tatsachen dafür vorliegen müssen, dass Straftaten begangen worden sind.

hinreichender Tatverdacht

Davon zu unterscheiden ist der sog. *hinreichende* Tatverdacht: er besagt, dass bei vorläufiger Tatbewertung eine gewisse Wahrscheinlichkeit für eine spätere Verurteilung vorliegt. Dieser ist erforderlich für eine Anklageerhebung oder einen Strafbefehlsantrag.

dringender Tatverdacht

Letztendlich kennt die StPO den sog. *dringenden* Tatverdacht: Er ist definiert als eine große Wahrscheinlichkeit aufgrund bestimmter Tatsachen dafür, dass der Beschuldigte Täter oder Teilnehmer einer Straftat ist. Dieser Tatverdacht ist u. a. erforderlich für den Erlass eines Haftbefehls.

Ein Ermittlungsverfahren kann auf zweierlei Art und Weise in Gang gesetzt werden:

> **§ 158 I, II StPO – Strafanzeige; Strafantrag**
> (1) Die Anzeige einer Straftat und der Strafantrag können bei der Staatsanwaltschaft, den Behörden und Beamten des Polizeidienstes und den Amtsgerichten mündlich oder schriftlich angebracht werden. Die mündliche Anzeige ist zu beurkunden ...
> (2) Bei Straftaten, deren Verfolgung nur auf Antrag eintritt, muss der Antrag bei einem Gericht oder der Staatsanwaltschaft schriftlich oder zu Protokoll, bei einer anderen Behörde schriftlich angebracht werden.

Strafanzeige ist Mitteilung eines strafrechtlichen Sachverhalts an die Strafverfolgungsbehörde.

Jeder Bürger hat danach das Recht – und im Rahmen des § 138 StGB auch die Pflicht –, eine Straftat zur Anzeige zu bringen. Unter einer Strafanzeige versteht man die Mitteilung eines Sachverhaltes des Anzeigenden an die Strafverfolgungsbehörde, der nach seiner Ansicht Anlass zur Verfolgung gibt. Eine Form dafür ist nicht vorgeschrieben.

Weiterhin kann auch jeder Bürger Strafantrag i.w.S. stellen. Dieser liegt dann vor, wenn der Mitteilende über die Anzeige hinaus erkennen lässt, dass er die Straftat verfolgt wissen möchte. Diese beiden Fälle werden von § 158 I StPO erfasst.

Nur für den Strafantrag im engeren Sinne gilt § 158 II StPO.

Darüber hinaus existieren im StGB (z. B. Hausfriedensbruch nach § 123 StGB) wie auch in etlichen Nebengesetzen Straftatbestände, welche nur auf Strafantrag i. e. S. verfolgt werden können. Für einen solchen Antrag des Berechtigten i. S. d. § 77 StGB gilt die besondere Formvorschrift des § 158 II StPO.

Die beiden Strafantragsarten müssen klar voneinander abgegrenzt werden, da sie unterschiedliche Auswirkungen, wie etwa Mitteilungspflichten beim Abschluss des Verfahrens, haben.

> ▶ **Beispiel**
> Der geschiedene G erfährt nach seiner Rückkehr von einer längeren Reise, dass seine Exfrau E während seiner Abwesenheit unbefugt in der ehemaligen gemeinsamen Wohnung weilte. Darüber erbost wendet er sich in einem Schreiben unter Darstellung des Sachverhaltes an die Staatsanwaltschaft mit dem Hinweis, dass er „ein solches Verhalten nicht toleriere und unter allen Umständen eine harte Bestrafung verlange". Darin ist nicht nur eine Strafanzeige nach § 158 I StPO zu sehen, sondern auch – durch Auslegung – ein für § 123 StGB notwendiger Strafantrag nach Abs. 2 durch den unbedingten Wunsch nach Verfolgung und Bestrafung. ◀

Das Strafverfahren kann aber auch von Amts wegen eingeleitet werden:

> **§ 160 I–III StPO – Pflicht zur Sachverhaltsaufklärung**
> (1) Sobald die Staatsanwaltschaft durch eine Anzeige oder auf anderem Wege von dem Verdacht einer Straftat Kenntnis erhält, hat sie zu ihrer Erschließung darüber, ob die öffentliche Klage zu erheben ist, den Sachverhalt zu erforschen.
> (2) Die Staatsanwaltschaft hat nicht nur die zur Belastung, sondern auch zur Entlastung dienenden Umstände zu ermitteln und für die Erhebung der Beweise Sorge zu tragen, deren Verlust zu besorgen ist.
> (3) Die Ermittlungen der Staatsanwaltschaft sollen sich auch auf die Umstände erstrecken, die für die Bestimmung der Rechtsfolgen der Tat von Bedeutung sind. Dazu kann sie sich der Gerichtshilfe bedienen.

Bei dieser Wahrnehmung „auf anderem Wege" i.S. der Vorschrift kann es sich um die des Staatsanwaltes, aber auch um solche von Gerichten, Behörden und Beamte des Polizeidienstes handeln, die ihre Beobachtungen oder Erkenntnisse der Staatsanwaltschaft mitteilen. Bei privater Erlangung dieser Informationen besteht ein Verfolgungszwang nur dann, wenn es sich um eine schwerwiegende Straftat handelt.

Privat erlangtes Wissen zwingt nur ausnahmsweise zur Verfolgung.

> **▶ Beispiel**
>
> Beim abendlichen Bier in seiner Stammkneipe „Feierabend" erfährt Staatsanwalt S von seinem langjährigen Freund F „unter dem Siegel der Verschwiegenheit", dass dieser vor Jahren eine Anhalterin, nachdem er sie ein Stück mitgenommen hatte, hinterrücks mit einem Beil erschlug, nachdem sie seine Zuneigung nicht erwiderte. Bei einer solchen Tat (heimtückischer Mord!) besteht für S eine Verfolgungspflicht, obwohl es sich um rein privat erlangtes Wissen handelt. ◀

§ 160 a I–III StPO – Maßnahme bei zeugnisverweigerungsberechtigten Berufsgeheimnisträgern
(1) Eine Ermittlungsmaßnahme, die sich gegen eine in § 53 Absatz 1 Satz 1 Nummer 1, 2 oder Nummer 4 genannte Person, einen Rechtsanwalt, … richtet und voraussichtlich Erkenntnisse erbringen würde, über die diese das Zeugnis verweigern dürfte, ist unzulässig. Dennoch erlangte Erkenntnisse dürfen nicht verwendet werden …
(2) Soweit durch eine Ermittlungsmaßnahme eine in § 53 Abs. 1 Satz 1 Nr. 3 bis 3b oder Nr. 5 genannte Person betroffen wäre und dadurch voraussichtlich Erkenntnisse erlangt würden, über die diese Person das Zeugnis verweigern dürfte, ist dies im Rahmen der Prüfung der Verhältnismäßigkeit besonders zu berücksichtigen; betrifft das Verfahren keine Straftat von erheblicher Bedeutung, ist in der Regel nicht von einem Überwiegen des Strafverfolgungsinteresses auszugehen. …
(3) Die Absätze 1 und 2 sind entsprechend anzuwenden, soweit die in § 53a Genannten das Zeugnis verweigern dürften.

Durch diese – neu eingefügten – Normen werden der Staatsanwaltschaft schon direkt zu Beginn ihrer Ermittlungen Beschränkungen im Hinblick auf Träger von Zeugnisverweigerungsrechten auferlegt. Diese Einschränkungen dienen in erster Linie dazu, von Maßnahmen abzusehen, deren Ergebnisse mit hoher Wahrscheinlichkeit ohnehin nicht verwertbar wären.

2.2.2 Durchführung des Ermittlungsverfahrens

Umfang der Ermittlungspflicht: § 160 StPO

Die Staatsanwaltschaft ist Herrin des Ermittlungsverfahrens; zu ihrer Entschließung darüber, ob sie die öffentliche Klage erhebt, hat sie den Sachverhalt zu erforschen und

2.2 · Einleitung und Durchführung des Ermittlungsverfahrens

be- sowie entlastende Umstände zu ermitteln, § 160 I, II StPO. Dazu stehen ihr die förmlichen Beweismittel der StPO, nämlich Zeugen, Sachverständige, Augenschein und Urkunden zur Verfügung.

Außerdem ist vor Abschluss der Ermittlungen der Beschuldigte zu vernehmen, in einfachen Verfahren auf schriftlichem Wege, wenn nicht das Verfahren zu einer sanktionslosen Einstellung führt. In einigen wenigen Fällen ist eine Ermittlungsmaßnahme vom Ermittlungsrichter durchzuführen, der auf Antrag der Staatsanwaltschaft tätig wird:

§ 163a I 2 StPO

> **§ 162 I, II StPO – Ermittlungsrichter**
> (1) Erachtet die Staatsanwaltschaft die Vornahme einer richterlichen Untersuchungshandlung für erforderlich, so stellt sie ihre Anträge vor Erhebung der öffentlichen Klage bei dem Amtsgericht, in dessen Bezirk sie oder ihre den Antrag stellende Zweigstelle ihren Sitz hat. Hält sie daneben den Erlass eines Haft- oder Unterbringungsbefehls für erforderlich, so kann sie, unbeschadet der §§ 125, 126 a, auch einen solchen Antrag bei dem in Satz 1 bezeichneten Gericht stellen. ...
> (2) Das Gericht hat zu prüfen, ob die beantragte Handlung nach den Umständen des Falles gesetzlich zulässig ist.

Bei diesen richterlichen Ermittlungshandlungen kommen zwei Fallgruppen in Betracht, nämlich zum einen die – alleinig vorbehaltene – Anordnung von Zwangsmitteln (so die Untersuchungshaft), zum anderen Beweissicherungsmaßnahmen (etwa die Vernehmung eines wichtigen Zeugen, der zu sterben droht).

Der Ermittlungsrichter wird im Ermittlungsverfahren nur eingeschränkt tätig.

Wird der Richter bei solchen Handlungen eingeschaltet, welche die Staatsanwaltschaft auch selbst anordnen und durchführen könnte, es aber wegen des höheren „Beweiswertes" der richterlichen Durchführung überlässt, unterliegt dieser nach § 162 II StPO lediglich einer Rechtmäßigkeitskontrolle. Der Richter darf daher nicht Notwendigkeit, Angemessenheit und vor allem Zweckmäßigkeit der beantragten Maßnahme überprüfen.

Nach Abschluss der durchgeführten Ermittlungen erlässt die Staatsanwaltschaft eine Abschlussverfügung. Auf die verschiedenen Möglichkeiten einer verfahrensbeendenden Maßnahme wird noch eingegangen.

2.3 Die Stellung des Beschuldigten sowie seine Rechte und Pflichten; verbotene Vernehmungsmethoden

2.3.1 Beschuldigtenbegriff

Voraussetzungen des Beschuldigtenstatus: Tatverdacht und Willensakt der Strafverfolgungsbehörde

Den Status eines Beschuldigten hat eine Person dann, wenn sie als Täter oder Teilnehmer einer Straftat verdächtig und klar ist, dass sich die Ermittlungen (auch) gegen sie richten (werden). Voraussetzung ist also – objektiv – nicht nur ein Tatverdacht, sondern auch – subjektiv – ein Willensakt der Strafverfolgungsbehörde, gegen eine bestimmte Person ein Strafverfahren zu betreiben.

Bei der Beurteilung, ob diese Person als Beschuldigter anzusehen ist, hat die Ermittlungsbehörde einen gewissen Spielraum. Insbesondere kommt es darauf an, inwieweit der Tatverdacht auf gesicherten kriminalistischen Erkenntnissen beruht. Wenn sie also nicht offensichtlich nur den Status eines Zeugen hat (haben kann), so muss sie bei anschließenden Vernehmungen als Beschuldigter belehrt werden. Das gilt auch dann, wenn ihr der Beschuldigtenstatus willkürlich vorenthalten wird. Wie dann in diesem Rahmen zu verfahren ist, ergibt sich aus §§ 136, 136 a StPO für die richterliche Vernehmung, auf die § 163 a III und IV StPO für Befragungen von Staatsanwaltschaft und Polizei verweisen.

> **§ 157 StPO – Bezeichnung als Angeschuldigter oder Angeklagter**
> Im Sinne dieses Gesetzes ist
> Angeschuldigte der Beschuldigte, gegen den die öffentliche Klage erhoben ist,
> Angeklagter der Beschuldigte oder Angeschuldigte, gegen den die Eröffnung des Hauptverfahrens beschlossen ist.

Eine Übersicht zu diesen Begriffsdefinitionen findet man in der folgenden ◘ Abb. 2.4.

2.3.2 Belehrungspflicht nach § 136 StPO

Die Art und Weise, wie belehrt werden muss, ergibt sich aus § 136 StPO.

2.3 · Die Stellung des Beschuldigten sowie seine Rechte und …

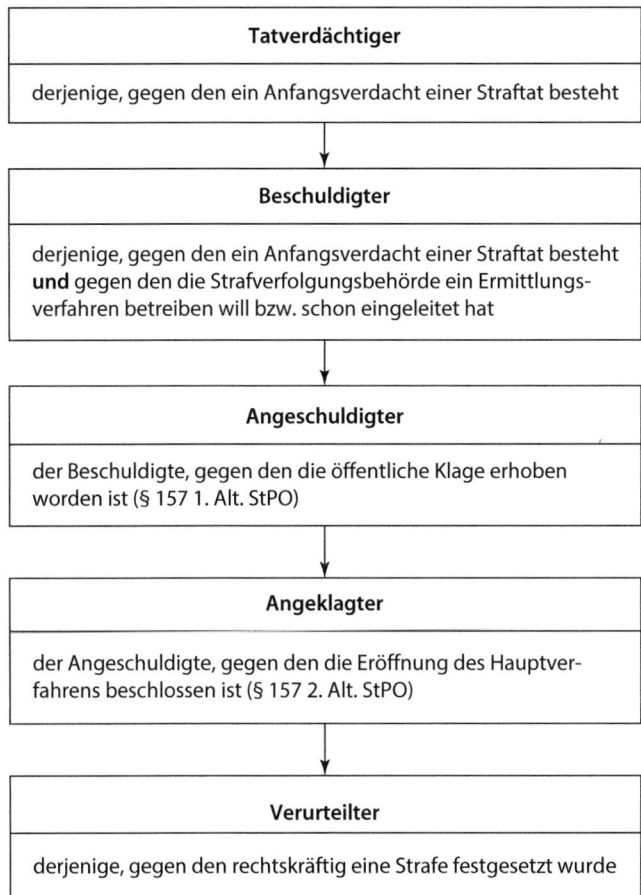

Abb. 2.4 Übersicht zur Terminologie

> **§ 136 StPO – Erste Vernehmung**
> (1) Bei Beginn der ersten Vernehmung ist dem Beschuldigten zu eröffnen, welche Tat ihm zu Last gelegt wird und welche Strafvorschriften in Betracht kommen. Er ist darauf hinzuweisen, daß es ihm nach dem Gesetz freistehe, sich zu der Beschuldigung zu äußern oder nicht zur Sache auszusagen und jederzeit, auch schon vor seiner Vernehmung, einen von ihm zu wählenden Verteidiger zu befragen. Möchte der Beschuldigte vor seiner Vernehmung einen Verteidiger befragen, sind ihm Informationen zur Verfügung zu stellen, die es ihm erleichtern, einen Verteidiger zu kontaktieren. Auf bestehende anwaltliche Notdienste ist dabei hinzuweisen. Er ist ferner darüber zu

belehren, daß er zu seiner Entlastung einzelne Beweiserhebungen beantragen und unter den Voraussetzungen des § 140 die Bestellung eines Pflichtverteidigers nach Maßgabe des § 141 Absatz 1 und des § 142 Absatz 1 beantragen kann; zu Letzterem ist er dabei auf die Kostenfolge des § 465 hinzuweisen. In geeigneten Fällen soll der Beschuldigte auch darauf, dass er sich schriftlich äußern kann, sowie auf die Möglichkeit eines Täter-Opfer-Ausgleichs hingewiesen werden.

(2) Die Vernehmung soll dem Beschuldigten Gelegenheit geben, die gegen ihn vorliegenden Verdachtsgründe zu beseitigen und die zu seinen Gunsten sprechenden Tatsachen geltend zu machen.

(3) Bei der ersten Vernehmung des Beschuldigten ist zugleich auf die Ermittlung seiner persönlichen Verhältnisse Bedacht zu nehmen.

Der Vernehmungsablauf ist also wie folgt:

Umfang der Belehrungspflicht

Nach Abs. 1 S. 1 muss dem Beschuldigten der Tatvorwurf mit den entsprechenden Gesetzesnormen eröffnet werden; letzteres gilt nach § 163 a IV 2 StPO nicht für die polizeiliche Vernehmung. Danach ist er – lediglich – über die Aussagefreiheit nach S. 2 zu belehren. Dies ist eines der elementaren Rechte des Beschuldigten (nemo-tenetur-Prinzip). Außerdem muss er darauf hingewiesen werden, dass er einen Verteidiger befragen kann, wobei umstritten ist, ob ein Verstoß hiergegen ein Verwertungsverbot nach sich zieht. Die Ermittlungsbehörden sind jedenfalls verpflichtet, gewisse Aktivitäten zu entfalten, um einen Verteidiger, möglicherweise über einen Notdienst, „ausfindig" zu machen, sofern der Beistand eines solchen gewünscht wird:

> ▶ **Beispiel nach BGH NJW 1996, 1547 und NJW 1996, 2242**
> Dort verlangte der Beschuldigte nach Festnahme in der Nacht, seinen „vertrauten" Rechtsanwalt vor einer polizeilichen Vernehmung zu sprechen. Nachdem dieser nicht erreichbar war, wurde ihm seitens der Behörden das Branchenfernsprechbuch von Hamburg hingelegt mit der Aufforderung, sich einen anderen Rechtsanwalt auszusuchen. Nachdem er keinen kannte und die Polizei auf eine Vernehmung drängte, machte er „unter Vorbehalt" Aussagen, die im folgenden Verfahren zu seinen Lasten verwertet wurden. Der BGH hat später in der Revision die Bemühungen der Polizei für nicht ausreichend erachtet und eine Verwertung der Angaben abgelehnt. ◀

2.3 · Die Stellung des Beschuldigten sowie seine Rechte und ...

Die Kontaktaufnahme zum Verteidiger darf keinesfalls aktiv verweigert werden. Geschieht dies, ist die Aussage einhellig unverwertbar.

Eine weitere Belehrungspflicht, die allerdings nicht an die Vernehmung des Beschuldigten anknüpft, sondern an seine Festnahme, ist jene nach Art. 36 I lit. b S. 3 des Wiener Konsularrechtsübeinkommens (WÜK) vom 24.04.1963, welchem Deutschland beigetreten ist und daher nach Art. 59 II 1 GG im Range eines Bundesgesetzes steht. Insofern ist es wie das nationale Strafprozessrecht anzuwenden und auszulegen. Diese Norm besagt, dass ein festgenommener Beschuldigter ein subjektives Recht darauf hat, konsularische Unterstützung seines Heimatstaates zu verlangen. Anknüpfungspunkt ist hierbei lediglich die Staatsbürgerschaft des Festgenommenen, nicht sein (dauernder) Aufenthaltsort.

> ▶ **Beispiel nach IGH EuGRZ 2001, 287 (Fall „LaGrand") sowie BVerfG NJW 2007, 499**
> Gegen einen ausländischen Mitbürger wurde ein Haftbefehl wegen versuchten Mordes erlassen. Bei seiner Festnahme wurde er entsprechend §§ 163 a IV 2, 136 I 2 StPO belehrt, nicht aber nach dem WÜK. Ebenso verfuhr der Haftrichter. Beiden gegenüber machte er ausführliche Angaben. In der Hauptverhandlung machte er von seinem Schweigerecht Gebrauch. Das LG verurteilte ihn zu lebenslanger Freiheitsstrafe und stützte seine Überzeugung maßgeblich auf die zeugenschaftlichen Aussagen der Ermittlungsbeamten. Die Revisionen wurden vom BGH als unbegründet verworfen. Die daraufhin eingelegte Verfassungsbeschwerde war erfolgreich; das BVerfG hob die Entscheidung des BGH auf und verwies zurück, wobei es ausdrücklich offen und der Fachgerichtsbarkeit überließ, welche Auswirkungen auf die Verwertbarkeit der Aussage ein Verstoß gegen die Belehrung zur Folge hat. Eine Analogie zu §§ 136, 136 a StPO liegt jedenfalls nahe. ◀

Belehrt werden muss nach § 136 StPO nur der Beschuldigte im Rahmen einer *Vernehmung*. Es wird überwiegend ein (enger) „formeller" Vernehmungsbegriff vertreten. Hierunter wird eine dem Beschuldigten bewusste, amtliche Befragung verstanden, bei dem der Vernehmende diesem in amtlicher Funktion mit dem Ziel der Gewinnung einer Aussage gegenüber tritt. Danach liegt keine Vernehmung vor, wenn die Frageperson nach außen hin keine amtliche Funktion aufweist; das bedeutet, dass die Anga-

Vernehmung liegt nur bei amtlicher Befragung vor.

ben gegenüber einer Privatperson grundsätzlich – mit gewissen Einschränkungen – verwertbar sind, auch wenn diese im Auftrag der Polizei recherchiert und den Beschuldigten befragt.

2.3.3 Folgen einer unterbliebenen Belehrung

§ 136 StPO hat verbindlichen Charakter.

Wird der Hinweis auf das Aussageverweigerungsrecht nach § 136 I 2 StPO nicht gegeben, so ist die Aussage unverwertbar, bis nicht beim Beschuldigten von Kenntnis seines Aussageverweigerungsrechtes auszugehen ist. Die Rechtsprechung hat inzwischen klargestellt, dass § 136 StPO keine Ordnungsvorschrift ist, sondern verbindlichen Charakter hat. Das bedeutet, dass seitens der Ermittlungsbehörden sofort belehrt werden muss, sobald die betreffende Person als Beschuldigter anzusehen ist.

Ausnahmen von der Belehrungspflicht

Von der strikten Unverwertbarkeit der Aussage werden aber Ausnahmen zugelassen:

2.3.3.1 Informatorische Befragung

Hierbei werden die Verfolgungsorgane zwar aktiv, ihre Ermittlungen konzentrieren sich aber nicht auf eine bestimmte Person, sondern orientieren sich an einem bestimmten Geschehen. Typisches Beispiel hierfür ist die Ankunft der Polizei an einem Verkehrsunfallort; hier geht es zunächst darum, herauszufinden, was geschehen ist. Mangels Anfangsverdachtes gegen eine bestimmte Person liegt bei den Befragungen der Anwesenden noch keine Vernehmung vor; erst wenn sich dieser jetzt ergibt, muss umgehend belehrt werden. Unterbleibt das, sind die weiteren Angaben dieser Person unverwertbar (die bisherigen sind es nicht!), dürfen aber zu weiteren Ermittlungen benutzt werden (keine Fernwirkung!). Wird sie nun abermals vernommen, so muss sie auf die Unverwertbarkeit der bisherigen Angaben hingewiesen werden (sog. „qualifizierte Belehrung", vgl. BGHSt 53, 112). Unterbleibt auch diese, so sind ihre Angaben nicht ohne weiteres unverwertbar; es hat eine Abwägung im Einzelfall zu erfolgen, wobei auf das Gewicht des Verfahrensverstoßes abzustellen ist (z. B. bewusste Umgehung der Belehrungspflichten!). Bleibt offen, ob belehrt worden ist oder nicht, gibt es zumindest Hinweise auf eine erfolgte Belehrung, ist die Aussage nach h.M. (BGHSt 38, 214) verwertbar.

2.3.3.2 Spontanäußerungen

Sie sind weiterhin uneingeschränkt verwertbar; die Entgegennahme von Spontanäußerungen ist regelmäßig unbedenklich. Es besteht keine Pflicht seitens der Ermittlungsbehörden, diese von ihr nicht initiierten Angaben des Beschuldigten zu unterbinden und sofort zu belehren. Jedoch verbietet es der hohe Rang der Selbstbelastungsfreiheit, dass solche Erklärungen zum Anlass für sachaufklärende Nachfragen genommen werden, insbesondere dann, wenn der Beschuldigte zuvor erklärt hat, er wolle von seinem Schweigerecht Gebrauch machen und/oder einen Verteidiger befragen. Etwas anderes gilt nur dann, wenn er – konkludent oder ausdrücklich – einer weiteren Vernehmung zustimmt. Bei Verstoß gegen diese Grundsätze ist regelmäßig von einem Verwertungsverbot auszugehen.

2.3.3.3 Kenntnis vom Belehrungsrecht

Der Beschuldigte kannte sein Recht auch ohne gesetzliche Belehrung, wobei Vorsicht bei dieser Annahme geboten ist; bestehende Vorverurteilungen reichen dafür nicht in jedem Falle aus, ebenfalls berufliches juristisches Wissen. Im Zweifel ist von fehlender Kenntnis auszugehen.

2.3.3.4 Widerspruchslösung

Der Angeklagte oder der Verteidiger widersprechen der Verwertung – nach Belehrung über das Widerspruchsrecht – nicht bis zu dem in § 257 II StPO genannten Zeitpunkt. Das bedeutet, dass ein etwaiger Widerspruch spätestens dann angebracht werden muss, wenn das Gericht der Verteidigung nach Erhebung der jeweiligen Beweiserhebung das „Erklärungsrecht" überträgt, also z. B. nach Übertragung des Fragerechts bzgl. eines Zeugen. Ist der Zeuge entlassen worden, kommt ein etwaiger Widerspruch zu spät. Das Widerspruchsrecht lebt auch später, z. B. nach Aufhebung des Urteils und Zurückverweisung durch das Revisionsgericht, nicht wieder auf.

2.3.4 Inhalt der Aussage

Ist der Beschuldigte ordnungsgemäß belehrt worden, so muss hinsichtlich seines weiteren Verhaltens differenziert werden:

Der Beschuldigte kann schweigen, ohne dass ihm das zur Last gelegt werden kann. Dies darf keine Auswirkungen auf die Beweiswürdigung haben; nachteilige

Beschuldigter darf schweigen

Schlüsse dürfen daraus nicht gezogen werden. Einem Totalschweigen setzt die Rspr. das pauschale In-Abrede-Stellen des Tatvorwurfes durch den Beschuldigten sowie Rechtsausführungen in seinen Einlassungen gleich. Auch in dem (späteren) Stellen eines Beweisantrages in der Hauptverhandlung ist keine Sach-Einlassung zu sehen.

Eine Ausnahme ist allerdings das sog. „beredte Schweigen": Hierbei macht er umfassend Angaben zu einem Sachverhalt innerhalb eines einheitlichen Tatgeschehens, verweigert aber zu bestimmten anderen Fragen in diesem Komplex die Aussage. Dieses Verhalten darf entsprechend tatrichterlich gewürdigt werden. Unzulässig ist dies allerdings, wenn der Beschuldigte zu einer Tat etwas aussagt, zu einem *anderen* Geschehen aber schweigt.

Er kann natürlich ebenso – als Einlassung – die Wahrheit sagen. Dies darf im Rahmen der Beweiswürdigung ebenfalls verwertet werden.

Beschuldigter darf in engen Grenzen lügen.

Dem Beschuldigten ist weiterhin erlaubt zu lügen; dies ist für ihn sanktionslos, solange nicht Normen der Strafgesetze tangiert sind (etwa §§ 185, 164, 145 d StGB), er also eine bislang völlig unverdächtige Person wahrheitswidrig der gegenständlichen Straftat bezichtigt. Zulässig ist jedoch in diesem Rahmen eine Aussage, nach welcher der Beschuldigte den Tatverdacht von sich ablenkt und dadurch zwangsläufig eine zweite Person belastet, beispielsweise dann, wenn lediglich zwei Täter aufgrund der Ermittlungen in Betracht kommen und er seinen Tatbeitrag abstreitet.

Möglichkeiten und Folgen sind in ◘ Abb. 2.5 dargestellt.

2.3.5 Verbotene Vernehmungsmethoden

2.3.5.1 Grundlagen

StPO kennt keine Vernehmungsregeln.

Die StPO kennt keine starren Regelungen, wie ein Beschuldigter vernommen werden muss/kann. Dies ist letztendlich dem menschlichen und kriminalistischen Geschick der Vernehmungsperson vorbehalten. Die Grenze legt aber der im Einzelnen nicht abschließende Katalog des § 136 a StPO fest.

2.3 · Die Stellung des Beschuldigten sowie seine Rechte und …

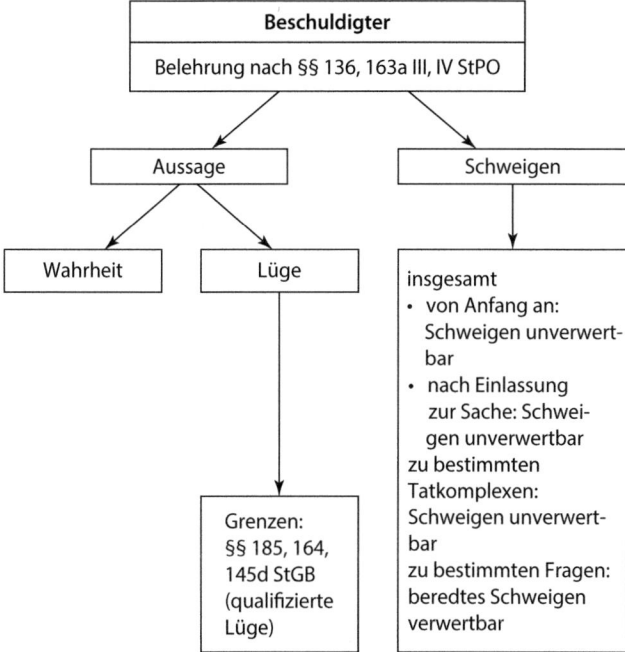

Abb. 2.5 Übersicht: Beschuldigtenvernehmung

> **§ 136 a StPO – Verbotene Vernehmungsmethoden; Beweisverwertungsverbote**
> (1) Die Freiheit der Willensentschließung und der Willensbetätigung des Beschuldigten darf nicht beeinträchtigt werden durch Misshandlung, durch Ermüdung, durch körperlichen Eingriff, durch Verabreichung von Mitteln, durch Quälerei, durch Täuschung oder durch Hypnose. Zwang darf nur angewandt werden, soweit das Strafverfahrensrecht dies zulässt. Die Drohung mit einer nach seinen Vorschriften unzulässigen Maßnahme und das Versprechen eines gesetzlich nicht vorgesehenen Vorteils sind verboten.
> (2) Maßnahmen, die das Erinnerungsvermögen oder die Einsichtsfähigkeit des Beschuldigten beeinträchtigen, sind nicht gestattet.
> (3) Das Verbot der Absätze 1 und 2 gilt ohne Rücksicht auf die Einwilligung des Beschuldigten. Aussagen, die unter Verletzung dieses Verbots zustande gekommen sind, dürfen auch dann nicht verwertet werden, wenn der Beschuldigte der Verwertung zustimmt.

„Täuschung" ist einschränkend auszulegen in Abgrenzung zu „kriminalistischer List"	Diese Merkmale sind weitestgehend selbstredend; einige Worte verdient das der „Täuschung", welches im Vergleich zu den anderen nicht das gleiche „Kaliber" aufweist. Geht man von der Prämisse aus, dass § 136 a StPO Verstößen gegen die Menschenwürde vorbeugen soll, so liegt auf der Hand, dass dies bei einer „Täuschung" nicht ohne weiteres der Fall ist. Da weiterhin nach allgemeiner Auffassung die „kriminalistische List" zulässig ist, muss das Merkmal der Täuschung restriktiv ausgelegt werden.
Beispiele für „Täuschung"	Danach sind nach der Rechtsprechung z. B. das bewusste Vorspiegeln von falschen Tatsachen („man sei bei der Tatbegehung beobachtet worden") oder bewusst falsche Hinweise auf die Rechtslage („Schweigen gilt als Schuldbeweis") verboten.

Nicht zulässig in diesem Zusammenhang ist aber auch das Verlegen eines Mithäftlings auf Weisung der Ermittlungsbehörden in die Zelle des Beschuldigten, um ihn über seine Tatbeteiligung auszuhorchen. Wird dem gegenüber ein Mitinhaftierter von sich aus tätig und offenbart anschließend sein erlangtes Wissen der Polizei, so ist das nur dann unverwertbar, wenn diese Gewinnung gegen die Menschenwürde verstoßen würde. Erlaubt sind dagegen Versprechungen, auf die der Vernehmende Einfluss hat, wie Beantragung einer milderen Strafe als sonst angemessen durch den vernehmenden Staatsanwalt bei Ablegung eines Geständnisses.

Als „Drohung mit einer nach seinen Vorschriften unzulässigen Maßnahme" i. S. d. Absatz 1 Satz 3 1. Alt. ist der „Hinweis" auf Invollzugsetzung des Haftbefehls bei prozessual ungewünschtem Verhalten der Verteidigung (Stellung von Beweisanträgen) anerkannt. Auch die Androhung von Folter fällt als in *jedem* Fall unzulässige Methode hierunter (vgl. Fall „Gäfken", BVerfG NJW 05, 656).

Die Aufzählung des § 136 a StPO ist nicht abschließend; auch andere Vernehmungsmethoden, welche die Freiheit der Willensentschließung beinträchtigen, fallen hierunter, wie z. B. die Benutzung eines Lügendetektors. Dieser darf – auch mit Einwilligung des Beschuldigten – nicht eingesetzt werden, da hierbei dessen Einflußmöglichkeiten nahezu aufgehoben sind und der Kernbereich seiner Menschenwürde verletzt wird. Außerdem tendiert die Validität der Testergebnisse gegen Null, so dass dieses Beweismittel i.S.d. § 244 III 3 Nr. 4 StPO völlig ungeeignet ist.

2.3.5.2 Folgen eines Verstoßes gegen § 136 a

Grundsätzlich kann der Beschuldigte nach § 136 a III 1 StPO in eine verbotene Vernehmungsmethode nicht einwilligen, in erster Linie zu seinem eigenen Schutz, aber auch aus Rechtsstaatsgründen, um ihn durch die Anwendung derselben nicht zum Objekt des Strafverfahrens zu degradieren.

§ 136a StPO ist zwingendes Recht.

Nach S. 2 zieht die Anwendung einer verbotenen Vernehmungsmethode immer die Unverwertbarkeit der Aussage nach sich. Dies gilt aber nur dann (einschränkende Auslegung), wenn die Methode auch *kausal* war für die Willensbeeinträchtigung, wobei derjenige die Beweislast trägt, der sich darauf beruft, also in der Regel der Beschuldigte. Die Kausalität fehlt z. B. dann, wenn der Beschuldigte aussagt, obwohl er die Täuschung kannte.

Liegt aber nun ein Verwertungsverbot vor, ist die Tragweite wie folgt:

Tragweite eines Verstoßes gegen § 136a StPO

- Die gewonnene Aussage darf weder mittelbar noch unmittelbar verwertet, die Vernehmungsperson nicht zum Inhalt vernommen werden. Vorhalte aus dem Protokoll sind unzulässig.
- Eine Fernwirkung, also das Heranziehen der Aussage als Grundlage für weitere Ermittlungen, besteht nach h.M. nicht.
- Eine Fortwirkung ist ebenfalls nicht anzunehmen, wobei die Rspr. eine Ausnahme dann macht, wenn die Aussage durch Drohung oder Quälerei zustande gekommen ist. Der Beschuldigte kann daher erneut (ordnungsgemäß!) vernommen und die Aussage verwertet werden, auch wenn die jetzige Aussagebereitschaft ohne die erste Vernehmung nicht entstanden wäre. Das bedingt aber den Hinweis auf die Unverwertbarkeit der ersten Befragung durch den Vernehmenden (qualifizierte Befragung, s. oben!).
- Eine Übersicht hierzu bietet ◘ Abb. 2.6.

2.3.6 Mithörfälle („Hörfalle")

Hierbei geht es um die Konstellationen, in denen die Ermittlungsbehörden zwar keine V-Leute oder Informanten einschalten, aber auf die Mithilfe von privaten Dritten zurückgreifen. Diese führen – allgemein auf Veranlassung der Ermittlungsbehörden – Gespräche mit den Tatverdächtigen, bei denen die Polizei direkt über einen Zweit-

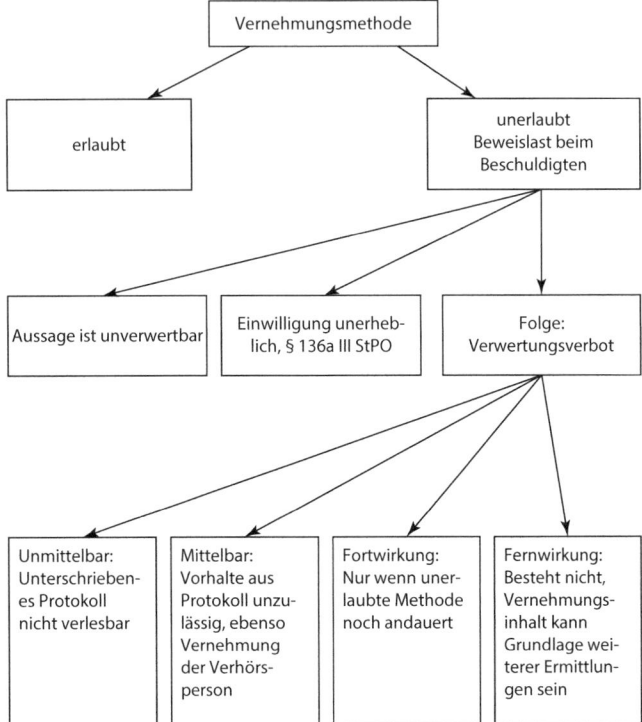

◻ **Abb. 2.6** Übersicht: Verbotene Vernehmungsmethoden

hörer mithört oder das Telefonat von einem Dolmetscher geführt wird, der das Gespräch danach rückübersetzt und den Behörden dadurch Kenntnis vom Inhalt verschafft. Problematisch ist, inwieweit dies zulässig ist, insbesondere, ob ein Verstoß gegen §§ 136, 136 a StPO vorliegt. Die Rechtsprechung (BGHSt GrS 42, 139) geht davon aus, dass diese Vorschriften nicht verletzt sind:

rechtliche Folgen der Mithörfalle

– § 136 StPO selbst wird nicht verletzt, da keine staatliche Vernehmung vorliegt, sondern ein freiwilliges Gespräch unter Privaten; wenn sich der Beschuldigte dabei selbst offenbart und belastet, so tut er dies auf eigene Gefahr. Teile der Literatur würden gegenteilig entscheiden, wenn staatlicherseits ein konkreter Ausforschungsauftrag an den Dritten vorläge.
– § 136 a StPO ist nicht tangiert, weil das Merkmal „Täuschung" mangels Rechtspflicht zur Offenbarung nicht anzunehmen ist. Es ist in der Lit. umstritten, ob hier anders zu entscheiden wäre, wenn der Beschuldigte zuvor unmissverständlich erklärt hat, er mache keine Angaben zur Sache.

- Auch der nemo-tenetur-Grundsatz ist durch das listige, weil heimliche Vorgehen der Verfolgungsbehörden nicht berührt; „List" ist nicht vom Merkmal „Täuschung" umfasst ist.
- Weitere, übergeordnete Grundsätze (z. B. das fair-trial-Prinzip oder der Verhältnismäßigkeitsgrundsatz) sind jedenfalls dann nicht verletzt, wenn es um die Aufklärung einer Straftat von erheblicher Bedeutung geht (Anhaltspunkte für eine solche Einordnung geben §§ 98a, 100a und 110a StPO) und die Erforschung des Sachverhaltes unter Einsatz anderer Ermittlungsmethoden erheblich weniger erfolgversprechend oder wesentlich erschwert wäre. Verfassungsrechtliche Bedenken sprechen bislang nicht dagegen.

Übergeordnete Grundsätze sind i. d. R. nicht verletzt.

2.4 Der Verteidiger

2.4.1 Der Verteidiger als Beschuldigtenbeistand

Der Beschuldigte hat das Recht, worüber er nach § 136 I 2 StPO zu belehren ist, jederzeit einen Verteidiger zu Rate zu ziehen.

> **§ 137 StPO – Recht des Beschuldigten auf Hinzuziehung eines Verteidigers**
> (1) Der Beschuldigte kann sich in jeder Lage des Verfahrens des Beistandes eines Verteidigers bedienen. Die Zahl der gewählten Verteidiger darf drei nicht übersteigen.
> (2) Hat der Beschuldigte einen gesetzlichen Vertreter, so kann auch dieser selbstständig einen Verteidiger wählen. Absatz 1 Satz 2 gilt entsprechend.

Beschuldigter hat Recht auf Verteidigung.

Auch bei der Person des gewählten Verteidigers hat er in eingeschränktem Rahmen freie Auswahl:

> **§ 138 I–II StPO – Wahlverteidiger**
> (1) Zu Verteidigern können die bei einem deutschen Gericht zugelassenen Rechtsanwälte sowie die Rechtslehrer an deutschen Hochschulen im Sinne des Hochschulrahmengesetzes mit Befähigung zum Richteramt gewählt werden.

(2) Andere Personen können nur mit Genehmigung des Gerichts gewählt werden …

Ausnahmen von der Vorschrift des § 138 I StPO kennt § 392 AO im dortigen Anwendungsbereich für Steuerberater, Wirtschaftsprüfer und vereidigte Buchprüfer. Mit Zustimmung des Beschuldigten kann der Verteidiger nach § 139 StPO seine Aufgaben auch einem Rechtsreferendar übertragen, der seit mindestens 15 Monaten im Justizdienst beschäftigt ist.

> Verteidigung dient auch der Waffengleichheit zwischen den Prozessbeteiligten.

Der so ernannte Verteidiger dient dem Schutz des Beschuldigten im Verfahren; erst ein für die Verteidigung besonders ausgewählter Prozessbeteiligter, der im Verfahren formell hervortritt, kann diesen Schutz und diese Unterstützung besonders effektiv leisten. Weiteres Ziel ist die Waffengleichheit der Prozessbeteiligten, ein Ziel, welches der Beschuldigte allein – oftmals schon wegen mangelnder Rechtskenntnisse – gar nicht erreichen kann. Der Verteidiger ist also Beistand, nicht Vertreter des Beschuldigten.

2.4.2 Der Verteidiger als Organ der Rechtspflege

> Verteidiger ist Organ der Rechtspflege.

Darüber hinaus nimmt der Verteidiger auch öffentliche Funktionen wahr, welche ihn als „Organ der Rechtspflege" kennzeichnen.

Ein rechtsstaatliches Verfahren ist, zumindest bei gravierenden Vorwürfen, ohne Verteidiger nicht möglich; seine Mitwirkung garantiert also auch das Funktionieren der staatlichen Strafrechtspflege. Durch seine einseitige Tätigkeit für seinen Mandanten wacht er darüber, dass nicht nur alle Verfahrensvorschriften eingehalten werden, sondern auch, dass in einem fairen Prozess so effektiv wie möglich die materielle Wahrheit, das Hauptanliegen des Strafprozesses, erforscht wird. Durch diese Aufgabe dient der Verteidiger aber ebenso öffentlichen Interessen.

Aber auch er darf im Rahmen seiner Strafverteidigung nicht „grenzenlos" operieren. Ihm ist es z. B. nicht erlaubt, Beweismittel zu vernichten, Spuren zu beseitigen oder Zeugen zu unwahren Aussagen zu verleiten; seine Angaben im Verfahren müssen wahr sein (wobei er allerdings nicht alles sagen muss, was er weiß). Das bedeutet in der Konsequenz, dass sich ein Verteidiger dann nicht einer

Strafvereitelung nach § 258 StGB strafbar machen kann, wenn er sich prozessual erlaubter Mittel bedient.

2.4.3 Der Pflichtverteidiger

In einigen gravierenden Fällen schreibt die Strafprozessordnung vor, dass dem Beschuldigten in jedem Falle aus rechtsstaatlichen Gründen ein Verteidiger an die Seite zu stellen ist:

> **§ 140 StPO – Notwendige Verteidigung**
> (1) Ein Fall der notwendigen Verteidigung liegt vor, wenn
>   1. zu erwarten ist, dass die Hauptverhandlung im ersten Rechtszug vor dem Oberlandesgericht, dem Landgericht oder dem Schöffengericht stattfindet;
>   2. dem Beschuldigten ein Verbrechen zur Last gelegt wird;
>   3. das Verfahren zu einem Berufsverbot führen kann;
>   4. der Beschuldigte nach den §§ 115, 115a, 128 Absatz 1 oder § 129 einem Gericht zur Entscheidung über Haft oder einstweilige Unterbringung vorzuführen ist;
>   5. der Beschuldigte sich auf Grund richterlicher Anordnung oder mit richterlicher Genehmigung in einer Anstalt befindet;
>   6. zur Vorbereitung eines Gutachtens über den psychischen Zustand des Beschuldigten seine Unterbringung nach § 81 in Frage kommt;
>   7. zu erwarten ist, dass ein Sicherungsverfahren durchgeführt wird;
>   8. der bisherige Verteidiger durch eine Entscheidung von der Mitwirkung in dem Verfahren ausgeschlossen ist;
>   9. dem Verletzten nach den §§ 397a und 406h Absatz 3 und 4 ein Rechtsanwalt beigeordnet worden ist;
>   10. bei einer richterlichen Vernehmung die Mitwirkung eines Verteidigers auf Grund der Bedeutung der Vernehmung zur Wahrung der Rechte des Beschuldigten geboten erscheint;
>   11. ein seh-, hör- oder sprachbehinderter Beschuldigter die Bestellung beantragt.
> (2) Ein Fall der notwendigen Verteidigung liegt auch vor, wenn wegen der Schwere der Tat, der Schwere der zu erwartenden Rechtsfolge oder wegen der Schwierigkeit der Sach- oder Rechtslage die Mitwirkung eines Verteidigers geboten erscheint oder wenn ersichtlich ist, dass sich der Beschuldigte nicht selbst verteidigen kann.

Absatz 1 beinhaltet einen abschließenden, enumerativen Katalog von Fällen, in denen dem Beschuldigten grundsätzlich „Verteidigungsdefizite" oder eine „prozessuale Waffenungleichheit" unterstellt werden. Bestellungskriterien nach Absatz 2 sind die „Schwere der Tat" (anzunehmen bei erheblichen Tatfolgen), die „Schwere der zu erwartenden Rechtsfolge" (anzunehmen bei einer Straferwartung ab etwa 1 Jahr Freiheitsstrafe) oder die „Schwierigkeit der Sach- und Rechtslage" (anzunehmen bei umfangreichen Verfahren/Beweisaufnahmen oder bislang nicht geklärten oder komplizierten Rechtsfragen). Hat der Beschuldigte in einem Fall des § 140 StPO bereits einen Verteidiger gewählt, so ist der Wahlverteidiger zugleich Pflichtverteidiger; andernfalls wird ihm auf Antrag nach § 141 I StPO ein solcher in dem dort genannten Zeitpunkt bestellt, nach Abs. 2 in den dort aufgeführten Fällen von Amts wegen. Die Zuständigkeit für die Bestellung und das Bestellungsverfahren selbst sind in der neuen Vorschrift des § 142 StPO geregelt: Nach Abs. 3 dieser Norm ist entscheidungsbefugt das Gericht – unterschiedlich je nach Verfahrenssituation. Bei besonderer Eilbedürftigkeit kann die Bestellung nach Abs. 4 auch von der Staatsanwaltschaft vorgenommen werden, welche dann gerichtlich bestätigt werden muss. Unabhängig von den gesetzlich geregelten Fällen der Verteidigerbestellung steht den Justizorganen ein gewisser Ermessensspielraum zu, wann ein Verteidiger zu bestellen ist, der allerdings dann auf Null reduziert ist, wenn elementare Verteidigungsrechte betroffen sind. Nach der weiterhin gültigen und ergänzend heranzuziehenden Rechtsprechung des EGMR sowie BVerfG und BGH ist dies im Lichte des von Art. 6 III lit. d EMRK garantierten Fragerechtes dahingehend auszulegen, dass dem unverteidigten Beschuldigten vor der zum Zwecke der Beweissicherung durchgeführten ermittlungsrichterlichen Vernehmung des zentralen Belastungszeugen ein Verteidiger zu bestellen ist, insbesondere dann, wenn er nach § 168 c III, V StPO von der Vernehmung ausgeschlossen wird.

> ▶ **Beispiel nach BGH NStZ 2001, 212**
>
> Tochter T behauptete, von ihrem Vater V sexuell missbraucht worden zu sein. Nach ihrer polizeilichen Vernehmung wurde ihr Vater festgenommen und ordnungsgemäß belehrt. Am nächsten Tag führte man ihn dem Haftrichter vor; auch hier äußerte er sich nach Belehrung – einschließ-

lich der über die Verteidigerkonsultationsmöglichkeit – nicht. Wiederum einen Tag später wurde T ermittlungsrichterlich vernommen; der Beschuldigte war nach § 168 c III StPO ausgeschlossen und nach Abs. 5 nicht benachrichtigt worden. Ein Verteidiger war nicht anwesend; T machte umfangreiche belastende Angaben zur Sache. Nach Anklageerhebung berief sie sich in der Hauptverhandlung auf ihr ZVR; das LG hörte den vernehmenden Richter als Zeugen und verurteilte V. Der BGH judizierte, dass dieses Vorgehen einen Verstoß gegen Art. 6 III lit. d EMRK darstelle, da der Angeklagte keine Möglichkeit hatte, Fragen an den Belastungszeugen zu stellen oder stellen zu lassen. Dies mindere das Vernehmungsergebnis derart, dass eine Verurteilung auf diese Angaben nur dann gestützt werden kann, wenn sie durch andere wichtige Bekundungen/Indizien außerhalb der Aussage bestätigt werden. ◄

Gerichtliche Entscheidungen in Zusammenhang mit der Bestellung eines Pflichtverteidigers sind nach § 142 VII StPO nun mit der sofortigen Beschwerde nach § 311 StPO anfechtbar.

Ebenfalls neu geregelt ist in § 143 StPO die Dauer und Aufhebung der Pflichtverteidigerbestellung. Grundsätzlich gilt diese nach Abs. 1 bis zum rechtskräftigen Abschluss des Verfahrens einschließlich etwaig notwendiger nachträglicher Gesamtstrafenbildungen. Damit ist aber auch klargestellt, dass diese nicht in das Strafvollstreckungsverfahren überdauert; hier kommt aber nach § 140 II StPO analog eine Pflichtverteidigerbestellung in Betracht. Eine Aufhebung der Bestellung kann neuerdings nach § 143 II StPO in den Fällen der beendeten Haft oder des aufgehobenen Haftbefehls erwogen werden – sofern nicht andere Vorschriften die Beibehaltung der Bestellung postulieren. Der am häufigsten in der Praxis vorkommende Fall dürfte derjenige der Entlassung aus der Haft mindestens zwei Wochen vor dem Hauptverhandlungstermin sein, vgl. Abs. 2 S. 1. Die insofern erlassenen Beschlüsse sind nach Abs. 3 ebenfalls mit der sofortigen Beschwerde nach § 311 StPO anfechtbar.

Gesetzliches Neuland wird auch mit der Vorschrift des § 144 StPO betreten, der die Bestellung von mehreren Pflichtverteidigern – vor allem, zeitlich beschränkt, zur Verfahrenssicherung – vorsieht:

> **§ 144 StPO – Zusätzliche Pflichtverteidiger**
> (1) In den Fällen der notwendigen Verteidigung können dem Beschuldigten zu seinem gewählten oder einem gemäß § 141 bestellten Verteidiger bis zu zwei Pflichtverteidiger zusätzlich bestellt werden, wenn dies zur Sicherung der zügigen Durchführung des Verfahrens, insbesondere wegen dessen Umfang oder Schwierigkeit, erforderlich ist.
> (2) Die Bestellung eines zusätzlichen Verteidigers ist aufzuheben, sobald seine Mitwirkung zur zügigen Durchführung des Verfahrens nicht mehr erforderlich ist. § 142 Absatz 5 bis 7 Satz 1 gilt entsprechend

2.4.4 Rechte des Verteidigers

Rechte des Verteidigers

Um seine Position zur Gewährleistung eines rechtsstaatlichen Verfahrens und zur Waffengleichheit zu gewährleisten, sind dem Verteidiger umfangreiche Rechte zur Seite gestellt. Die Wichtigsten sind:
- Anwesenheitsrechte bei richterlichen, staatsanwaltschaftlichen und polizeilichen Vernehmungen seines Mandanten (§§ 168 c I, 163 a III 2, IV 3 StPO), außerdem bei richterlichen Zeugenvernehmungen (vgl. § 168 c II StPO);
- Beweisantragsrechte im Ermittlungs- und Hauptverfahren;
- das Akteneinsichtsrecht (§ 147 StPO; beachte die sog. „privilegierten" Aktenteile nach Abs. 3) sowie
- das Recht, Rechtsmittel einzulegen, jedoch nicht gegen den Willen des Beschuldigten (§ 297 StPO).

2.5 Die Beweismittel der StPO

2.5.1 Allgemeines

In der StPO gilt nach § 244 II StPO der Untersuchungsgrundsatz. Das bedeutet, dass Gericht und Staatsanwaltschaft mit allen, durch die StPO zugelassenen (Streng-) Beweismitteln die Wahrheit zu erforschen haben. Die einzelnen Beweismittel sind:

abschließende Aufzählung von Beweismitteln in der StPO

- Sachverständige
- Augenschein
- Urkunden
- Zeugen

2.5 · Die Beweismittel der StPO

Der Beschuldigte/Angeklagte selbst – anders als die Partei im Zivilprozess (vgl. §§ 445 ff. ZPO) – ist kein (Streng-)Beweismittel i. S. d. StPO, da der deutsche Strafprozess kein Parteiprozess, sondern ein Offizialprozess ist und er nicht zur Aussage verpflichtet werden kann (§ 136 StPO). Weitere (Streng-) Beweismittel sind in der StPO nicht vorgesehen.

2.5.2 Sachverständige

Der Sachverständigenbeweis ist in §§ 72 ff. StPO geregelt. Ein Sachverständiger besitzt bezüglich der zu beweisenden Tatsachen eine besondere Sachkunde, die dem Richter fehlt. Für ihn gelten nach § 72 StPO die Vorschriften über den Zeugenbeweis analog, wenn nicht in den §§ 73 ff. StPO ausdrücklich etwas anderes geregelt ist. Der Sachverständige wird nach pflichtgemäßem Ermessen vom Gericht bestellt und beauftragt und hat grundsätzlich nach § 75 StPO die Pflicht zur wahrheitsgemäßen Erstellung und anschließenden Erstattung seines Gutachtens. Ihm steht aber nach § 76 StPO ein Gutachtenverweigerungsrecht aus den gleichen Gründen wie bei einem Zeugen zu.

§ 75 StPO
§ 76 StPO

Vom Sachverständigen ist der „sachverständige Zeuge" nach § 85 StPO zu unterscheiden. Dieser ist von der Sache her Zeuge, berichtet aber über Tatsachen oder Zustände, für die eine besondere Sachkunde erforderlich ist.

§ 85 StPO
„sachverständiger Zeuge"

> ▶ **Beispiel**
> Ein Arzt kommt zufällig an einer Unfallstelle vorbei und schildert später dem Gericht über Art und Ausmaß der Verletzungen. Mangels gerichtlicher Beauftragung ist er nicht Sachverständiger, sondern berichtet primär über eigene Wahrnehmungen, möglicherweise einhergehend mit medizinischen Schlussfolgerungen. ◀

Für einen „sachverständigen Zeugen" gelten daher die Zeugenvorschriften entsprechend.

2.5.3 Augenschein

Der Augenscheinsbeweis erfasst die sinnliche Wahrnehmung von Personen oder Sachen durch Sehen, Hören, Fühlen, Schmecken oder Riechen. Er ist in der StPO nur sporadisch geregelt, beispielsweise bei der Leichenöffnung nach § 87 StPO oder beim richterlichen Augenschein nach § 225 StPO. Ansonsten wird seine grundsätzliche Zulässigkeit, wie sich aus § 86 StPO ergibt, vom Gesetz vorausgesetzt. Für die Anwesenheitsrechte beim richterlichen Augenschein sind §§ 168 c, 224 f. StPO zu beachten.

2.5.4 Urkunden

Schriftstücke können Urkunds- wie Augenscheinsbeweis sein.

Ein Urkundsbeweis im strafprozessualen Sinn liegt vor, wenn es sich um (auch: elektronische) Schriftstücke mit einer verlesbaren Erklärung handelt; hierbei geht es also um die Erfassung des gedanklichen Inhalts. Für sie gelten §§ 249 ff. StPO, auf die im Rahmen des Unmittelbarkeitsgrundsatzes noch näher einzugehen sein wird. Ist jedoch lediglich das äußere Erscheinungsbild relevant, handelt es sich um ein Augenscheinsobjekt.

> ▶ **Beispiel**
>
> Ein Schriftstück aus dem Jahre 1734 spielt in einem Prozess eine wichtige Rolle. Kommt es nun auf dessen Inhalt an, so unterliegt es dem Urkundsbeweis; ist dagegen entscheidend, ob es ein bestimmtes Format hat oder auf was es geschrieben wurde, gilt es als Augenscheinsobjekt. ◀

2.5.5 Zeugen

Die Zeugen sind das häufigste, wenn auch in der Regel das unzuverlässigste Beweismittel. Dies liegt in der Fehlbarkeit des Menschen bezüglich der Wahrnehmung, Speicherung und Wiedergabe von Tatsachen begründet. Eine Person kann als Zeuge vernommen werden, wenn sie Kenntnisse über einen Umstand hat, die für das Verfahren oder den aufzuklärenden Umstand von Bedeutung sind – und wenn sie nicht an der Straftat beteiligt und daher als Beschuldigter anzusehen ist.

Wichtig: Auch das Opfer ist grundsätzlich Zeuge!

Der Zeugenbeweis ist in §§ 48 ff. StPO geregelt (◘ Abb. 2.7).

2.5.5.1 Rechte und Pflichten der Zeugen

Pflichten des Zeugen

Der Zeuge hat nurmehr zwei Pflichten: er muss vor Gericht und auch vor der Staatsanwaltschaft (vgl. § 161 a I 1 StPO; anders bei der Polizei, § 163 III 1 StPO: nur dann, wenn der Ladung ein Auftrag der Staatsanwaltschaft zu-

2.5 · Die Beweismittel der StPO

◘ Abb. 2.7 Zeugenaussage unter Eid (Reinald Fenke)

grunde liegt) erscheinen und – wahrheitsgemäß – aussagen. Eine Beeidigung seiner Aussage ist nicht mehr zwingend vorgesehen und könnte ehedem nur vor Gericht (nicht vor Staatsanwaltschaft, § 161 a I 3 StPO) geschehen.

Erscheinungspflicht

Ordnungsgemäß geladene Zeugen müssen vor Gericht erscheinen. Das ist eine staatsbürgerliche Pflicht, welche die StPO nicht begründet, sondern voraussetzt, wie sich aus § 48 I StPO ergibt.

Kommt der Zeuge nicht, so stehen die Sanktionen des § 51 StPO – auch der Staatsanwaltschaft, vgl. § 161 a II 1 StPO – offen:

> Erscheinungspflicht setzt die StPO voraus.

> **§ 51 I, II StPO – Folgen des Ausbleibens eines Zeugen**
> (1) Einem ordnungsgemäß geladenen Zeugen, der nicht erscheint, werden die durch das Ausbleiben verursachten Kosten auferlegt. Zugleich wird gegen ihn ein Ordnungsgeld und für den Fall, dass dieses nicht beigetrieben werden kann, Ordnungshaft festgesetzt. Auch ist die zwangsweise Vorführung des Zeugen zulässig; § 135 gilt entsprechend. Im Falle wiederholten Ausbleibens kann das Ordnungsmittel noch einmal festgesetzt werden.

(2) Die Auferlegung der Kosten und die Festsetzung eines Ordnungsmittels unterbleiben, wenn das Ausbleiben des Zeugen rechtzeitig genügend entschuldigt wird. Erfolgt die Entschuldigung nach Satz 1 nicht rechtzeitig, so unterbleibt die Auferlegung der Kosten und die Festsetzung eines Ordnungsmittels nur dann, wenn glaubhaft gemacht wird, dass den Zeugen an der Verspätung der Entschuldigung kein Verschulden trifft. Wird der Zeuge nachträglich genügend entschuldigt, so werden die getroffenen Anordnungen unter den Voraussetzungen des Satzes 2 aufgehoben.

Wahrheitsgemäße Aussagepflicht

Aussagepflicht wird in Ausnahmefällen durchbrochen.

Der erschienene Zeuge muss auch in jedem Falle wahrheitsgemäß aussagen, worüber er nach § 57 I StPO zu belehren ist; die Verletzung dieser Pflicht ist nach §§ 153 ff. StGB strafbewehrt. Sie wird jedoch in §§ 52–55 StPO durchbrochen, um Zeugen in Konfliktsituationen Aussagen zu ersparen. Diese Rechte werden Zeugnisverweigerungsrechte (ZVR) bzw. Auskunftsverweigerungsrecht (AVR) genannt.

§ 52 StPO – Zeugnisverweigerungsrecht der Angehörigen des Beschuldigten

ZVR nach § 52 StPO

(1) Zur Verweigerung des Zeugnisses sind berechtigt
 1. der Verlobte des Beschuldigten;
 2. der Ehegatte des Beschuldigten, auch wenn die Ehe nicht mehr besteht;
 2a. der Lebenspartner des Beschuldigten, auch wenn die Lebenspartnerschaft nicht mehr besteht;
 3. wer mit dem Beschuldigten in gerader Linie verwandt oder verschwägert, in der Seitenlinie bis zum dritten Grad verwandt oder bis zum zweiten Grad verschwägert ist oder war.
(2) Haben Minderjährige wegen mangelnder Verstandesreife oder haben Minderjährige oder Betreute wegen einer psychischen Krankheit oder einer geistigen oder seelischen Behinderung von der Bedeutung des Zeugnisverweigerungsrechts keine genügende Vorstellung, so dürfen sie nur vernommen werden, wenn sie zur Aussage bereit sind und auch ihr gesetzlicher Vertreter der Vernehmung zustimmt. Ist der gesetzliche Vertreter selbst Beschuldigter, so kann er über die Ausübung des Zeugnisverweigerungsrechts nicht entscheiden; das gleiche gilt

2.5 · Die Beweismittel der StPO

> für den nicht beschuldigten Elternteil, wenn die gesetzliche Vertretung beiden Eltern zusteht.
>
> (3) Die zur Verweigerung des Zeugnisses berechtigten Personen, in den Fällen des Absatzes 2 auch deren zur Entscheidung über die Ausübung des Zeugnisverweigerungsrechts befugte Vertreter, sind vor jeder Vernehmung über ihr Recht zu belehren. Sie können den Verzicht auf dieses Recht auch während der Vernehmung widerrufen.

Der Personenkreis ist nach § 52 I StPO abschließend geregelt (siehe ◘ Abb. 2.8). Die Vorschrift bezieht sich nur auf Angehörige des Beschuldigten. Auch bei mehreren Beschuldigten kann die Aussage aber trotzdem umfänglich verweigert werden, wenn eine Aussage auch den Angehörigen des Zeugen trifft und dieser noch im Prozess beteiligt ist, also beispielsweise das Verfahren gegen ihn nicht abgetrennt und schon rechtskräftig erledigt ist.

§ 52 I StPO ist abschließend.

Eine Sondervorschrift enthält Abs. 2 für Minderjährige bzw. für gesetzliche Vertreter, wenn diese Beschuldigter sind. Im Fall des Abs. 2 S. 2 muss deshalb nach § 1909 BGB ein Ergänzungspfleger bestellt werden.

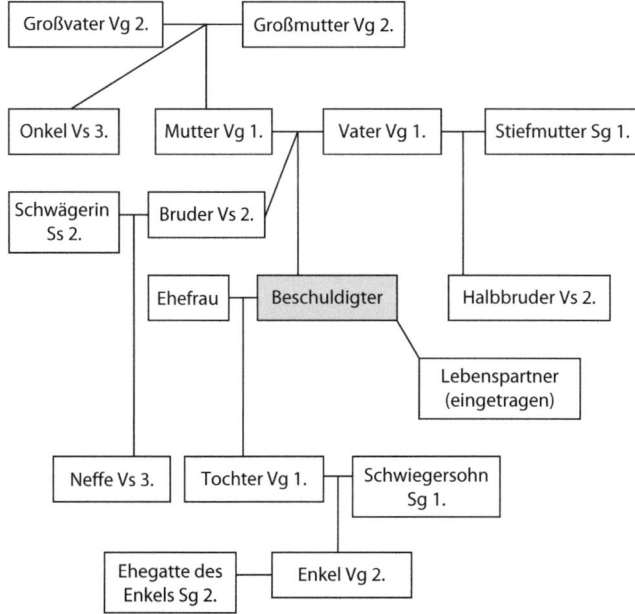

Erläuterung: V = Verwandtschaft, S = Schwägerschaft, g = in gerader Linie, s = in der Seitenlinie, 1, 2, 3 = Bezeichnung des Grades

◘ **Abb. 2.8** Übersicht bzgl. § 52 I Ziffer 3

> **§ 1909 BGB – Ergänzungspflegschaft**
> (1) Wer unter elterlicher Sorge oder unter Vormundschaft steht, erhält für Angelegenheiten, an deren Besorgung die Eltern oder der Vormund verhindert sind, einen Pfleger. ...

▶ **Beispiel**

Der Angeklagte A muss sich wegen sexuellen Missbrauches seines eigenen 10-jährigen Kindes K vor Gericht verantworten. K ist grundsätzlich aussagebereit; es hat aber ein ZVR gegenüber seinem eigenen Vater nach § 52 I Nr. 3 StPO. In diesem Falle müsste der gesetzliche Vertreter zustimmen; das ist aber der Vater und gleichzeitig Beschuldigte, der nach § 52 II 2 HS 1 StPO nicht zustimmen darf. Aber auch die Mutter darf nach HS 2 dieser Vorschrift dies nicht tun, da im Regelfall nach §§ 1626, 1629 BGB die gesetzliche Vertretung beiden Eltern zusteht. Es ist also ein Ergänzungspfleger zu bestellen, der die entsprechenden Erklärungen abgeben muss. ◀

Belehrungspflicht nach § 52 III StPO

Abs. 3 statuiert eine Belehrungspflicht gegenüber dem Zeugen. Bei Unterlassen derselben ist ein Verwertungsverbot anzunehmen. Eine Fernwirkung gibt es jedoch nicht mit der Folge, dass aufgrund der getätigten Aussage weitere Ermittlungsmaßnahmen erfolgen dürfen.

ZVR nach § 53, 53 a StPO

> **§ 53 I, II StPO – Zeugnisverweigerungsrecht der Berufsgeheimnisträger**
> (1) Zur Verweigerung des Zeugnisses sind ferner berechtigt
>   1. Geistliche über das, was ihnen in ihrer Eigenschaft als Seelsorger anvertraut worden oder bekannt geworden ist;
>   2. Verteidiger des Beschuldigten über das, was ihnen in dieser Eigenschaft anvertraut worden oder bekannt geworden ist;
>   3. Rechtsanwälte, Patentanwälte, Notare, Wirtschaftsprüfer, vereidigte Buchprüfer, Steuerberater und Steuerbevollmächtigte, Ärzte, Zahnärzte, Psychologische Psychotherapeuten, Kinder und Jugendlichenpsychotherapeuten, Apotheker und Hebammen über das, was ihnen in dieser Eigenschaft anvertraut worden oder bekannt geworden ist; für Syndikusrechtsanwälte (§ 46 Absatz 2 der Bundesrechtsanwaltsordnung) und Syndikuspatentanwälte (§ 41a Absatz 2 der Patentanwaltsord-

2.5 · Die Beweismittel der StPO

nung) gilt dies vorbehaltlich des § 53a nicht hinsichtlich dessen, was ihnen in dieser Eigenschaft anvertraut worden oder bekanntgeworden ist;

3a. Mitglieder oder Beauftragte einer anerkannten Beratungsstelle nach den §§ 3 und 8 des Schwangerschaftskonfliktgesetzes über das, was ihnen in dieser Eigenschaft anvertraut worden oder bekannt geworden ist;

3b. Berater für Fragen der Betäubungsmittelabhängigkeit in einer Beratungsstelle, die eine Behörde oder eine Körperschaft, Anstalt oder Stiftung des öffentlichen Rechts anerkannt oder bei sich eingerichtet hat, über das, was ihnen in dieser Eigenschaft anvertraut worden oder bekannt geworden ist;

4. Mitglieder des Bundestages, der Bundesversammlung, des Europäischen Parlaments aus der Bundesrepublik Deutschland oder eines Landtages über Personen, die ihnen in ihrer Eigenschaft als Mitglieder dieser Organe oder denen sie in dieser Eigenschaft Tatsachen anvertraut haben sowie über diese Tatsachen selbst;

5. Personen, die bei der Vorbereitung, Herstellung oder Verbreitung von Druckwerken, Rundfunksendungen, Filmberichten oder der Unterrichtung oder Meinungsbildung dienenden Informations- und Kommunikationsdiensten berufsmäßig mitwirken oder mitgewirkt haben.

...

(2) Die in Absatz 1 Nr. 2 bis 3b Genannten dürfen das Zeugnis nicht verweigern, wenn sie von der Verpflichtung zur Verschwiegenheit entbunden sind ...

Der Personenkreis ist umfassend und abschließend geregelt, Analogien sind unzulässig. Es handelt sich hier nur um ein eingeschränktes ZVR („das, was ihnen in dieser Eigenschaft anvertraut worden ist"). Eine Belehrungspflicht besteht nicht; das Gericht kann davon ausgehen, dass der Zeuge seine Berufsrechte und -pflichten kennt. Die Aussage ist immer, auch bei unterbliebener Belehrung, uneingeschränkt verwertbar.

Nach Abs. 2 ist eine eingeschränkte Entbindung möglich; dann besteht eine Aussagepflicht des Zeugen ohne Ermessensspielraum.

Die Berufshelfer der genannten Personen sind diesen nach § 53 a StPO gleichgestellt und haben ebenfalls ein Zeugnisverweigerungsrecht. Falls der in § 53 StPO Ge-

§ 53 StPO ist ein eingeschränktes ZVR.

§ 53a StPO verweist auf § 53 I Nrn.1–4 StPO

nannte von der Verschwiegenheit entbunden wurde, gilt dies nach § 53 a II StPO auch für den Gehilfen.

ZVR nach § 54 StPO

§ 54 I StPO – Aussagegenehmigung für Angehörige des öffentlichen Dienstes
(1) Für die Vernehmung von Richtern, Beamten und anderen Personen des öffentlichen Dienstes als Zeugen über Umstände, auf die sich ihre Pflicht zur Amtsverschwiegenheit bezieht, und für die Genehmigung zur Aussage gelten die besonderen beamtenrechtlichen Vorschriften.

Nach dieser Norm benötigen Beamte, Richter etc. eine Aussagegenehmigung, wenn sie als Zeuge über solche Umstände berichten sollen, auf die sich ihre Verschwiegenheitspflicht bezieht, also in aller Regel auf ihre dienstlichen Wahrnehmungen oder Erkenntnisse. Es gilt auch dann, wenn sie nicht mehr im Dienst sind. Das Weitere ergibt sich aus § 67 BBG bzw. den entsprechenden Vorschriften der Länderbeamtengesetze.

AVR nach § 55 StPO

§ 55 StPO – Auskunftsverweigerungsrecht
(1) Jeder Zeuge kann die Auskunft auf solche Fragen verweigern, deren Beantwortung ihm selbst oder einem der in § 52 Abs. 1 bezeichneten Angehörigen die Gefahr zuziehen würde, wegen einer Straftat oder einer Ordnungswidrigkeit verfolgt zu werden.
(2) Der Zeuge ist über sein Recht zur Verweigerung der Auskunft zu belehren.

AVR statuiert kein umfassendes Verweigerungsrecht.

Diese Vorschrift dient nur dem Schutz des Zeugen, nicht dem des Angeklagten. Er darf nur auf einzelne Fragen die Auskunft verweigern, nicht aber insgesamt das Zeugnis; in seltenen Fällen ist es denkbar, dass dieses Recht umfassend ist und sämtliche Fragen erfasst, also einem ZVR gleichkommt.
Die Voraussetzung nach Abs. 1 ist die Verfolgungsgefahr allein wegen einer Straftat oder Ordnungswidrigkeit, nicht beispielsweise eines Standes- oder ehrengerichtlichen Verfahrens. Ausreichend ist die Schwelle eines Anfangsverdachtes i. S. d. § 152 II StPO. Ist die Gefahr zweifelsfrei ausgeschlossen, besteht kein Weigerungsrecht. Die Folge einer – auf Verlangen glaubhaft gemachten (§ 56 StPO) – Weigerung ist, dass weitere Fragen in diesem Punkte un-

2.5 · Die Beweismittel der StPO

	§ 52	§ 53	§ 54	§ 55
Belehrungspflicht?	Ja (§ 52 III)	Nein (es kann davon ausgegangen werden, dass Berechtigter seine Rechte kennt)	Nein	Ja (§ 55 II)
Verwertbarkeit der Aussage bei fehlender Belehrung?	Nein	Ja	Ja	Ja (sog. Rechtskreistheorie)
Verwertbarkeit der Aussage bei fehlender Mitwirkung »notwendig Beteiligter«?	Entfällt	Ja (Recht, nicht Pflicht zur Aussageverweigerung)	Ja (§ 54 dient nur dem Schutz des Staates)	Entfällt
Verwertbarkeit von früheren Aussagen bei jetziger Berufung auf das ZVR/AVR?	Nein (§ 252; Ausn.: Richter darf als Zeuge über frühere Aussage vernommen werden)	Nein (§ 252, aber dann nicht, wenn bei 1. Aussage entbunden; Ausnahme wie bei § 52 ⇨ Richter darf vernommen werden)	Zweifelhaft (nachträglicher Widerruf der Genehmigung ist bedeutungslos; § 252 findet teilweise Anwendung)	Ja (§ 252 gilt hier nicht)

◘ **Abb. 2.9** Übersicht über die Verwertungsprobleme bei Zeugnisverweigerungsrechten/Auskunftsverweigerungsrecht

zulässig sind und vom Zeugen nicht beantwortet werden müssen. Bisherige Angaben bleiben jedoch verwertbar.

Über das Recht ist nach Abs. 2 der Zeuge zu belehren; unterbleibt dies, kann das vom Angeklagten nicht gerügt werden, da die Vorschrift gerade nur dem Schutz des Zeugen gilt (sog. „Rechtskreistheorie", vgl. BGHSt GrS 11, 213). In einem anschließenden Verfahren gegen den Zeugen kann seine Aussage dagegen nicht verwertet werden.

Folgen eines Verstoßes nach § 55 II StPO

Die möglichen Verwertungsprobleme sind in ◘ Abb. 2.9 tabellarisch dargestellt.

Beeidigung

Grundsätzlich ist der Zeuge nach seiner Aussage nicht mehr zu vereidigen. Gemäß § 59 StPO ist nur noch in zwei Fällen ein Eid erforderlich, wobei es jedoch nach § 61 StPO für die in § 52 I StPO Genannten ein Eidesverweigerungsrecht gibt.

§ 59 StPO – Vereidigung
(1) Zeugen werden nur vereidigt, wenn es das Gericht wegen der ausschlaggebenden Bedeutung der Aussage oder zur Herbeiführung einer wahren Aussage nach seinem Ermessen für notwendig hält. Der Grund dafür, dass der Zeuge vereidigt wird, braucht im Protokoll nicht angegeben zu werden, es sei denn, der Zeuge wird außerhalb der Hauptverhandlung vernommen.
(2) Die Vereidigung der Zeugen erfolgt einzeln und nach ihrer Vernehmung. Soweit nichts anderes bestimmt ist, findet sie in der Hauptverhandlung statt.

Es gibt jedoch auch Fälle eines absoluten Vereidigungsverbotes:

§ 60 StPO – Vereidigungsverbote
Von der Vereidigung ist abzusehen
1. bei Personen, die zur Zeit der Vernehmung das 18. Lebensjahr noch nicht vollendet haben oder die wegen mangelnder Verstandesreife oder wegen einer psychischen Krankheit oder einer geistigen oder seelischen Behinderung vom Wesen und der Bedeutung des Eides keine genügende Vorstellung haben;
2. bei Personen, die der Tat, welche den Gegenstand der Untersuchung bildet, oder der Beteiligung an ihr oder der Begünstigung, Strafvereitelung oder Hehlerei verdächtig oder deswegen bereits verurteilt sind.

Problemfall: § 60 Nr. 2 StPO

Die Vorschrift der Nr. 1 ist selbstredend; problematisch ist die Nr. 2 in der Variante „Begünstigung etc. verdächtig ... sind". Fraglich ist, wann dieser Verdacht mit der Folge eines Vereidigungsverbotes anzunehmen ist.

Nach inzwischen gefestigter Auffassung muss sich der Zeuge *außerhalb* der jetzigen Hauptverhandlung strafbar gemacht haben; der Verdacht, dass der Zeuge in derselben falsch aussagt, um den Angeklagten zu begünstigen, ohne dass zuvor eine strafbare Handlung vorliegt, reicht für ein Vereidigungsverbot nach dieser Vorschrift nicht aus. Wenn der Zeuge bereits vor Beginn der Hauptverhandlung dem Angeklagten die feste Zusage einer anschließenden falschen Aussage gibt, so reicht dies bei der Begünstigung nach § 257 StGB für ein Vereidigungsverbot aus, nicht jedoch im Rahmen der Strafvereitelung nach § 258 StGB, da die Zusage hier nur eine straflose Vorbereitungshandlung darstellt.

2.5.5.2 Zwangsmaßnahmen gegen Zeugen

§ 70 gibt dem Gericht und der Staatsanwaltschaft (vgl. § 161 a II StPO) Zwangsmittel gegen Zeugen, die grundlos Zeugnis oder Eid verweigern.

> **§ 70 StPO – Folgen unberechtigter Zeugnis- oder Eidesverweigerung**
> (1) Wird das Zeugnis oder die Eidesleistung ohne gesetzlichen Grund verweigert, so werden dem Zeugen die durch die Weigerung verursachten Kosten auferlegt. Zugleich wird gegen ihn ein Ordnungsgeld und für den Fall, dass dieses nicht beigetrieben werden kann, Ordnungshaft festgesetzt.
> (2) Auch kann zur Erzwingung des Zeugnisses die Haft angeordnet werden, jedoch nicht über die Zeit der Beendigung des Verfahrens in dem Rechtszug, auch nicht über die Zeit von sechs Monaten hinaus.
> (3) Die Befugnis zu diesen Maßregeln steht auch dem Richter im Vorverfahren sowie dem beauftragten und ersuchten Richter zu.
> (4) Sind die Maßregeln erschöpft, so können sie in demselben oder in einem anderen Verfahren, das dieselbe Tat zum Gegenstand hat, nicht wiederholt werden.

Diese Vorschrift sieht parallel laufende Zwangsmöglichkeiten vor: Zunächst können dem Zeugen die durch die Weigerung verursachten Kosten auferlegt werden, darüber hinaus noch Ordnungsgeld oder -haft. — *Ordnungsgeld/ Ordnungshaft*

Gleichzeitig oder danach kann das Gericht nach Abs. 2 auch Beugehaft zur Erzwingung des Zeugnisses verhängen. — *Beugehaft*

Die Erschöpfung der Maßnahmen regelt Abs. 4, wobei zu beachten ist, dass ein Ordnungsgeld nur einmal festgesetzt werden darf, auch wenn das erste von der Staatsanwaltschaft verhängt wurde und die maximale Höhe (1000 €, vgl. Art. 6 I EGStGB) noch nicht ausgeschöpft sein sollte.

2.5.5.3 Vernehmung des Zeugen

Die geladenen Zeugen sind nach § 58 I StPO einzeln und getrennt von den anderen Zeugen zu hören. Das Gesetz enthält einige Vorschriften, wie ein Zeuge nun zu vernehmen ist: grundsätzlich erfolgt zuerst nach § 68 StPO die Vernehmung zur Person. — *Vernehmungsvorschriften*

§ 68 I–III StPO – Vernehmung zur Person; Beschränkung von Angaben, Zeugenschutz

(1) Die Vernehmung beginnt damit, dass der Zeuge über Vornamen, Nachnamen, Geburtsnamen, Alter, Beruf und Wohnort befragt wird. Ein Zeuge, der Wahrnehmungen in amtlicher Eigenschaft gemacht hat, kann statt des Wohnortes den Dienstort angeben.
(2) Einem Zeugen soll zudem gestattet werden, statt des Wohnortes seinen Geschäfts- oder Dienstort oder eine andere ladungsfähige Anschrift anzugeben, wenn ein begründeter Anlass zu der Besorgnis besteht, dass durch die Angabe des Wohnortes Rechtsgüter des Zeugen oder einer anderen Person gefährdet werden oder das auf Zeugen oder eine andere Person in unlauterer Weise eingewirkt werden …
(3) Besteht ein begründeter Anlass zu der Besorgnis, dass durch die Offenbarung der Identität oder des Wohn- oder Aufenthaltsortes des Zeugen Leib, Leben oder Freiheit des Zeugen oder eine andere Person gefährdet wird, so kann ihm gestattet werden, Angaben zur Person nicht oder nur über seine frühere Identität zu machen …

Die geforderten Angaben nach Abs. 1 sind Pflichtangaben; wird seitens des Zeugen dagegen verstoßen, so liegt eine Ordnungswidrigkeit nach § 111 OWiG vor. Die Einschränkungen des Abs. 3 werden in der Praxis vor allem bei der Befragung von Verdeckten Ermittlern (VE) relevant.

Von erheblicher Praxisrelevanz ist die – neu gefasste – Vorschrift des § 68 a StPO:

§ 68 a StPO – Beschränkungen des Fragerechts aus Gründen des Persönlichkeitsschutzes

(1) Fragen nach Tatsachen, die dem Zeugen oder einer Person, die im Sinne des § 52 Abs. 1 sein Angehöriger ist, zur Unehre gereichen können oder deren persönlichen Lebensbereich betreffen, sollen nur gestellt werden, wenn es unerlässlich ist.
(2) Fragen nach Umständen, die die Glaubwürdigkeit des Zeugen in der vorliegenden Sache betreffen, insbesondere nach seinen Beziehungen zu dem Beschuldigten oder der verletzten Person, sind zu stellen, soweit dies erforderlich ist. Der Zeuge soll nach Vorstrafen nur gefragt

2.5 · Die Beweismittel der StPO

> werden, wenn ihre Feststellung notwendig ist, um über das Vorliegen der Voraussetzungen des § 60 Nr. 2 zu entscheiden oder um seine Glaubwürdigkeit zu beurteilen.

Die gesetzliche Wertung dieser Vorschrift macht deutlich, dass auch ein besonderes Augenmerk bei solchen Zeugen im Rahmen ihrer Aussage gelegt werden soll, wenn bei ihnen besondere persönliche Beziehungen zu einem der Beteiligten bestehen, da dies in die Gesamtwürdigung der Aussage des Zeugen miteinfließen kann, weil die Motivationslage eines Zeugen im Rahmen seiner Aussage zu berücksichtigen ist. Das gilt nicht nur für verwandtschaftliche Beziehungen, sondern auch für eine langjährige, enge freundschaftliche Verbundenheit („Skat-Brüder") oder bei „sozialen Abhängigkeiten" wie z. B. im Arbeitgeber-Arbeitnehmerverhältnis. Empirische Studien haben gezeigt, dass in diesem Bereich signifikant mehr Falschaussagen geleistet werden als im verwandschaftlichen Nahbereich.

Anschließend folgt gemäß § 69 StPO die Befragung zur Sache.

> **§ 69 StPO – Vernehmung zur Sache**
> (1) Der Zeuge ist zu veranlassen, das, was ihm von dem Gegenstand seiner Vernehmung bekannt ist, im Zusammenhang anzugeben. Vor seiner Vernehmung ist dem Zeugen der Gegenstand der Untersuchung und die Person des Beschuldigten, sofern ein solcher vorhanden ist, zu bezeichnen.
> (2) Zur Aufklärung und zur Vervollständigung der Aussage sowie zur Erforschung des Grundes, auf dem das Wissen des Zeugen beruht, sind nötigenfalls weitere Fragen zu stellen. Zeugen, die durch die Straftat verletzt sind, ist insbesondere Gelegenheit zu geben, sich zu den Auswirkungen, die die Tat auf sie hatte, zu äußern.
> (3) Die Vorschrift des § 136 a gilt für die Vernehmung des Zeugen entsprechend.

Demnach gliedert das Gesetz die Vernehmung eines Zeugen in zwei Teile: Abs. 1 konstituiert den **„Sachbericht"**, in dem der Zeuge möglichst ohne Unterbrechung seine Wahrnehmungen schildern soll.

Vernehmung zur Sache

Die Vernehmungsperson muss die Gelegenheit erhalten, frei und ungehindert ihre Erlebnisse auszubreiten. Erlaubt sind Aufmerksamkeitssignale wie „Ich verstehe …" oder „aha, hmm …" (sog. „Aktives Zuhören!"). Optimalerweise soll dieser Teil den überwiegenden Teil der Vernehmung ausmachen. Auch Kinder können grundsätzlich einen freien Bericht geben, wobei zugegebenermaßen Länge und Qualität sehr vom Alter abhängig ist. Eine feste Altersgrenze kann dabei nicht angegeben werden; einfach strukturierte Darstellungen scheinen ab einem Alter von 3–4 Jahren möglich zu sein.

Bleiben noch Fragen offen, so wird anschließend nach Abs. 2 in die Vernehmung im engeren Sinne, also in das sog. „**Verhör**", eingetreten. Dabei sollte vor allem die Auskunftsperson reden und die Vernehmungsperson sich soweit wie möglich zurückhalten. Bei der Art der Fragestellung muss in einer bestimmten, von der Einflussnahme her gesehen, in einer sich nach und nach steigernden Weise und inhaltlich nach der sog. Trichtertechnik vorgegangen werden. Zur Erzielung eines möglichst vollständigen Erkenntnisgewinnes empfiehlt sich im Rahmen der Befragung folgende Vorgehensweise:

("W-Fragen")
— Es sollte versucht werden, solange wie möglich bei den sog. „offenen" oder auch „W-Fragen" zu verweilen („Was machten Sie am …?", „Warum verließen Sie …?"). Antworten auf diese Fragen verlangen in der Beantwortung eine hohe (Erinnerungs-)Eigenleistung des Zeugen, zumal diese Fragen meistens nicht mit einem Wort zu beantworten sind.

geschlossene Fragen
— Sollten danach noch Abklärungen vonnöten sein, so kann dies mit Hilfe der „geschlossenen" Fragen geschehen, also solche, die in aller Regel mit „Ja" oder „Nein" beantwortet werden können. Geschlossene Fragen haben durch ihren Charakter notwendigerweise hohe suggestible Anteile. Vernehmungstechnisch nicht zu beanstanden ist, wenn diese Abklärung mit Hilfe sog. „multiple-choice-Fragen" geschieht. Hierbei gilt aus der Vernehmungslehre jedoch die Regel, dass sich die Auswahlmöglichkeiten auf zwei Vorgaben beschränken und die vermutlich richtige Antwort nicht mit vorgegeben werden soll:

2.5 · Die Beweismittel der StPO

> ▶ **Beispiel**
>
> „War das Auto, mit dem Sie zusammen gestoßen sind, rot oder welche Farbe hatte es?"
> Dadurch wird Doppeltes erreicht: Zum erreicht man die gewünschte Klarstellung, zum anderen hat die Antwort auf die Frage eine hohe Qualität, weil der Befragte die beiden vorgegebenen Antworten negieren und selbst eine solche (vermutlich die richtige) abliefern muss. ◂

— Eine Anmerkung in diesem Rahmen zu den sog. „Suggestivfragen": Sie sind grundsätzlich zulässig, solange sie nicht verachtenden Charakter haben, also der Schutzbereich des Art. 1 GG tangiert ist („Kamen Sie sich nicht als Schwein vor, als sie …?", „Hatten Sie keine Skrupel, als Sie …?"). Die Antwort auf eine solche Suggestivfrage hat naturgemäß keinerlei Erkenntnisgewinn. Eine Ausnahme ist jedoch anerkannt: Die Überhangantwort! Sie ist alles das, was über die in der Frage oder dem Vorhalt liegende Suggestion hinausgeht. Die Antwort auf eine solche Frage kann verwertet werden, wenn die Frage wie auch die Antwort darauf wörtlich protokolliert werden:

Suggestivfragen

> ▶ **Beispiel**
>
> (Geschlossene) Frage: „Hatten Sie keine Bedenken, Herrn X in seiner Situation einfach liegen zu lassen?" – Antwort: „Warum hätte ich das sollen!" – Suggestion: „Vielleicht hätte er Hilfe benötigt?" – Antwort auf die Suggestion: „Nee, ich habe gleich gesehen, dass er alleine klar kommt." (Verwertbare) Überhangantwort: „Außerdem habe ich schon von weitem das Martinshorn des Krankenwagens gehört." ◂

Es lässt sich daher zusammenfassend sagen, dass das beste Vernehmungsergebnis bei solchen Fragen erzielt wird, die
— ein bestimmtes Ziel verfolgen mit dem Verlangen nach einer bestimmten Antwort,
— nur einen Punkt betreffen,
— klar und unmissverständlich sind und
— vom Empfänger verstanden werden.

2.6 Die Untersuchungshaft

2.6.1 Allgemeines

U-Haft ist problematisch wegen Art. 6 II MRK.

Die Untersuchungshaft (U-Haft) ist das Inhaftieren einer noch nicht rechtskräftig verurteilten Person; ihre Vereinbarkeit mit der Unschuldsvermutung nach Art. 6 II MRK ist problematisch.

Zweck der U-Haft ist die Durchsetzung des Anspruchs der staatlichen Gemeinschaft auf vollständige Bestrafung. Wegen dieser widerstreitenden Interessen muss sie also insgesamt restriktiv ausgelegt und gehandhabt werden.

2.6.2 Voraussetzungen der Untersuchungshaft

> **§ 112 I StPO – Voraussetzungen der Untersuchungshaft**
> (1) Die Untersuchungshaft darf gegen den Beschuldigten angeordnet werden, wenn er der Tat dringend verdächtig ist und ein Haftgrund besteht. Sie darf nicht angeordnet werden, wenn sie zu der Bedeutung der Sache und der zu erwartenden Strafe oder Maßregel der Besserung und Sicherung außer Verhältnis steht.

Voraussetzungen der U-Haft

Demnach müssen zwei – positiv festzustellende – Voraussetzungen für die Anordnung der Untersuchungshaft gegeben sein, nämlich der dringende Tatverdacht sowie ein Haftgrund. Die Verhältnismäßigkeit dagegen ist ein – negatives – Abgrenzungskriterium.

2.6.2.1 Dringender Tatverdacht

§ 112 I 1 StPO

„Dringender Tatverdacht" bedeutet das Vorhandensein einer hohen Wahrscheinlichkeit, dass der Beschuldigte Täter oder Teilnehmer einer Straftat ist; diese muss aus bestimmten Tatsachen geschlossen werden.

Zweifelsfragen dürfen bei dieser Entscheidung nicht offen bleiben, insbesondere müssen Rechtsfragen vom Richter oder Staatsanwalt gelöst werden. Die Wahrscheinlichkeit des Vorliegens von Rechtfertigungs- oder Entschuldigungsgründen beseitigt den dringenden Tatverdacht. Sind dagegen dringende Gründe dafür vorhanden, dass der Täter im

2.6 · Die Untersuchungshaft

Zustand der (verminderten) Schuldunfähigkeit nach §§ 20, 21 StGB gehandelt hat, ist eine einstweilige Unterbringung nach § 126 a StPO in Betracht zu ziehen.

2.6.2.2 Haftgründe

Die vom Gesetz zugelassenen Haftgründe ergeben sich aus § 112 II und III sowie § 112 a StPO.

> **§ 112 II, III StPO – Haftgründe**
> (2) Ein Haftgrund besteht, wenn auf Grund bestimmter Tatsachen
>   1. festgestellt wird, daß der Beschuldigte flüchtig ist oder sich verborgen hält,
>   2. bei Würdigung der Umstände des Einzelfalles die Gefahr besteht, daß der Beschuldigte sich dem Strafverfahren entziehen werde (Fluchtgefahr), oder
>   3. das Verhalten des Beschuldigten den dringenden Verdacht begründet, er werde
>   a) Beweismittel vernichten, verändern, beiseite schaffen, unterdrücken oder fälschen oder
>   b) auf Mitbeschuldigte, Zeugen oder Sachverständige in unlauterer Weise einwirken oder
>   c) andere zu solchem Verhalten veranlassen,
>   und wenn deshalb die Gefahr droht, daß die Ermittlung der Wahrheit erschwert werde (Verdunkelungsgefahr).
> (3) Gegen den Beschuldigten, der einer Straftat nach § 6 Abs. 1 des Völkerstrafgesetzbuches oder § 129a Abs. 1 oder Abs. 2, auch in Verbindung mit § 129b Abs. 1, oder nach den §§ 211, 212, 226, 306b oder 306c des Strafgesetzbuches oder, soweit durch die Tat Leib oder Leben eines anderen gefährdet worden ist, nach § 308 Abs. 1 bis 3 des Strafgesetzbuches dringend verdächtig ist, darf die Untersuchungshaft auch angeordnet werden, wenn ein Haftgrund nach Absatz 2 nicht besteht.

Die Haftgründe im Einzelnen:
- „**Flucht**", Abs. 2 Nr. 1: „Auf der Flucht" heißt, dass der Beschuldigte seine Wohnung aufgegeben hat, ohne eine neue zu beziehen oder sich ins Ausland absetzt, um sich dem Zugriff der Ermittlungsbehörden zu entziehen. „Verborgen" hält sich, wer unangemeldet unter falschem Namen oder an einem unbekannten Ort lebt, um sich dem Verfahren für immer oder auf längere Zeit zu entziehen. Dieser Haftgrund endet denknotwendig mit der Ergreifung des Täters.

Haftgrund der „Flucht" endet mit Ergreifung des Täters

- **"Fluchtgefahr"**, Abs. 2 Nr. 2: Diese liegt dann vor, wenn die Würdigung der gesamten Umstände des Falles es wahrscheinlicher macht, der Beschuldigte werde sich dem Verfahren entziehen, als dass er sich zur Verfügung hält. Anhaltspunkte für diese Annahme können sein: häufiger Wohnung- und Arbeitsplatzwechsel, fehlende oder geringe soziale Bindungen, Straferwartung (die für sich allein nicht ausreicht; es müssen zusätzliche Indizien vorliegen, die umso weniger Gewicht haben können, je höher diese ist), nicht dagegen die Eigenschaft als Ausländer wegen Art. 3 III GG. Auch die bloße Rückkehr eines Ausländers in seinen Heimatstaat nach begangener Straftat in Deutschland, ohne Anstalten zu machen, hierhin zurückzukehren, gehört ebenfalls nicht dazu. Das gilt insbesondere bei EU-Ausländern.

Anhaltspunkte für Fluchtgefahr

- **"Verdunkelungsgefahr"**, Abs. 2 Nr. 3: Hier müssen bestimmte Tatsachen aus dem Verhalten, den Beziehungen und den Lebensumständen des Beschuldigten den dringenden Verdacht begründen, dass er eine der im Gesetz aufgeführten Verschleierungshandlungen begeht. Damit ist allerdings nicht jedes diesbezügliche Verhalten gemeint, sondern nur solches, das prozessordnungswidrig und anstößig ist (z. B. Drohungen gegen Zeugen etc; nicht aber die Einwirkung auf einen Zeugen, von seinem bestehenden Zeugnisverweigerungsrecht Gebrauch zu machen). Außerdem muss *durch* das Verhalten die Wahrheitserforschung erschwert werden. "Unlauter" ist ein Verhalten nur dann, wenn mittelbar oder unmittelbar die Person psychisch beeinflusst wird, wodurch die Beweislage zu Ungunsten der Wahrheit verändert werden soll.

Nicht jede Beeinflussung ist unlauter.

- Haftgrund der **"Schwerkriminalität"**, Abs. 3: Hier wird für (auch nur versuchte) Straftaten der Schwerkriminalität ein Haftgrund geschaffen, ohne dass die Voraussetzungen nach Abs. 2 vorliegen müssten. Das ist ein offensichtlicher Verstoß gegen den Verhältnismäßigkeitsgrundsatz. Nach einer Entscheidung des Bundesverfassungsgerichtes (BVerfGE 19, 342) muss diese Norm daher wie folgt verfassungskonform ausgelegt werden (sog. geltungserhaltende Reduktion): Ein Haftbefehl ist danach nur dann zulässig, wenn Umstände vorliegen, welche die Gefahr begründen, dass ohne Festnahme des Beschuldigten die alsbaldige Aufklä-

§ 112 III StPO muss einschränkend ausgelegt werden.

2.6 · Die Untersuchungshaft

rung und Ahndung der Tat gefährdet sein könnte; ausreichend kann die zwar noch nicht mit Tatsachen belegbare, aber nach den Umständen des Falles doch nicht auszuschließende Flucht-, Verdunkelungs- oder Wiederholungsgefahr sein.

> **§ 112 a StPO – Haftgrund der Wiederholungsgefahr**
> (1) Ein Haftgrund besteht auch, wenn der Beschuldigte dringend verdächtig ist,
> 1. eine Straftat nach den §§ 174, 174a, 176 bis 178 oder nach § 238 Abs. 2 und 3 des Strafgesetzbuches oder
> 2. wiederholt oder fortgesetzt eine die Rechtsordnung schwerwiegend beeinträchtigende Straftat nach den §§ 89a, 89c Absatz 1 bis 4, nach § 125a, nach den §§ 224 bis 227, nach den §§ 243, 244, 249 bis 255, 260, nach § 263, nach den §§ 306 bis 306c oder § 316a des Strafgesetzbuches oder nach § 29 Absatz 1 Satz 1 Nummer 1, 10 oder Abs. 3, § 29a Abs. 1, § 30 Abs. 1, § 30a Abs. 1 des Betäubungsmittelgesetzes oder nach § 4 Absatz 3 Nummer 1 Buchstabe a des Neue-psychoaktive-Stoffe-Gesetzes
>
> begangen zu haben, und bestimmte Tatsachen die Gefahr begründen, daß er vor rechtskräftiger Aburteilung weitere erhebliche Straftaten gleicher Art begehen oder die Straftat fortsetzen werde, die Haft zur Abwendung der drohenden Gefahr erforderlich und in den Fällen der Nummer 2 eine Freiheitsstrafe von mehr als einem Jahr zu erwarten ist. In die Beurteilung des dringenden Verdachts einer Tatbegehung im Sinne des Satzes 1 Nummer 2 sind auch solche Taten einzubeziehen, die Gegenstand anderer, auch rechtskräftig abgeschlossener, Verfahren sind oder waren.
> (2) Absatz 1 findet keine Anwendung, wenn die Voraussetzungen für den Erlaß eines Haftbefehls nach § 112 vorliegen und die Voraussetzungen für die Aussetzung des Vollzugs des Haftbefehls nach § 116 Abs. 1, 2 nicht gegeben sind.

– Haftgrund der „**Wiederholungsgefahr**", § 112 a StPO (sog. Sicherungshaft): Dieser Haftgrund – nach BVerfG kein Mittel der Verfahrenssicherung, sondern eine vorbeugende Maßnahme zur Verhinderung

der Begehung weiterer erheblicher Straftaten durch den Beschuldigten – verstößt nicht gegen die Unschuldsvermutung, da er ausdrücklich in der EMRK festgelegt ist. Die Aufzählung der Taten nach Nummern 1 und 2 ist abschließend. Bei Nr. 2 bedeutet „wiederholt", dass der Täter mindestens einmal bereits die einschlägige Straftat begangen hat, wobei Satz 2 weitere Erläuterungen liefert; „Freiheitsstrafe" ist eine solche nach StGB oder JGG, auch zur Bewährung ausgesetzt; „schwerwiegende Beeinträchtigung der Rechtsordnung" meint, dass Art und Ausmaß des Schadens erheblich sein müssen. Weitere Voraussetzung ist, dass mindestens eine Freiheits-(Jugend-)strafe von einem Jahr erwartet werden kann. Dieser Haftgrund ist nach Absatz 2 ausdrücklich subsidiär.
- Haftgrund bei „**leichteren**" Taten, § 113: Nach dieser Norm erfahren zwei Haftgründe Einschränkungen aufgrund der Verhältnismäßigkeit bei weniger schweren Delikten:

§ 113 StPO – Untersuchungshaft bei leichteren Taten
(1) Ist die Tat nur mit Freiheitsstrafe bis zu sechs Monaten oder mit Geldstrafe bis zu einhundertachtzig Tagessätzen bedroht, so darf die Untersuchungshaft wegen Verdunkelungsgefahr nicht angeordnet werden.
(2) In diesen Fällen darf die Untersuchungshaft wegen Fluchtgefahr nur angeordnet werden, wenn der Beschuldigte
    1. sich dem Verfahren bereits einmal entzogen hatte oder Anstalten zur Flucht getroffen hat,
    2. im Geltungsbereich dieses Gesetzes keinen festen Wohnsitz oder Aufenthalt hat oder
    3. sich über seine Person nicht ausweisen kann.

2.6.2.3 Verhältnismäßigkeitsgrundsatz, § 112 I 2 StPO

Verhältnismäßigkeit muss nicht positiv festgestellt werden.

Nach überwiegender Auffassung ist er keine direkte, positive Voraussetzung für die Verhängung der Untersuchungshaft, sondern die Unverhältnismäßigkeit ist ein Haftausschließungsgrund. Sie ist daher nur dann zulässig,

2.6.2.4 Form des Haftbefehls

wenn oder soweit die vollständige Tataufklärung oder die rasche Durchführung des Verfahrens einschließlich Urteilsverkündung und -vollstreckung nicht anders gesichert werden kann.

2.6.2.4 Form des Haftbefehls

Was Inhalt des Haftbefehls in formeller Hinsicht ist bzw. wie er auszusehen hat, ergibt sich aus § 114 StPO:

> **§ 114 StPO – Haftbefehl**
> (1) Die Untersuchungshaft wird durch schriftlichen Haftbefehl des Richters angeordnet.
> (2) In dem Haftbefehl sind anzuführen
>   1. der Beschuldigte,
>   2. die Tat, deren er dringend verdächtig ist, Zeit und Ort ihrer Begehung, die gesetzlichen Merkmale der Straftat und die anzuwendenden Strafvorschriften,
>   3. der Haftgrund sowie
>   4. die Tatsachen, aus denen sich der dringende Tatverdacht und der Haftgrund ergibt, soweit nicht dadurch die Staatssicherheit gefährdet wird.
> (3) Wenn die Anwendung des § 112 Abs. 1 Satz 2 naheliegt oder der Beschuldigte sich auf diese Vorschrift beruft, sind die Gründe dafür anzugeben, dass sie nicht angewandt wurde.

Wegen weiterer Einzelheiten wird auf das abgedruckte Muster in ◘ Abb. 2.10 verwiesen. In diesem Zusammenhang ist zu bemerken, dass der Europäische Haftbefehl kein solcher „sui generis", sondern nur ein internationales Fahndungsinstrument für einen bereits bestehenden nationalen Haftbefehl ist. Grundlage ist der Europäische Rahmenbeschluss aus dem Jahre 2002, der letztendlich im Jahre 2006 in innerstaatliches Recht in Form der §§ 78 ff. IRG umgesetzt werden konnte. Er basiert auf dem Grundsatz der gegenseitigen Anerkennung gerichtlicher Entscheidungen; das bedeutet für das Instrument des Europäischen Haftbefehls, dass die Justizbehörde des ersuchten Staates einem Auslieferungsbegehren des ersuchenden Staates vorbehaltlos zustimmen muss, wenn es sich um eine der 32 Katalogstraftaten handelt und keine Ausnahmetatbestände greifen (Strafklageverbrauch etc., problematisch: EuHB auf Basis von Abwesenheitsurteilen im ersuchenden Staat).

AMTSGERICHT

– Ermittlungsrichter –

Geschäftsnummer: Gs ◄   Datum: ◄
StA
Az.: ◄

Haftbefehl

Gegen d. Besch. (große Personalien, Bl. _____)
wird die Untersuchungshaft angeordnet.
D. Besch. liegt folgender Sachverhalt zu Last:
_____
_____
_____
_____
_____

D. Besch. wird daher beschuldigt,
_____
_____
_____

strafbar als _____
_____
_____

gemäß §§ _____

Der dringende Tatverdacht ergibt sich aus

   - dem Ergebnis der polizeilichen Ermittlungen

❏ - den Angaben d. _____

❏ - dem (Teil-) Geständnis d. Besch.

❏ - _____
_____
_____
_____

◘ **Abb. 2.10** Muster: Haftbefehlsantrag. *(Fortsetzung)* Muster: Haftbefehlsantrag. *(Fortsetzung)* Muster: Haftbefehlsantrag

2.6 · Die Untersuchungshaft

- Es besteht der Haftgrund der
  - Flucht gemäß § 112 Abs. 2 Nr. 1 StPO, da d. Besch. nach den vorliegenden Erkenntnissen flüchtig ist bzw. sich verborgen hält. _____

  _____

  - Fluchtgefahr gemäß § 112 Abs. 2 Nr. 2 StPO, da bei Würdigung der Umstände die Gefahr besteht, dass d. Besch. sich dem Strafverfahren entziehen werde.
    - D. Besch. hat im Inland keinen Lebensmittelpunkt und verfügt über keine sozialen Bindungen. Er/Sie hat jederzeit die Möglichkeit, sich in das Heimatland abzusetzen.
    - D. Besch. hat sich dem laufenden Verfahren schon einmal entzogen. _____

    _____

    - D. Besch. hat Anstalten zur Flucht getroffen.

    _____

    - D. Besch. kann seine/ihre Person nicht ausweisen.

    _____

    - D. Besch. hat im Falle einer Verurteilung mit einer empfindlichen Freiheitsstrafe zu rechnen, die nicht mehr zur Bewehrung ausgesetzt werden kann.
    - D. Besch. _____

    _____

    _____

- Es besteht " - zusätzlich – der Haftgrund der Verdunklungsgefahr gemäß § 112 Abs. 2 Nr. 3 StPO, da das Verhalten d. Besch. den dringenden Verdacht begründet, es/sie werde auf Beweismittel einwirken und dadurch die Ermittlung der Wahrheit erschweren. D. Besch. hat nämlich _____

- D. Besch. ist einer der in § 112 Abs. 3 StPO genannten Straftaten dringend verdächtig, nämlich eines Verbrechens _____ gemäß § _____ StGB. Es liegen Umstände vor, die die Gefahr begründen, dass ohne Festnahme d. Besch. die alsbaldige Aufklärung und Ahndung der Tat gefährdet sein könnte. _____

- Auch bei Berücksichtigung des Grundsatzes der Verhältnismäßigkeit (§ 112 Abs. 1 Satz 2 StPO) ist die Anordnung der Untersuchungshaft geboten. Eine andere, weniger einschneidende Maßnahme verspricht – derzeit – keinen Erfolg (§ 116 StPO). _____

_____

_____

Richter(in) am Amtsgericht

◘ **Abb. 2.10** (Fortsetzung)

2.6.3 Außervollzugsetzung des Haftbefehls

§ 116 StPO – Aussetzung des Vollzugs des Haftbefehls

(1) Der Richter setzt den Vollzug eines Haftbefehls, der lediglich wegen Fluchtgefahr gerechtfertigt ist, aus, wenn weniger einschneidende Maßnahmen die Erwartung hinreichend begründen, daß der Zweck der Untersuchungshaft auch durch sie erreicht werden kann. In Betracht kommen namentlich

1. die Anweisung, sich zu bestimmten Zeiten bei dem Richter, der Strafverfolgungsbehörde oder einer von ihnen bestimmten Dienststelle zu melden,
2. die Anweisung, den Wohn- oder Aufenthaltsort oder einen bestimmten Bereich nicht ohne Erlaubnis des Richters oder der Strafverfolgungsbehörde zu verlassen,
3. die Anweisung, die Wohnung nur unter Aufsicht einer bestimmten Person zu verlassen,
4. die Leistung einer angemessenen Sicherheit durch den Beschuldigten oder einen anderen.

(2) Der Richter kann auch den Vollzug eines Haftbefehls, der wegen Verdunkelungsgefahr gerechtfertigt ist, aussetzen, wenn weniger einschneidende Maßnahmen die Erwartung hinreichend begründen, dass sie die Verdunkelungsgefahr erheblich vermindern werden. In Betracht kommt namentlich die Anweisung, mit Mitbeschuldigten, Zeugen oder Sachverständigen keine Verbindung aufzunehmen.

(3) Der Richter kann den Vollzug eines Haftbefehls, der nach § 112a erlassen worden ist, aussetzen, wenn die Erwartung hinreichend begründet ist, dass der Beschuldigte bestimmte Anweisungen befolgen und dass dadurch der Zweck der Haft erreicht wird.

(4) Der Richter ordnet in den Fällen der Absätze 1 bis 3 den Vollzug des Haftbefehls an, wenn

1. der Beschuldigte den ihm auferlegten Pflichten oder Beschränkungen gröblich zuwiderhandelt,
2. der Beschuldigte Anstalten zur Flucht trifft, auf ordnungsgemäße Ladung ohne genügende Entschuldigung ausbleibt oder sich auf andere Weise zeigt, daß das in ihn gesetzte Vertrauen nicht gerechtfertigt war, oder
3. neu hervorgetretene Umstände die Verhaftung erforderlich machen.

2.6 · Die Untersuchungshaft

Diese Vorschrift ist eine besondere Ausprägung des Verhältnismäßigkeitsgrundsatzes; eine befristete Aussetzung (z. B. für 4 Wochen) ist jedoch danach nicht möglich. Die einzelnen Absätze der Vorschrift beziehen sich auf die einzelnen Haftgründe und dürfen nicht untereinander ausgetauscht werden. Die Erhebung einer Sicherheitsleistung kommt bei den Abs. 2 oder 3 nicht in Betracht. Kommt der Beschuldigte seinen Auflagen und Weisungen nicht nach oder hat sich die Sachlage signifikant geändert, so wird der Haftbefehl nach Abs. 4 wieder in Vollzug gesetzt.

Gesetzlich nicht geregelt ist die Außervollzugsetzung bei U-Haft beim Haftgrund des § 112 III; der Verhältnismäßigkeitsgrundsatz kann es jedoch auch hier gebieten, entsprechend Abs. 1 und 2 auszusetzen (vgl. BVerfGE 19, 342). Die Außervollzugsetzung eines Haftbefehls wegen „Flucht" ist gedanklich schon ausgeschlossen, da mit der Ergreifung des Beschuldigten der Haftgrund „verbraucht" ist.

Außervollzugsetzung beim Haftgrund des § 112 III StPO

Darüber hinaus besteht nach § 120 StPO die Möglichkeit, den Haftbefehl aufzuheben, entweder dann, wenn es die Staatsanwaltschaft nach Abs. 3 beantragt, oder die Voraussetzungen der Untersuchungshaft nicht mehr vorliegen (§ 120 I StPO).

Aufhebung des Haftbefehls nach § 120 StPO

2.6.4 Rechtschutz gegen einen Haftbefehl

Der Inhaftierte hat zwei Möglichkeiten, gegen einen bestehenden Haftbefehl vorzugehen:
a. Er kann jederzeit mündliche Haftprüfung beantragen, §§ 117 I, 118 StPO. Gegen den Haftaufrechterhaltungsbeschluss ist Beschwerde nicht ausgeschlossen, §§ 117 II 2, 304 StPO. Gegen einen etwaigen weiteren ablehnenden Beschluss ist weitere Beschwerde möglich, § 310 I StPO, oder
b. er kann auch, aber nicht gleichzeitig zur Haftprüfung, Beschwerde einlegen, §§ 117 II 1, 304 StPO. Gegen den ablehnenden Beschluss ist weitere Beschwerde möglich, § 310 I StPO

2.6.5 Haftprüfungstermine

Das Gesetz schreibt verschiedene Fristen vor, bei denen – als Ausprägung der weiterhin bestehenden Unschuldsvermutung – geprüft werden muss, ob der Inhaftierte weiterhin zu Recht in Untersuchungshaft zu halten ist:

6-Monats-Termin

§ 121 I–III StPO – Fortdauer der Untersuchungshaft über sechs Monate
(1) Solange kein Urteil ergangen ist, das auf Freiheitsstrafe oder eine freiheitsentziehende Maßregel der Besserung und Sicherung erkennt, darf der Vollzug der Untersuchungshaft wegen derselben Tat über sechs Monate hinaus nur aufrechterhalten werden, wenn die besondere Schwierigkeit oder der besondere Umfang der Ermittlungen oder ein anderer wichtiger Grund das Urteil noch nicht zulassen und die Fortdauer der Haft rechtfertigen.
(2) In den Fällen des Absatzes 1 ist der Haftbefehl nach Ablauf der sechs Monate aufzuheben, wenn nicht der Vollzug des Haftbefehls nach § 116 ausgesetzt wird oder das Oberlandesgericht die Fortdauer der Untersuchungshaft anordnet.
(3) Werden die Akten dem Oberlandesgericht vor Ablauf der in Absatz 2 bezeichneten Frist vorgelegt, so ruht der Fristablauf bis zu dessen Entscheidung. Hat die Hauptverhandlung begonnen, bevor die Frist abgelaufen ist, so ruht der Fristablauf auch bis zur Verkündung des Urteils
...

Haftprüfung nach § 121 StPO ist obligatorisch.

Nach §§ 121, 122 StPO muss nach sechs Monaten das OLG obligatorisch über die Haftfortdauer entscheiden.

Die Fortdauergründe sind in Abs. 1 aufgeführt. Als „wichtiger Grund", der eng auszulegen ist, wird nicht die Überlastung oder das zu langsame Arbeiten der Justiz angesehen, es sei denn, erstere entsteht kurzfristig und war unvorhersehbar und unvermeidbar. Ebenfalls ist die „Schwere" der dem Beschuldigten vorgeworfenen Tat ein in diesem Rahmen zu berücksichtigender Aspekt. Hierunter fallen daher nur solche Gründe, auf welche die Strafverfolgungsbehörden grundsätzlich keinen Einfluss haben. Außerdem darf nach inzwischen gefestigter Rechtsprechung der Haftbefehl nicht deswegen aufrecht erhalten werden, um einen dringenden Tatverdacht bezüglich solcher Taten zu manifestieren, die nicht Gegenstand des zu überprüfenden Haftbefehls sind; in einem solchen Falle müsste der Haftbefehl erweitert werden. Liegt ein Haftverlängerungsgrund nicht vor, ist der Beschuldigte nach Abs. 2 freizulassen. Hat dagegen die Hauptverhandlung vor Ablauf der 6-Monats-Frist begonnen, und sei es nur mit der Verlesung der Anklageschrift, so ruht ebenfalls nach Abs. 3 die Frist bis zur Urteilsverkündung.

2.6 · Die Untersuchungshaft

> **§ 122 IV StPO – Besondere Haftprüfung durch das Oberlandesgericht**
> (4) Die Prüfung der Voraussetzungen nach § 121 Abs. 1 ist auch im weiteren Verfahren dem Oberlandesgericht vorbehalten. Die Prüfung muss jeweils spätestens nach drei Monaten wiederholt werden.

Wenn das OLG die Haft über 6 Monate hinaus aufrechterhält, so muss eine Haftprüfung durch das OLG anschließend alle drei Monate erfolgen. Je länger die Untersuchungshaft dauert, desto stärkere Anforderungen sind an den weiteren Vollzug zu stellen, weil der Freiheitsanspruch des Inhaftierten immer größeres Gewicht erhält.

9-Monats-Termin

> **§ 122 a StPO – Höchstdauer der Untersuchungshaft bei Wiederholungsgefahr**
> In den Fällen des § 121 Abs. 1 darf der Vollzug der Haft nicht länger als ein Jahr aufrechterhalten werden, wenn sie auf den Haftgrund des § 112a gestützt ist.

Ein Haftbefehl, der nur auf den Haftgrund der Wiederholungsgefahr gestützt ist, ist nach einem Jahr aufzuheben; eine Außervollzugsetzung genügt nicht. Der Grund liegt darin, dass eine seiner Erlassvoraussetzungen eine Straferwartung von einem Jahr war.

„Besonderer" 12-Monats-Termin

2.6.6 Zuständigkeiten

§ 125 StPO stellt bei der Zuständigkeit für den Erlass eines Haftbefehls auf den Zeitpunkt der Anklageerhebung ab: Vor dieser ist nach Abs. 1 nur das entsprechende AG zuständig, nachher gemäß Abs. 2 das Gericht, bei dem Anklage erhoben wurde, nie jedoch das Revisionsgericht.

§ 125 StPO gilt für Erlass des Haftbefehls.

Auch § 126 StPO unterscheidet hinsichtlich der Zuständigkeit der weiteren Entscheidungen im Hinblick auf die Anklageerhebung: Vorher ist nach Abs. 1 immer das AG zuständig, welches den Haftbefehl erlassen hat oder dessen ablehnende Entscheidung angefochten wurde, nachher nach Abs. 2 das Gericht, bei dem Anklage erhoben wurde, aber nie das Revisionsgericht, sondern immer der letzte Tatrichter. Die Zuständigkeit des OLG nach §§ 121, 122 StPO bleibt nach Abs. 4 unberührt.

§ 126 StPO regelt die Zuständigkeit für weitere Entscheidungen.

2.6.7 Beschränkungen in der Untersuchungshaft

Es liegt in der Natur der Sache – insbesondere beim Haftgrund der Verdunkelungsgefahr nach § 112 II Nr. 3 StPO –, dass der Inhaftierte während der Zeit der Untersuchungshaft nicht frei mit der Außenwelt kommunizieren kann. Grundlage etwaiger Beschränkungen ist § 119 I StPO:

> **§ 119 I, II StPO – Haftgrundbezogene Beschränkungen während der Untersuchungshaft**
> (1) Soweit dies zur Abwehr einer Flucht-, Verdunkelungs- oder Wiederholungsgefahr (§§ 112, 112a) erforderlich ist, können einem inhaftierten Beschuldigten Beschränkungen auferlegt werden. Insbesondere kann angeordnet werden, dass
> 1. der Empfang von Besuchen und die Telekommunikation der Erlaubnis bedürfen,
> 2. Besuche, Telekommunikation sowie der Schrift- und Paketverkehr zu überwachen sind,
> 3. die Übergabe von Gegenständen bei Besuchen der Erlaubnis bedarf,
> 4. der Beschuldigte von einzelnen oder allen anderen Inhaftierten getrennt wird,
> 5. die gemeinsame Unterbringung und der gemeinsame Aufenthalt mit anderen Inhaftierten eingeschränkt oder ausgeschlossen werden.
> Die Anordnungen trifft das Gericht. Kann dessen Anordnung nicht rechtzeitig herbeigeführt werden, kann die Staatsanwaltschaft oder die Vollzugsanstalt eine vorläufige Anordnung treffen. Die Anordnung ist dem Gericht binnen drei Werktagen zur Genehmigung vorzulegen, es sei denn, sie hat sich zwischenzeitlich erledigt. Der Beschuldigte ist über Anordnungen in Kenntnis zu setzen. Die Anordnung nach Satz 2 Nr. 2 schließt die Ermächtigung ein, Besuche und Telekommunikation abzubrechen sowie Schreiben und Pakete anzuhalten.
> (2) Die Ausführung der Anordnungen obliegt der anordnenden Stelle. Das Gericht kann die Ausführung von Anordnungen widerruflich auf die Staatsanwaltschaft übertragen, die sich bei der Ausführung der Hilfe durch ihre Ermittlungspersonen und die Vollzugsanstalt bedienen kann. Die Übertragung ist unanfechtbar.

Anordnungsbefugt ist demnach das Gericht, in Eilfällen auch die Staatsanwaltschaft oder die JVA, deren Anordnung binnen drei Tagen von dem Gericht zu bestätigen ist. Nach Abs. 2 werden die Beschränkungen von der anordnenden Stelle, also dem Gericht, ausgeführt; sie können jedoch auch unanfechtbar der Staatsanwaltschaft übertragen werden. In keinem Falle eingeschränkt werden darf nach Abs. 4 der Verkehr des Inhaftierten mit seinem Verteidiger im Rahmen des § 148 StPO sowie mit weiteren, behördlich dort enumerativ aufgeführten Institutionen wie die Gerichts- oder Bewährungshilfe.

2.7 Sonstige Zwangsmittel

Neben den bereits erwähnten Zwangsmitteln stehen der Staatsanwaltschaft weitere zur Durchführung ihrer Ermittlungen zur Verfügung. Einige wichtige werden hier dargestellt.

2.7.1 Beschlagnahme und Sicherstellung

Die StPO kennt zwei Anwendungsbereiche der „Sicherstellung": der von Beweismitteln (§§ 94 ff.) sowie der von Verfalls- und Einziehungsgegenständen (§§ 111 b ff.), wobei letzterer als nicht ausbildungsrelevant hier außer Betracht bleibt.

2.7.1.1 Grundlagen

> **§ 94 I–III StPO – Sicherstellung und Beschlagnahme von Gegenständen zu Beweiszwecken**
> (1) Gegenstände, die als Beweismittel für die Untersuchung von Bedeutung sein können, sind in Verwahrung zu nehmen oder in anderer Weise sicherzustellen.
> (2) Befinden sich die Gegenstände in dem Gewahrsam einer Person und werden sie nicht freiwillig herausgegeben, so bedarf es der Beschlagnahme.
> (3) Die Absätze 1 und 2 gelten auch für Führerscheine, die der Einziehung unterliegen.

Werden danach die Gegenstände, die als Beweismittel dienen, freiwillig herausgegeben, so sind sie nach Abs. 1 in Verwahrung zu nehmen, andernfalls müssen sie gemäß

Unterscheidung: Sicherstellung/ Beschlagnahme

Sonderregel: § 94 III StPO

Abs. 2 beschlagnahmt werden. Eine Sonderregel gilt nach Absatz 3 für deutsche Führerscheine, die der Einziehung nach § 69 III 2 StGB unterliegen: Da sie als solche keine Beweismittel sind, die zur Überführung des Täters oder zum Nachweis der Tat dienen, musste diese Norm eingefügt werden, um den Führerschein vor Rechtskraft des Urteils zur Sicherung des Verkehrs und der Allgemeinheit in Verwahrung nehmen zu können.

Die „hinter" dem Führerschein stehende Fahrerlaubnis muss dann gleichzeitig nach § 111a StPO vorläufig entzogen werden, wobei ein solcher Beschluss nach Abs. 3 dieser Vorschrift gleichzeitig als Bestätigung der Beschlagnahme des Führerscheins (eben jener nach § 94 III StPO) wirkt.

Die Anordnungsbefugnis ergibt sich aus § 98 StPO:

> **§ 98 I, II StPO – Verfahren bei der Beschlagnahme**
> (1) Beschlagnahmen dürfen nur durch das Gericht, bei Gefahr im Verzug auch durch die Staatsanwaltschaft und ihre Ermittlungspersonen (§ 152 des Gerichtsverfassungsgesetzes) angeordnet werden. Die Beschlagnahme nach § 97 Abs. 5 Satz 2 in den Räumen einer Redaktion, eines Verlages, einer Druckerei oder einer Rundfunkanstalt darf nur durch das Gericht angeordnet werden.
> (2) Der Beamte, der einen Gegenstand ohne richterliche Anordnung beschlagnahmt hat, soll binnen drei Tagen die gerichtliche Bestätigung beantragen, wenn bei der Beschlagnahme weder der davon Betroffene noch ein erwachsener Angehöriger anwesend war oder wenn der Betroffene und im Falle seiner Abwesenheit ein erwachsener Angehöriger des Betroffenen gegen die Beschlagnahme ausdrücklichen Widerspruch erhoben hat. Der Betroffene kann jederzeit die richterliche Entscheidung beantragen. Die Zuständigkeit des Gerichtes bestimmt sich nach § 162. Der Betroffene kann den Antrag auch bei dem Amtsgericht einreichen, in dessen Bezirk die Beschlagnahme stattgefunden hat; dieses leitet den Antrag dem zuständigen Gericht zu. Der Betroffenen ist über seine Rechte zu belehren

Wird also ohne einen richterlichen Beschluss eine Sache seitens der Ermittlungsbeamten beschlagnahmt, so soll binnen dreier Tage die richterliche Bestätigung durch den Ermittlungsrichter eingeholt werden. Geschieht dies nicht innerhalb dieser Frist, hat das auf die Wirksamkeit der

Beschlagnahme allerdings keinen Einfluss; es entsteht kein Verwertungsverbot.

2.7.1.2 Beschlagnahmeverbote

Nicht alle Gegenstände, welche als Beweismittel in Betracht kommen, können, wenn sie nicht freiwillig herausgegeben werden, auch tatsächlich beschlagnahmt werden. Dabei werden „sachliche" und „persönliche" Beschlagnahmeverbote unterschieden.

> **§ 96 S. 1 StPO – Amtlich verwahrte Schriftstücke**
> Die Vorlegung oder Auslieferung von Akten oder anderen in amtlicher Verwahrung befindlichen Schriftstücken durch Behörden und öffentliche Beamte darf nicht gefordert werden, wenn deren oberste Dienstbehörde erklärt, dass das Bekanntwerden des Inhalts dieser Akten oder Schriftstücke dem Wohl des Bundes oder eines deutschen Landes Nachteile bereiten würde ...

Diese Vorschrift umfasst die sog. „Sperrerklärung": Danach dürfen bestimmte, besonders geheimhaltungsbedürftige Schriftstücke nicht den Ermittlungsbehörden vorgelegt werden, wenn die genannten Folgen zu befürchten sind.

Sperrerklärung

Der Rechtsgedanke dieser Vorschrift wird auch bei der „Sperrung" eines VE oder anderen Polizeibeamten im Rahmen einer Analogie angewendet. Erfolgt eine solche, ist eine audiovisuelle Vernehmung des VE nach § 247 a StPO in Betracht zu ziehen, insbesondere dann, wenn der Aufklärungsgrundsatz nach § 244 II StPO es gebietet.

> **§ 97 I, II StPO – Beschlagnahmeverbot**
> (1) Der Beschlagnahme unterliegen nicht
> 1. schriftliche Mitteilungen zwischen dem Beschuldigten und den Personen, die nach § 52 oder § 53 Abs. 1 Satz 1 Nr. 1 bis 3b das Zeugnis verweigern dürfen;
> 2. Aufzeichnungen, welche die in § 53 Abs. 1 Satz 1 Nr. 1 bis 3b Genannten über die ihnen vom Beschuldigten anvertrauten Mitteilungen oder über andere Umstände gemacht haben, auf die sich das Zeugnisverweigerungsrecht erstreckt;
> 3. andere Gegenstände einschließlich der ärztlichen Untersuchungsbefunde, auf die sich das Zeugnisverwei-

gerungsrecht der in § 53 Abs. 1 Satz 1 Nr. 1 bis 3b Genannten erstreckt.
(2) Diese Beschränkungen gelten nur, wenn die Gegenstände im Gewahrsam der zur Verweigerung des Zeugnisses Berechtigten sind, es sei denn, es handelt sich um eine Gesundheitskarte im Sinne des § 291 a des 5. Buches Sozialgesetzbuch. Die Beschränkungen der Beschlagnahme gelten nicht, wenn bestimmte Tatsachen den Verdacht begründen, dass die zeugnisverweigerungsberechtigte Person an der Tat oder an einer Datenhehlerei, Begünstigung, Strafvereitelung oder Hehlerei beteiligt ist, oder wenn es sich um Gegenstände handelt, die durch eine Straftat hervorgebracht oder zur Begehung einer Straftat gebraucht oder bestimmt sind oder die aus einer Straftat herrühren.
(3) Die Absätze 1 und 2 sind entsprechend anzuwenden, soweit die Personen, die nach § 53a Absatz 1 Satz 1 an der beruflichen Tätigkeit der in § 53 Absatz 1 Satz 1 Nummer 1 bis 3b genannten Personen mitwirken, das Zeugnis verweigern dürfen.

Beschlagnahmeverbote knüpfen an ZVR an.

Diese Beschlagnahmeverbote knüpfen an die Zeugnisverweigerungsrechte der §§ 52–53 a StPO an, die anderenfalls wenig effektiv wären, wenn nicht auch Surrogate der geschützten und zu Recht verweigerten Aussagen dem Zugriff der Ermittlungsbehörden entzogen wären.

Ausnahme: Verteidigerkorrespondenz

Das gilt aber nach Abs. 2 insbesondere nur für solche Gegenstände, welche sich im Gewahrsam der Zeugnisverweigerungsberechtigten befinden. Eine Ausnahme – als Ausprägung des § 148 StPO – gilt dann, wenn es sich um im Besitz des Beschuldigten befindliche Mitteilungen des Verteidigers handelt; sie dürfen nicht beschlagnahmt werden, da sonst der freie und ungehinderte Kontakt zwischen Verteidiger und Beschuldigten nicht gewährleistet wäre.

2.7.2 Durchsuchung

Grundlegende Unterscheidung: Durchsuchung beim Verdächtigen oder Unverdächtigen

Unter „Durchsuchung" ist das Suchen nach Personen, Sachen als Beweismittel und nach Gegenständen, die als Einziehungs- und Verfallsobjekte in Betracht kommen, zu verstehen. Durchsuchungsobjekte können unbewegliche (Hausdurchsuchung) wie bewegliche Objekte (Personen,

2.7 · Sonstige Zwangsmittel

Fahrzeuge etc.) sein. Grundlage sind §§ 102 ff. StPO, wobei unterschieden werden muss, ob bei einem Verdächtigen oder Unverdächtigen durchsucht werden soll.

> **§ 102 StPO – Durchsuchung bei Beschuldigten**
> Bei dem, welcher als Täter oder Teilnehmer einer Straftat oder der Begünstigung, Strafvereitelung oder Hehlerei verdächtig ist, kann eine Durchsuchung der Wohnung und anderer Räume sowie seiner Person und der ihm gehörenden Sachen sowohl zum Zweck seiner Ergreifung als auch dann vorgenommen werden, wenn zu vermuten ist, dass die Durchsuchung zur Auffindung von Beweismitteln führen werde.

Beim Verdächtigen kann also sowohl zu seiner Ergreifung (Ergreifungsdurchsuchung) wie auch zum Auffinden von Beweismitteln (Ermittlungsdurchsuchung) durchsucht werden. Dabei reicht lediglich die kriminalistische Vermutung aus, dass die betroffene Person oder der gesuchte Gegenstand gefunden wird.

> **§ 103 I StPO – Durchsuchung bei anderen Personen**
> (1) Bei anderen Personen sind Durchsuchungen nur zur Ergreifung des Beschuldigten oder zur Verfolgung von Spuren einer Straftat oder zur Beschlagnahme bestimmter Gegenstände und nur dann zulässig, wenn Tatsachen vorliegen, aus denen zu schließen ist, daß die gesuchte Person, Spur oder Sache sich in den zu durchsuchenden Räumen befindet. Zum Zwecke der Ergreifung eines Beschuldigten, der dringend verdächtig ist, eine Straftat nach § 89a oder § 89c Absatz 1 bis 4 des Strafgesetzbuchs oder nach § 129a, auch in Verbindung mit § 129b Abs. 1, des Strafgesetzbuches oder eine der in dieser Vorschrift bezeichneten Straftaten begangen zu haben, ist eine Durchsuchung von Wohnungen und anderen Räumen auch zulässig, wenn diese sich in einem Gebäude befinden, von dem auf Grund von Tatsachen anzunehmen ist, daß sich der Beschuldigte in ihm aufhält.

Im Gegensatz zur Durchsuchung beim Verdächtigen ist bei § 103 StPO das Ziel der Durchsuchung beschränkt: Die Ergreifungsdurchsuchung darf nur zum Ergreifen des Beschuldigten und die Ermittlungsdurchsuchung nur zum

§ 103 beschränkt das Durchsuchungsziel.

Auffinden bestimmter Gegenstände durchgeführt werden. Außerdem werden konkrete Tatsachen für diese Voraussetzungen verlangt; die bloße – kriminalistische – Vermutung des Auffindens wie bei § 102 StPO reicht nun nicht mehr aus.

Bei Durchsuchungen zur Nachtzeit ist die Einschränkung des § 104 StPO zu beachten.

Die Anordnungskompetenz ergibt sich aus § 105 I StPO:

> **§ 105 I StPO – Verfahren bei der Durchsuchung**
> (1) Durchsuchungen dürfen nur durch den Richter, bei Gefahr im Verzug auch durch die Staatsanwaltschaft und ihre Ermittlungspersonen (§ 152 des Gerichtsverfassungsgesetzes) angeordnet werden. Durchsuchungen nach § 103 Abs. 1 Satz 2 ordnet der Richter an; die Staatsanwaltschaft ist hierzu befugt, wenn Gefahr im Verzug ist.

„Gefahr im Verzug" ist die Ausnahme.

In der Praxis waren lange Zeit Anordnungen wegen – angeblicher – „Gefahr im Verzug" die Regel geworden, der Richtervorbehalt lief überwiegend leer. Angesichts des Verfassungsranges dieses Vorbehaltes (Art. 13 II GG) erhöhte das Bundesverfassungsgericht (NStZ 2001, 382) das Begründungsmaß an die Annahme von „Gefahr im Verzug":

Danach sind Spekulationen, allgemeine Vermutungen und fallunabhängige kriminalistische Erfahrungen nicht geeignet, als Grundlage dafür zu dienen. Außerdem muss der anordnende Beamte schriftlich darlegen, auf welcher konkreten, fallbezogenen Grundlage er diese Einschätzung angenommen hat, insbesondere, warum keine Richteranordnung eingeholt werden konnte, die im Übrigen nicht schriftlich ergehen muss; eine (fern-)mündliche Entscheidung reicht aus. Die Verwertung von Beweismitteln aus nicht-richterlichen Durchsuchungen ist dann ausgeschlossen, wenn die Ermittlungsbeamten absichtlich oder objektiv willkürlich das Richterprivileg umgangen haben. Zufallsfunde im Hinblick auf die mögliche Begehung einer anderen Tat als derjenigen im Durchsuchungsbeschluss können jedoch immer nach § 108 StPO beschlagnahmt werden.

Die Durchsicht der nach einer Durchsuchung beschlagnahmten Unterlagen steht nach § 110 I StPO der Staatsanwaltschaft zu, welche dieses Recht allerdings auf ihre Ermittlungspersonen delegieren kann.

Ein Muster eines Durchsuchungsbeschlusses ist in ◘ Abb. 2.11 dargestellt.

2.7 · Sonstige Zwangsmittel

AMTSGERICHT
– Ermittlungsrichter –

Geschäftsnummer: Gs ◄   Datum: ◄
#eig. Behörde#
Az.: ◄

B e s c h l u s s

Nach §§ 102, 105 Abs. 1, 162 Abs. 1 StPO wird gemäß § 33 Abs. 4 StPO ohne vorherige Anhörung die Durchsuchung

☐ - der Person
☐ - der Wohnung mit Nebenräumen
☐ - der Geschäftsräume mit Nebenräumen
☐ - der Fahrzeuge
☐ - d. _____

d. Besch. (vollst. Personalien und Anschriften der Durchsuchungsobjekte angeben)

_____
_____
_____
_____
_____

nach folgenden Gegenständen:

☐ _____
_____
_____
_____
_____

☐ Einsetzen wie Bl._____(Eingabe erforderlich, falls angekreuzt)
sowie deren Beschlagnahme

☐ nach §§ 94, 98 StPO angeordnet, sofern sie nicht freiwillig herausgegeben werden.
☐ nach §§ 111b, 111c, 111e StPO angeordnet.
☐ nach §§ 94, 98, 111b, 111c, 111e StPO angeordnet.

◼ **Abb. 2.11** Muster: Durchsuchungsbeschluss. *(Fortsetzung)* Muster: Durchsuchungsbeschluss. *(Fortsetzung)* Muster: Durchsuchungsbeschluss

Gründe:

Aufgrund der bisherigen Ermittlungen besteht der Verdacht, _____

_____
_____
_____
_____
_____
_____
_____
_____
_____
_____
_____

strafbar als _____

gemäß §§ _____

❏ Die o.g. Gegenstände können als Beweismittel von Bedeutung sein.

❏ Nach dem Ergebnis der bisherigen Ermittlungen
  ○ und
  ○ d. Angaben d. _____
  ○ d. (Teil-)Geständnis d. Besch.
  ○ _____
    _____
    _____
    _____

sind dringende Gründe für die Annahme vorhanden, dass die Voraussetzungen für den Verfall oder die Einziehung der Gegenstände vorliegen oder nur wegen § 73 Abs. 1 Satz 2 StGB nicht vorliegen.

Die Beschlagnahme steht in angemessenem Verhältnis zur Schwere der Tat und zur Stärke des Tatverdachts und ist für die Ermittlungen notwendig.
Es ist zu vermuten, dass die Durchsuchung zum Auffinden der Gegenstände führen wird.

_____
Richter(in) am Amtsgericht

◘ **Abb. 2.11** (Fortsetzung)

2.7.3 Telefonüberwachung (TKÜ)

§ 100 a StPO gibt den Strafverfolgungsbehörden bei gewissen, abschließend aufgezählten Straftaten die Möglichkeit, den Telefonverkehr zu überwachen und aufzuzeichnen. Dieser Eingriff richtet sich nicht nur gegen die durch Art. 10 GG geschützte Privatsphäre des Beschuldigten, sondern auch naturgemäß gegen unbeteiligte Dritte, nämlich die Kommunikationspartner des Beschuldigten und unterliegt deswegen strengen Eingriffsvoraussetzungen.

> **§ 100a I–III StPO – Telekommunikationsüberwachung**
> (1) Auch ohne Wissen der Betroffenen darf die Telekommunikation überwacht und aufgezeichnet werden, wenn
>   1. bestimmte Tatsachen den Verdacht begründen, dass jemand als Täter oder Teilnehmer eine in Absatz 2 bezeichnete schwere Straftat begangen, in Fällen, in denen der Versuch strafbar ist, zu begehen versucht, oder durch eine Straftat vorbereitet hat,
>   2. die Tat auch im Einzelfall schwer wiegt und
>   3. die Erforschung des Sachverhalts oder die Ermittlung des Aufenthaltsortes des Beschuldigten auf andere Weise wesentlich erschwert oder aussichtslos wäre.
>
>   Die Überwachung und Aufzeichnung der Telekommunikation darf auch in der Weise erfolgen, dass mit technischen Mitteln in von dem Betroffenen genutzte informationstechnische Systeme eingegriffen wird, wenn dies notwendig ist, um die Überwachung und Aufzeichnung insbesondere in unverschlüsselter Form zu ermöglichen. Auf dem informationstechnischen System des Betroffenen gespeicherte Inhalte und Umstände der Kommunikation dürfen überwacht und aufgezeichnet werden, wenn sie auch während des laufenden Übertragungsvorgangs im öffentlichen Telekommunikationsnetz in verschlüsselter Form hätten überwacht und aufgezeichnet werden können.
> (2) Schwere Straftaten im Sinne des Absatzes 1 Nr. 1 sind:
>   1. aus dem Strafgesetzbuch:
>   a) Straftaten des Friedensverrats, des Hochverrats und der Gefährdung des demokrati-

schen Rechtsstaates sowie des Landesverrats und der Gefährdung der äußeren Sicherheit nach den §§ 80a bis 82, 84 bis 86, 87 bis 89a, 89c Absatz 1 bis 4, 94 bis 100a,
b) Bestechlichkeit und Bestechung von Mandatsträgern nach § 108e,
c) Straftaten gegen die Landesverteidigung nach den §§ 109d bis 109h,
d) Straftaten gegen die öffentliche Ordnung nach den §§ 129 bis 130,
e) Geld- und Wertzeichenfälschung nach den §§ 146 und 151, jeweils auch in Verbindung mit § 152, sowie nach § 152a Abs. 3 und § 152b Abs. 1 bis 4,
f) Straftaten gegen die sexuelle Selbstbestimmung in den Fällen der §§ 176a, 176b und, unter den in § 177 Absatz 6 Satz 2 Nummer 2 genannten Voraussetzungen, des § 177,
g) Verbreitung, Erwerb und Besitz kinder- und jugendpornographischer Schriften nach § 184b Absatz 1 und 2, § 184c Absatz 2,
h) Mord und Totschlag nach den §§ 211 und 212,
i) Straftaten gegen die persönliche Freiheit nach den §§ 232, 232a Absatz 1 bis 5, den §§ 232b, 233 Absatz 2, den §§ 233a, 234, 234a, 239a und 239b,
j) Bandendiebstahl nach § 244 Abs. 1 Nr. 2, Wohnungseinbruchdiebstahl nach § 244 Absatz 4 und schwerer Bandendiebstahl nach § 244a,
k) Straftaten des Raubes und der Erpressung nach den §§ 249 bis 255,
l) gewerbsmäßige Hehlerei, Bandenhehlerei und gewerbsmäßige Bandenhehlerei nach den §§ 260 und 260a,
m) Geldwäsche und Verschleierung unrechtmäßig erlangter Vermögenswerte nach § 261 Abs. 1, 2 und 4; beruht die Strafbarkeit darauf, dass die Straflosigkeit nach § 261 Absatz 9 Satz 2 gemäß § 261 Absatz 9 Satz 3 ausgeschlossen ist, jedoch nur dann, wenn der Gegenstand aus einer der in den Nummern 1 bis 11 genannten schweren Straftaten herrührt,
n) Betrug und Computerbetrug unter den in § 263 Abs. 3 Satz 2 genannten Voraussetzungen

und im Falle des § 263 Abs. 5, jeweils auch in Verbindung mit § 263a Abs. 2,

o) Subventionsbetrug unter den in § 264 Abs. 2 Satz 2 genannten Voraussetzungen und im Falle des § 264 Abs. 3 in Verbindung mit § 263 Abs. 5,

p) Sportwettbetrug und Manipulation von berufssportlichen Wettbewerben unter den in § 265e Satz 2 genannten Voraussetzungen,

q) Vorenthalten und Veruntreuen von Arbeitsentgelt unter den in § 266a Absatz 4 Satz 2 Nummer 4 genannten Voraussetzungen,

r) Straftaten der Urkundenfälschung unter den in § 267 Abs. 3 Satz 2 genannten Voraussetzungen und im Fall des § 267 Abs. 4, jeweils auch in Verbindung mit § 268 Abs. 5 oder § 269 Abs. 3, sowie nach § 275 Abs. 2 und § 276 Abs. 2,

s) Bankrott unter den in § 283a Satz 2 genannten Voraussetzungen,

t) Straftaten gegen den Wettbewerb nach § 298 und, unter den in § 300 Satz 2 genannten Voraussetzungen, nach § 299,

u) gemeingefährliche Straftaten in den Fällen der §§ 306 bis 306c, 307 Abs. 1 bis 3, des § 308 Abs. 1 bis 3, des § 309 Abs. 1 bis 4, des § 310 Abs. 1, der §§ 313, 314, 315 Abs. 3, des § 315b Abs. 3 sowie der §§ 316a und 316c,

v) Bestechlichkeit und Bestechung nach den §§ 332 und 334,

2. ... (Straftaten aus der Abgabenordnung)
3. ... (Straftaten aus dem Anti-Doping-Gesetz)
4. ... (Straftaten aus dem Asylgesetz)
5. ... (Straftaten aus dem Aufenthaltsgesetz),
6. ... (Straftaten aus dem Außenwirtschaftsgesetz)
7. ... (Straftaten aus dem Betäubungsmittelgesetz)
8. ... (Straftaten aus dem Grundstoffüberwachungsgesetz)
9. ... (Straftaten aus dem Gesetz über die Kontrolle von Kriegswaffen)
9a. ... (Straftaten aus dem Neue-psychoaktive-Stoffe-Gesetz)
10. ... (Straftaten aus dem Völkerstrafgesetzbuch)
11. ... (Straftaten aus dem Waffengesetz).

(3) Die Anordnung darf sich nur gegen den Beschuldigten oder gegen Personen richten, von denen auf Grund bestimmter Tatsachen anzunehmen ist, dass sie für den Beschuldigten bestimmte oder von ihm herrührende Mitteilungen entgegennehmen oder weitergeben oder dass der Beschuldigte ihren Anschluss benutzt.

Zu beachten ist die ausdrückliche Subsidiarität der Vorschrift; eine Anordnung darf nach Abs. 1 S. 3 nur ergehen, wenn die Erforschung des Sachverhaltes oder die Ermittlung des Aufenthaltsortes sonst nicht oder kaum möglich wäre. Außerdem wird eine Einzelfallprüfung dergestalt vorgeschrieben, dass die Tat, deretwegen die Überwachung angeordnet wird, auch im konkreten Einzelfall schwer wiegen muss. Ausführungen dazu müssen sich deswegen im anordnenden Beschluss finden. Dieses Korrelat war notwendig geworden, weil in der Neufassung des § 100 a StPO der Straftatenkatalog erheblich erweitert worden war und nun auch bei vielen Vergehen (z. B. § 263 StGB) eine Anordnung erfolgen darf. Nach Abs. 1 S. 2 ist der Einsatz von sog. „Staatstrojanern" bei der Ermittlung der laufenden Kommunikation in Echtzeit („Quellen-TKÜ") erlaubt. Ausnahmsweise dürfen nach Abs. 1 S. 3 auch beim Beschuldigten bereits gespeicherte Inhalte überwacht und aufgezeichnet werden, wenn sie während des Übertragungsvorganges in verschlüsselter Form hätten aufgezeichnet werden können.

Neu in das Gesetz aufgenommen ist die sog. „Kernbereichsvorschrift" des § 100 d StPO. Danach darf keine Überwachung von Gesprächen aus dem privaten Kernbereich erfolgen bzw. – so in der Praxis der häufigere Fall – etwaige Gespräche sind unverzüglich zu löschen und unterliegen einem ausdrücklichen Verwertungsverbot. Eine allgemein gültige Definition dessen, was zum „Kernbereich" zählt, kann nur schwerlich gegeben werden; es hängt vom konkreten Einzelfall und der Gesprächssituation ab. Als Anhaltspunkt kann gelten: der Kernbereich ist dann tangiert, wenn im aufgezeichneten Gespräch das „Innerste nach außen gekehrt" wird, also z. B. bei Gesprächen mit engsten Familienangehörigen oder Strafverteidigern, aber auch über gewisse Themen wie Krankheit oder Sexualität.

Die Anordnung einer Telefonüberwachung trifft nach § 100 e I 1 StPO der Richter, bei Gefahr im Verzuge nach S. 2 auch der Staatsanwalt. Dessen Anordnung tritt aber nach S. 3 wieder außer Kraft, wenn sie nicht binnen dreier

2.7 · Sonstige Zwangsmittel

Tage vom Richter bestätigt wird. Die bis dahin gewonnenen Erkenntnisse bleiben in jedem Falle verwertbar. Die Höchstdauer der Maßnahme beträgt drei Monate, kann aber bei weiterem Vorliegen der Voraussetzungen verlängert werden.

Nach § 100 e III StPO muss die Anordnung schriftlich ergehen und bestimmte, aus dem Gesetz ersichtliche Angaben erhalten, wie sich aus Abs. 4 ergibt.

Für die Verwertung der gewonnen Erkenntnisse gilt folgendes:
- Gegen den Beschuldigten und alle Tatbeteiligte (auch solche der Begünstigung, Strafvereitelung und Hehlerei) können die Ergebnisse uneingeschränkt verwertet werden. Ändert sich im Laufe des Verfahrens die rechtliche Einordnung der Tat oder die Begehungsweise, so dass nun mehr nur noch eine Nichtkatalogtat im Raume steht, so ist dies für die Verwertbarkeit der Erkenntnisse unschädlich, solange im Zeitpunkt der Anordnung ein objektiver Bezug zu einer Katalogtat bestanden hat.
- Die repressive Verwertbarkeit von „Zufallsfunden" aus einer – rechtmäßig angeordneten – Telefonüberwachung regelt nun § 477 II 2 StPO (die zur Gefahrenabwehr ist in S. 3 angesprochen): Die danach erlangten personenbezogenen Daten dürfen nur dann unmittelbar gegen den Beschuldigten oder Dritte verwertet werden, wenn es sich ihrerseits wiederum um Katalogtaten i. S. d. § 100 a StPO handelt. Stehen andere Taten im Raume, so dürfen diese Erkenntnisse nach richtiger Auffassung als Grundlage für *weitere* Ermittlungen (z. B. einer Durchsuchung) dienen. Die Gegenmeinung, die auch dies ablehnt und ein umfassendes Beweisverwertungsverbot annimmt, verkennt, dass die ihr zugrundeliegende „fruit-of-the-poisonous-tree"-Doktrin ihre Verwurzelung und ihren Sinn im anglo-amerikanischen Strafprozess mit seiner Parteiausgestaltung hat, welche nicht auf die hiesige Situation übertragbar ist. Eine abweichende Entscheidung des BGH (BGHSt 29, 244) betraf die Telefonüberwachung nach § 1 des G-10-Gesetzes.

2.7.4 Sonderprobleme bei modernen Kommunikationsmitteln

Mailboxspeicherungen, E-Mail-Accounts, Internetkommunikation mit Skype, FaceTime oder Voice-Over-IP – all diese „modernen" Kommunikationsmittel gewinnen zunehmend an Bedeutung. Es liegt auf der Hand, dass zum einen natürlich auch in diesem Bereich staatliche Ermittlungsmaßnahmen anfallen, auf der anderen Seite die StPO nicht für jedwede denkbare Konstellationen Eingriffsnormen zur Verfügung stellt. Teilweise werden daher Maßnahmen auf bereits bestehende Vorschriften gestützt, teilweise werden bei ihnen andere analog angewendet. Im Einzelnen:

2.7.4.1 Sprachnachrichten/Mailbox

§ 100 a StPO erfasst jede Art der Nachrichtenübermittlung. Darunter fallen also nicht nur herkömmliche Telefongespräche, sondern auch Nachrichten auf sog. „Mailboxen", welche beim Provider gespeichert sind und dort abgerufen werden können. Ist die Nachricht dagegen auf den „heimischen" Anrufbeantworter gespeichert, so ist § 100 a StPO nicht mehr einschlägig, da der Kommunikationsvorgang beendet ist. Um an diese Informationen zu kommen, müsste daher das Gerät nach §§ 94 ff. StPO beschlagnahmt und anschließend abgehört/ausgelesen werden.

2.7.4.2 E-Mail-Abfragen

Das Zugreifen bzw. Überwachen der Ermittlungsbehörden auf einen E-Mail-Verkehr ist gesetzlich nicht ausdrücklich geregelt. Es ist daher zwischen folgenden Bereichen zu unterscheiden:
a. E-Mail-Entwurf auf dem Gerät des Absenders,
b. Absenden der E-Mail bis zum Ankommen auf dem Speicher des Providers,
c. Zeitraum der Speicherung der E-Mail im Postfach des Empfängers beim Provider,
d. Abruf der Nachricht durch den Empfänger sowie
e. Speicherung der Nachricht auf dem PC des Empfängers und gleichzeitig
   Speicherung der vom Empfänger gelesenen Nachricht auf dem Server des Providers.

Die Varianten b) und d) sind unproblematisch; hier gelten die Voraussetzungen des § 100 a StPO, weil hier offensichtlich ein Telekommunikationsvorgang vorliegt. Ebenso eindeutig ist die Variante a) sowie die erste Alternative unter e): die Übertragung hat noch gar nicht stattgefunden bzw. ist komplett abgeschlossen. Wollen die Ermittlungsbehörden auf diese Nachrichten zugreifen, gelten die Vorschriften der §§ 94 ff. StPO analog zur Erlangung des Datenträgers und zum Auslesen der Nachrichten.

2.7 · Sonstige Zwangsmittel

Umstritten ist die Variante c): nach überwiegender Auffassung (BGH NStZ 2009, 397, bestätigt durch das BVerfG StV 2009, 617) liegt hier kein Telekommunikationsvorgang vor, so dass der Schutzbereich des Art. 10 GG nicht tangiert ist und es daher der Eingriffsermächtigung nach § 100 a StPO nicht bedarf. Ein Zugriff der E-Mails erfolgt hier nach § 94 StPO (Sicherstellung) i. V. m. § 99 StPO (Postbeschlagnahme) analog mit der durchsetzbaren Herausgabepflicht nach § 95 II StPO.

Gleiches (sehr umstr.) gilt für die zweite Alternative unter e): Der Schutzbereich des Art. 10 GG ist nicht mehr gegeben; der Empfänger der – gelesenen – Nachricht entscheidet nun selbst, wie mit dieser umgegangen, insbesondere wo und wie sie gespeichert und welchen Leuten sie zugänglich gemacht wird. Die Situation ist daher mit der eines herkömmlichen Briefes vergleichbar (a. A.: BVerfGE 124, 43, welches einen noch von Art. 10 GG geschützten Bereich annimmt).

2.7.4.3 Online-Durchsuchungen nach § 100 b StPO

Nach nun seit 2017 geltender Rechtslage dürfen die Strafverfolgungsbehörden nach dieser Norm heimlich ein mit dem Internet verbundenes PC-System des Beschuldigten mit technischen Hilfsmitteln (Trojaner etc.) nach Daten durchsuchen. Die Heimlichkeit ist aber nicht Anordnungsvoraussetzung; die Maßnahme ist auch dann zulässig, wenn der Beschuldigte davon erfährt. Die Anordnungsvoraussetzungen sind die gleichen wie bei einer TKÜ, insbesondere gelten auch hier das Vorliegen des Verdachtes einer besonders schweren Straftat, die Einzelfallprüfung und die ausdrückliche Subsidiarität nach Abs. 1 sowie das Katalogtatenprinzip nach Abs. 2 entsprechend. Der Eingriff kann sich nach Abs. 3 S. 1 nur gegen den Beschuldigten richten, darf nach Abs. 3 S. 3 aber auch dann angeordnet werden, wenn Dritte, also z. B. Social-Media-Partner, unvermeidbar betroffen werden. Eine Sonderregelung enthält § 100 e VI StPO im Hinblick auf die Verwertung von Erkenntnissen aus Online-Durchsuchungen in anderen Verfahren: das ist dann gestattet, wenn wegen einer Tat ermittelt wird, die selbst Gegenstand einer Maßnahme nach § 100 b StPO hätte sein können. Die Anordnungskompetenz für eine Online-Durchsuchung liegt im Übrigen nach § 100 e II StPO bei der Staatsschutzkammer beim LG (vgl. § 74 a IV GVG); die Staatsanwaltschaft hat keine Eilzuständigkeit.

Beachte: Die Anordnung einer Online-Durchsuchung beinhaltet nicht die Erlaubnis der Strafverfolgungsbehörde, auch nicht über eine Annex-Kompetenz, die Wohnung des Beschuldigten heimlich zur Installation von Infiltrationssystemen zu betreten. Hierzu bedarf es eines gesonderten gerichtlichen Beschlusses – oder die Infiltrationssysteme werden über einen Remote-Zugriff installiert.

2.7.4.4 Verkehrsdatenerhebung und Funkzellenabfrage nach § 100 g StPO

Maßnahmen nach § 100 a StPO erfassen – wie dargestellt – die laufende Kommunikation. Benötigen die Ermittlungsbehörden jedoch nur Informationen über frühere („retrograde") oder zukünftige Verbindungsdaten einer Kommunikation, so ist § 100 g StPO die richtige Eingriffsnorm.

> **§ 100 g I, III StPO – Erhebung von Verkehrsdaten**
> (1) Begründen bestimmte Tatsachen den Verdacht, dass jemand als Täter oder Teilnehmer
> 1. eine Straftat von auch im Einzelfall erheblicher Bedeutung, insbesondere eine in § 100a Abs. 2 bezeichnete Straftat, begangen hat, in Fällen, in denen der Versuch strafbar ist, zu begehen versucht hat oder durch eine Straftat vorbereitet hat oder
> 2. eine Straftat mittels Telekommunikation begangen hat,
> so dürfen Verkehrsdaten (§ 96 Absatz 1 des Telekommunikationsgesetzes) erhoben werden, soweit dies für die Erforschung des Sachverhalts erforderlich ist und die Erhebung der Daten in einem angemessenen Verhältnis zur Bedeutung der Sache steht. Im Fall des Satzes 1 Nummer 2 ist die Maßnahme nur zulässig, wenn die Erforschung des Sachverhalts auf andere Weise aussichtslos wäre. Die Erhebung von Standortdaten ist nach diesem Absatz nur für künftig anfallende Verkehrsdaten oder in Echtzeit und nur im Fall des Satzes 1 Nummer 1 zulässig, soweit sie für die Erforschung des Sachverhalts oder die Ermittlung des Aufenthaltsortes des Beschuldigten erforderlich ist.
> (2) …
> (3) Die Erhebung aller in einer Funkzelle angefallenen Verkehrsdaten (Funkzellenabfrage) ist nur zulässig,
> 1. wenn die Voraussetzungen des Absatzes 1 Satz 1 Nummer 1 erfüllt sind,

> 2. soweit die Erhebung der Daten in einem angemessenen Verhältnis zur Bedeutung der Sache steht und
> 3. soweit die Erforschung des Sachverhalts oder die Ermittlung des Aufenthaltsortes des Beschuldigten auf andere Weise aussichtslos oder wesentlich erschwert wäre. Auf nach § 113b des Telekommunikationsgesetzes gespeicherte Verkehrsdaten darf für eine Funkzellenabfrage nur unter den Voraussetzungen des Absatzes 2 zurückgegriffen werden.

Diese Norm des Abs. 1 erlaubt mithin die Erhebung der sog. Verkehrsdaten, also z. B. Nummer der beteiligten Parteien, Standort- und auch Stand-by-Daten eines Mobiltelefons, Dauer des Gespräches etc. Sie bezieht sich also auf die Erhebung von Verkehrsdaten auf der Grundlage von § 96 TKG, welche Telekommunikationsdienstleister zum Erbringen ihrer geschäftsmäßigen Leistungen erhoben haben und zu diesem Zweck erforderlich sind. Sie sind im Übrigen zur Weitergabe der Verkehrsdaten verpflichtet.

Zulässig auf der Basis von § 100 g III StPO sind außerdem sog. Funkzellenabfragen, also Erhebung solcher Verbindungsdaten, die in einem bestimmten Zeitraum in einer bestimmten Funkzellen mit einem dort eingeloggten Mobiltelefon anfallen. Dies ist besonders relevant zur Abklärung, ob sich ein bestimmter Handynutzer zum Zeitpunkt einer Straftat an einem konkreten Ort (z. B. eine Tankstelle, welche überfallen wurde) aufgehalten hat.

Anordnungsbefugt ist das Gericht nach § 101 a I StPO i. V. m. § 100 e I 1 StPO.

2.7.4.5 IMSI-Catcher; Bestandsdatenauskunft nach § 100 i, j StPO

Nach § 100 i StPO dürfen IMSI-Catcher benutzt werden, um Geräte- und Kartennummer (diese Daten fallen nicht unter Art. 10 GG!) eines eingeschalteten Mobiltelefons zu ermitteln. Dadurch können bei Telefonen, deren Rufnummer nicht bekannt ist, Maßnahmen nach § 100 a StPO vorbereitet werden. Nach Abs. 3 muss die Maßnahme durch den Richter angeordnet werden und ist auf maximal 6 Monate zu befristen.

Hinweis: Die heimliche Ortung durch Senden einer „stillen SMS" fällt nicht unter diese Norm, sondern unter die Generalermittlungsklausel des § 161 StPO i.V.m. von nach § 100 a StPO angeordneten Maßnahmen.

§ 100 j I 1 StPO ermöglicht den Ermittlungsbehörden in einem Verfahren gegen einen *Beschuldigten,* von den Telekommunikationsanbietern Auskunft über die Bestandsdaten nach §§ 95 und 111 TKD zu verlangen. Dazu gehören Name, Anschrift, Geburtsdatum, Gerätenummer sowie bei Festnetzanschlüssen der Ort des Anschlusses. Grundlage für die Abfrage von Passwörtern etc. bei Mobilfunkgeräten ist Abs. 1 S. 2; nach Abs. 2 dürfen darüber hinaus dynamische IP-Adressen (die „Rufnummer" des relevanten Computers zur Abfragezeit) erhoben werden. Die Anordnungskompetenz liegt nach Abs. 3 beim Richter.

2.7.5 Vorläufige Festnahme

§ 127 I StPO: Jedermann-Paragraf

In Eilfällen kann es vorkommen, dass ein Haftbefehl nicht rechtzeitig erlangt werden kann. In diesen Situationen ermöglicht § 127 StPO die sog. „vorläufige Festnahme", wobei zwischen dem „Jedermann"-Recht nach Absatz 1 und dem (besonderen) Festnahmerecht für Staatsanwaltschaft und Polizei nach Absatz 2 unterschieden werden muss.

Darüber hinaus ist diese Vorschrift bedeutsam als Rechtfertigungsgrund für die bei der Festnahme verwirklichten Straftatbestände wie Körperverletzung und Nötigung, also bei der Anwendung körperlicher Gewalt.

> **§ 127 I, II StPO – Vorläufige Festnahme**
> (1) Wird jemand auf frischer Tat betroffen oder verfolgt, so ist, wenn er der Flucht verdächtig ist oder seine Identität nicht sofort festgestellt werden kann, jedermann befugt, ihn auch ohne richterliche Anordnung vorläufig festzunehmen. Die Feststellung der Identität einer Person durch die Staatsanwaltschaft oder die Beamten des Polizeidienstes bestimmt sich nach § 163b Abs. 1.
> (2) Die Staatsanwaltschaft und die Beamten des Polizeidienstes sind bei Gefahr im Verzug auch dann zur vorläufigen Festnahme befugt, wenn die Voraussetzungen eines Haftbefehls oder eines Unterbringungsbefehls vorliegen.

Setzt § 127 StPO eine wirklich begangene Tat oder nur einen dringenden Tatverdacht voraus?

Umstritten ist im Rahmen des Absatzes 1, ob die Tat von dem Festgenommenen wirklich begangen worden sein muss, oder ob es genügt, dass die für den Festnehmenden erkennbaren, objektiven Umstände einen dringenden Tatverdacht nahe legen. Die überwiegende Meinung vertritt letztere Auffassung, um dem Festnehmenden, der letztendlich eine öffentliche Aufgabe wahrnimmt, nicht das Risiko eines – schuldlosen – Irrtums aufzubürden.

> ▶ **Beispiel**
> Passant P sieht, wie A im Supermarkt einer jungen Frau die Handtasche vom Arm reißt. Sofort rennt er hinterher, und es gelingt ihm, A nach ein paar Metern zu erreichen. Als dieser auf seine „Halt!"-Rufe nicht reagiert, springt er ihn von hinten an, bringt ihn zu Fall und kann ihn anschließend durch Herumdrehen des Armes, wodurch dieser eine Zerrung erleidet, bis zum Eintreffen der Polizei am Boden festhalten. Hier sind sowohl die Nötigung durch das Festhalten als auch die Körperverletzung von § 127 StPO gedeckt. ◀

Bei Absatz 2 ist zu beachten, dass alle Voraussetzungen eines Haftbefehls nach §§ 112 ff. StPO vorliegen müssen. Staatsanwaltschaft und Polizei haben daneben selbstredend auch die Befugnisse des Absatzes 1.

Eine Sonderform bildet § 127 b StPO, nach welchem für die StA und Polizei ein Festnahmerecht auch dann vorliegt, wenn die Voraussetzungen des § 127 StPO nicht gegeben sind, aber die Durchführung des beschleunigten Verfahrens nach §§ 417 ff. StPO im Raum steht, zusätzlich daneben nach § 127 b I StPO die Gefahr des Nichterscheinens in der Hauptverhandlung. Festgenommen werden dürfen keine Kinder (wegen § 19 StGB) sowie Jugendliche (wegen § 79 JGG). Nach der Festnahme kann nach Abs. 2 die Hauptverhandlungshaft angeordnet werden, deren Höchstdauer eine Woche nicht überschreiten darf.

2.7.6 Körperliche Untersuchung; Blutprobe

§ 81 a StPO erlaubt den Ermittlungsbehörden beim Beschuldigten die Anordnung körperlicher Eingriffe sowie – höchst praxisrelevant – die Entnahme von Blutproben.

> **§ 81 a StPO – Körperliche Untersuchung des Beschuldigten; Zulässigkeit körperlicher Eingriffe**
> (1) Eine körperliche Untersuchung des Beschuldigten darf zur Feststellung von Tatsachen angeordnet werden, die für das Verfahren von Bedeutung sind. Zu diesem Zweck sind Entnahmen von Blutproben und andere kör-

perliche Eingriffe, die von einem Arzt nach den Regeln der ärztlichen Kunst zu Untersuchungszwecken vorgenommen werden, ohne Einwilligung des Beschuldigten zulässig, wenn kein Nachteil für seine Gesundheit zu befürchten ist.

(2) Die Anordnung steht dem Richter, bei Gefährdung des Untersuchungserfolges durch Verzögerung auch der Staatsanwaltschaft und ihren Ermittlungspersonen (§ 152 des Gerichtsverfassungsgesetzes) zu. Entnahme einer Blutprobe bedarf abweichend von Satz 1 keiner richterlichen Anordnung, wenn bestimmte Tatsachen den Verdacht begründen, dass eine Straftat nach § 315a Absatz 1 Nummer 1, Absatz 2 und 3, § 315c Absatz 1 Nummer 1 Buchstabe a, Absatz 2 und 3 oder § 316 des Strafgesetzbuchs begangen worden ist.

(3) Dem Beschuldigten entnommene Blutproben oder sonstige Körperzellen dürfen nur für Zwecke des der Entnahme zugrundeliegenden oder eines anderen anhängigen Strafverfahrens verwendet werden; sie sind unverzüglich zu vernichten, sobald sie hierfür nicht mehr erforderlich sind.

Beschuldigter muss Maßnahme nach § 81 a StPO erdulden.	Auch bei dieser Vorschrift – wie bei allen anderen Zwangsmitteln ebenso – kann der Beschuldigte nicht gezwungen werden, an der Durchführung der Maßnahme aktiv mitzuwirken; er muss sie lediglich passiv dulden. So ist er etwa nicht verpflichtet, bei einem Alkomattest mitzumachen; die nachfolgende Blutprobe hat er aber an sich vornehmen zu lassen, notfalls auch unter Zwangsanwendung. Rechtsgrundlage dafür ist § 81 a StPO selbst.

> ▶ **Beispiel**
>
> Die Polizisten P und R halten nachts um drei Uhr den Autofahrer A an, da dieser innerorts in Schlangenlinien fuhr. Nachdem P eine „Fahne" wahrnimmt, bietet er A einen „Alcotest" an, den dieser ablehnt. Danach verbringt er den sich sträubenden und wehrenden A mit Hilfe seines Kollegen zur Wache. Dort wird ihm von einem Arzt eine Blutprobe entnommen, wobei er von vier Beamten festgehalten werden muss. Das Vorgehen des P ist von § 81 a StPO gedeckt. ◀

Die Anordnungskompetenz ergibt sich aus § 81 a II StPO: Danach ist nach S. 1 grundsätzlich der Richter zuständig; einer solchen Anordnung bedarf es nicht, wenn lediglich bestimmte Straßenverkehrsdelikte im Raume stehen.

Sehr kontrovers wird dagegen die Zulässigkeit der Verabreichung von Brechmitteln diskutiert: teilweise wird dieser Eingriff nur unter strengster Beachtung des Verhältnismäßigkeitsgrundsatzes bejaht, bisweilen aber auch strikt abgelehnt. Einigkeit herrscht insoweit, als dass diese Exkorporation bei Kleindealern immer unzulässig ist (vgl. EGMR, NJW 2006, 3117).

Verabreichung von Brechmitteln

2.7.7 Längerfristige Observation

§ 163 f StPO schafft die Grundlage für die Ermittlungsbehörden, den Beschuldigten (und auch Dritte, vgl. Abs. 1 S. 3) länger als 24 Stunden durchgehend oder an mehr als zwei Tagen zu observieren. Für kürzere Beobachtungen reichen als Eingriffsermächtigung §§ 161 I, 163 I StPO aus.

> **§ 163 f StPO – Längerfristige Observation**
> (1) Liegen zureichende tatsächliche Anhaltspunkte dafür vor, dass eine Straftat von erheblicher Bedeutung begangen worden ist, so darf eine planmäßig angelegte Beobachtung des Beschuldigten angeordnet werden, die
> 1. durchgehend länger als 24 Stunden dauern oder
> 2. an mehr als zwei Tagen stattfinden soll (längerfristige Observation).
> Die Maßnahme darf nur angeordnet werden, wenn die Erforschung des Sachverhalts oder die Ermittlung des Aufenthaltsortes des Täters auf andere Weise erheblich weniger Erfolg versprechend oder wesentlich erschwert wäre. Gegen andere Personen ist die Maßnahme zulässig, wenn auf Grund bestimmter Tatsachen anzunehmen ist, dass sie mit dem Täter in Verbindung stehen oder eine solche Verbindung hergestellt wird, dass die Maßnahme zur Erforschung des Sachverhalts oder zur Ermittlung des Aufenthaltsortes des Täters führen wird und dies auf andere Weise erheblich weniger Erfolg versprechend oder wesentlich erschwert wäre.
> (2) Die Maßnahme darf auch durchgeführt werden, wenn Dritte unvermeidbar betroffen werden.
> (3) Die Maßnahme darf nur durch das Gericht, bei Gefahr im Verzug auch durch die Staatsanwaltschaft und ihre Ermittlungspersonen (§ 152 des Gerichtsverfas-

sungsgesetzes) angeordnet werden. Die Anordnung der Staatsanwaltschaft oder ihrer Ermittlungspersonen tritt außer Kraft, wenn sie nicht binnen drei Werktagen von dem Gericht bestätigt wird. § 100e Abs. 1 Satz 4 und 5, Abs. 3 Satz 1 gilt entsprechend.

Diese Eingriffsbefugnis – von erheblicher praktischer Bedeutung – ist nach dem Gesetzeswortlaut ausdrücklich subsidiär, insbesondere müssen andere Maßnahmen weniger erfolgversprechend sein. Soll die Überwachung nicht durch Personen, sondern durch technische Mittel erfolgen, so müssen außerdem die Voraussetzungen des § 100 h I Nr. 2 StPO vorliegen. Die Anordnungsbefugnis liegt nach Abs. 3 S. 1 beim Ermittlungsrichter, bei Gefahr im Verzug auch bei den Ermittlungsbehörden, deren Anordnung jedoch nach drei Werktagen richterlich bestätigt werden muss. Die Observationsdauer liegt bei drei Monaten, kann jedoch verlängert werden, vgl. § 163f III 3 i. V. m. § 100 e I 4, 5 StPO.

2.7.8 Erkennungsdienstliche Maßnahmen beim Beschuldigten

§ 81 b als Grundlage für erkennungsdienstliche Maßnahmen

§ 81 b StPO ist die Rechtsgrundlage für die Anfertigung von Lichtbilder und Fingerabdrücken des Beschuldigten – auch gegen seinen Willen. Ebenso dürfen Messungen, also Größe, Gewicht etc. an ihm vorgenommen werden. Falls im Rahmen der Durchsetzungen dieser Anordnungen staatlicher Zwang angeordnet werden muss, so ist dieser ebenfalls von dieser Norm gedeckt. Die Norm hat einen „Doppelcharakter": Sie dient repressiven (1. Alt.) wie präventiven Zwecken (2. Alt.).

> **§ 81b – Erkennungsdienstliche Maßnahmen bei dem Beschuldigten**
> Soweit es für die Zwecke der Durchführung des Strafverfahrens oder für die Zwecke des Erkennungsdienstes notwendig ist, dürfen Lichtbilder und Fingerabdrücke des Beschuldigten auch gegen seinen Willen aufgenommen und Messungen und ähnliche Maßnahmen an ihm vorgenommen werden.

2.8 Rechtschutz gegen Zwangsmaßnahmen im Ermittlungsverfahren

Da die zuvor dargestellten Zwangsmaßnahmen regelmäßig mit erheblichen Eingriffen in geschützte Rechtspositionen verbunden sind, stellt sich folglich die Frage, inwieweit sie – gesondert oder gegebenenfalls erst im Hauptsacheverfahren – angegriffen oder gerichtlich überprüft werden können. Dabei ist grundsätzlich zu unterscheiden, wer sie erlassen hat und ob sie vor oder nach ihrer Erledigung seitens des Betroffenen angefochten werden. Die Einleitung, Ablauf und Beendigung eines Ermittlungsverfahrens als solches unterliegt dabei keinem Rechtsschutz.

2.8.1 Rechtsschutz gegen Zwangsmaßnahmen vor ihrer Erledigung

2.8.1.1 Ermittlungsbehördliche Anordnung

Gegen die Anordnung der Staatsanwaltschaft oder einer anderen Ermittlungsbehörde oder, sofern die Art und Weise der Durchführung der Anordnung angegriffen wird, steht dem Betroffenen der Rechtsweg nach § 98 II 1 und 2 StPO (analog?) offen. Greift er sonstige Zwangsanordnungen an, die keine Anrufung des Richters vorsehen, so gilt nach h.M. (wegen der Rechtsweggarantie des Art. 19 IV GG) § 98 II 2 StPO analog.

In beiden Fällen entscheidet der Ermittlungsrichter; gegen seinen Beschluss ist die Beschwerde nach § 304 StPO zum LG gegeben.

2.8.1.2 Richterliche Anordnung

Gegen die richterliche Anordnung als solche ist dem Betroffenen die Beschwerde nach § 304 StPO zum LG eröffnet. Wehrt er sich jedoch allein gegen die Art und Weise der Durchführung, ist umstritten, ob § 98 II 2 StPO direkt oder analog anwendbar ist.

Gegen die Entscheidung des Ermittlungsrichters ist wiederum jeweils Beschwerde nach § 304 StPO zum LG möglich.

2.8.2 Rechtsschutz gegen Zwangsmaßnahmen nach ihrer Erledigung

2.8.2.1 Ermittlungsbehördliche Anordnung

Wendet sich der Betroffene gegen die Anordnung als solche, so steht ihm nach überwiegender Meinung der Rechtsweg nach § 98 II 2 StPO direkt oder analog offen; eine a.M. möchte dagegen §§ 23 ff. EGGVG anwenden, was aber letztendlich zu einer Rechtswegspaltung führen würde. Bei einer Beschwerde gegen die Art und Weise der Vollziehung der Anordnung gilt nach der Rspr. § 98 II 2 StPO analog (BGH NStZ 99, 151); die gegenteilige Auffassung will auch hier den Rechtsweg über §§ 23 ff. EGGVG eröffnet wissen.

Als zusätzliche Voraussetzung muss jedoch in beiden Fällen ein *besonderes* Rechtsschutzinteresse vorliegen. Nach BVerfG (JZ 97, 1060) soll dies anzunehmen sein bei tiefgreifenden (sich typischerweise erledigenden), tatsächlich jedoch nicht mehr fortwirkenden Grundrechtseingriffen sowie bei einer Wiederholungsgefahr. Ein Rehabilitationsinteresse sowie Amtshaftungsansprüche reichen dagegen nicht aus.

Gegen die Entscheidung des Ermittlungsrichters ist jeweils Beschwerde nach § 304 StPO zum LG gegeben.

2.8.2.2 Richterliche Anordnung

Liegt dagegen eine richterliche Anordnung bzgl. der Maßnahme vor, so ist gegen sie direkt die Beschwerde nach § 304 StPO zum LG gegeben. Wendet sich der Betroffene allerdings gegen die Art und Weise der Durchführung allein, so ist nach h.M. der Rechtsweg gemäß § 98 II 2 StPO direkt oder analog (str.) eröffnet; eine Mindermeinung möchte die §§ 23 ff. EGGVG (arg.: § 28 I 4 EGGVG) anwenden. Unabhängig von diesem Streit wird auch hier in beiden Konstellationen ein besonderes Rechtsschutzinteresse wie bei einer nicht-richterlichen Anordnung (s. oben) verlangt.

Gegen die Entscheidung des Ermittlungsrichters ist wiederum jeweils Beschwerde nach § 304 StPO zum LG möglich.

2.8.3 Sonderfall: Rechtsschutz gegen Zwangsmaßnahmen nach § 101 VII StPO

Einen Sonderfall ist der nachträgliche Rechtsschutz nach § 101 VII StPO für die in Abs. 1 der Norm erwähnten verdeckten Ermittlungsmaßnahmen, der eine Sperrwirkung gegenüber den allgemeinen Rechtsbehelfen, insbesondere § 98 II 2 StPO (direkt oder analog), entfaltet.

> **§ 101 I StPO – Verfahrensregelungen bei verdeckten Maßnahmen**
> (1) Für Maßnahmen nach den §§ 98a, 99, 100a bis 100f, 100h, 100i, 110a, 163d bis 163f gelten, soweit nichts anderes bestimmt ist, die nachstehenden Regelungen.

Die von solchen Maßnahmen betroffenen Personen sind nach § 101 IV 1 StPO zu benachrichtigen und haben die Möglichkeit, binnen einer zweiwöchigen Ausschlussfrist nach Bekanntgabe der Benachrichtigung die gerichtliche Entscheidung nach § 101 VII StPO zu beantragen, wobei ein Rechtsschutzinteresse regelmäßig unterstellt wird. Es entscheidet nach § 101 VII 1 StPO der Ermittlungsrichter beim AG; gegen seine Entscheidung ist sofortige Beschwerde zum LG nach Satz 3 dieser Vorschrift gegeben.

> **§ 101 IV, VII StPO – Verfahrensregelungen bei verdeckten Maßnahmen**
> (4) Von den in Absatz 1 genannten Maßnahmen sind im Falle
>   1. des § 98a die betroffenen Personen, gegen die nach Auswertung der Daten weitere Ermittlungen geführt wurden,
>   2. des § 99 der Absender und der Adressat der Postsendung,
>   3. des § 100a die Beteiligten der überwachten Telekommunikation,
>   4. des § 100b die Zielperson sowie die erheblich mitbetroffenen Personen,
>   5. des § 100c
>   a) der Beschuldigte, gegen den sich die Maßnahme richtete,
>   b) sonstige überwachte Personen,

c) Personen, die die überwachte Wohnung zur Zeit der Durchführung der Maßnahme innehatten oder bewohnten,

6. des § 100 f die Zielperson sowie die erheblich mitbetroffenen Personen,

7. des § 100h Abs. 1 die Zielperson sowie die erheblich mitbetroffenen Personen,

8. des § 100i die Zielperson,

9. des § 110a
a) die Zielperson,
b) die erheblich mitbetroffenen Personen,
c) die Personen, deren nicht allgemein zugängliche Wohnung der Verdeckte Ermittler betreten hat,

10. des § 163d die betroffenen Personen, gegen die nach Auswertung der Daten weitere Ermittlungen geführt wurden,

11. des § 163e die Zielperson und die Person, deren personenbezogene Daten gemeldet worden sind,

12. des § 163 f die Zielperson sowie die erheblich mitbetroffenen Personen

zu benachrichtigen. Dabei ist auf die Möglichkeit nachträglichen Rechtsschutzes nach Absatz 7 und die dafür vorgesehene Frist hinzuweisen. Die Benachrichtigung unterbleibt, wenn ihr überwiegende schutzwürdige Belange einer betroffenen Person entgegenstehen ...

...

(7) Gerichtliche Entscheidungen nach Absatz 6 trifft das für die Anordnung der Maßnahme zuständige Gericht, im Übrigen das Gericht am Sitz der zuständigen Staatsanwaltschaft. Die in Absatz 4 Satz 1 genannten Personen können bei dem nach Satz 1 zuständigen Gericht auch nach Beendigung der Maßnahme bis zu zwei Wochen nach ihrer Benachrichtigung die Überprüfung der Rechtmäßigkeit der Maßnahme sowie der Art und Weise ihres Vollzugs beantragen. Gegen die Entscheidung ist die sofortige Beschwerde statthaft ...

2.9 Die Abschlussverfügung der Staatsanwaltschaft

Nach Abschluss der Ermittlungen hat die Staatsanwaltschaft verschiedene Möglichkeiten der Endverfügung. Dabei kommt es zuerst darauf an, ob ein Verfahrenshindernis vorliegt. Ist dies nicht der Fall, wird geprüft, ob ein

2.9 · Die Abschlussverfügung der Staatsanwaltschaft

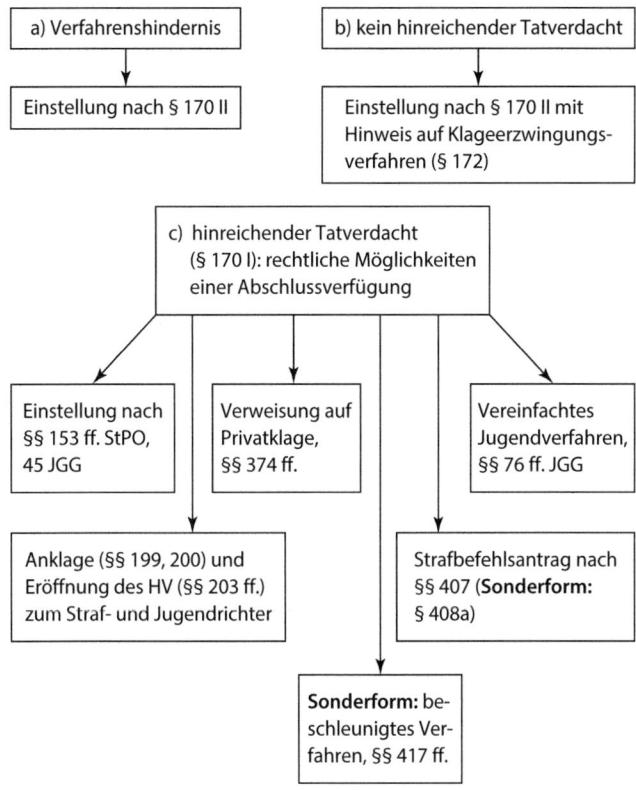

Abb. 2.12 Übersichtsschema: Abschlussverfügung der Staatsanwaltschaft

hinreichender Tatverdacht, also bei vorläufiger Tatbewertung eine gewisse Wahrscheinlichkeit für eine spätere Verurteilung, vorliegt oder nicht. Danach richtet sich das weitere Vorgehen. Eine Übersicht zu möglichen Abschlussverfügungen bietet ■ Abb. 2.12.

2.9.1 Verfahrenshindernisse

Prozessvoraussetzungen sind Bedingungen für die Zulässigkeit von bestimmten Verfahren bzw. Verfahrensarten, also im Strafprozess letztendlich für die Zulässigkeit eines Urteils in der Sache selbst (Verurteilung oder Freispruch). Liegen sie nicht vor, so spricht man von einem „Verfahrenshindernis".

Definition: Verfahrenshindernis

Sie sind in jedem Verfahrensstadium von Amts wegen zu prüfen.

Es gibt gesetzlich ausdrücklich bestimmte Prozesshindernisse; zu den wichtigsten zählen:

Gesetzlich geregelte Verfahrenshindernisse
- Verjährung, §§ 78 ff. StGB,
- Strafunmündigkeit, § 19 StGB,
- fehlender Strafantrag, §§ 77 ff. StGB,
- Verneinung des besonderen öffentlichen Interesses durch die StA, z. B. bei § 230 StGB,
- Strafklageverbrauch, Art. 103 III GG, auf transnationaler Ebene Art. 54 SDÜ, der im Übrigen auch dann Geltung beansprucht, wenn nach dem nationalen Recht ein Strafklageverbrauch durch eine Entscheidung ohne richterliche Mitwirkung eingetreten ist (also z. B. bei § 153 a I 5 StPO),
- behördliche Ermächtigung, z. B. bei § 353 b IV StGB,
- Schuldunfähigkeit, § 20 StGB,
- (Nicht-)Vorliegen einer wirksamen Anklage, vgl. §§ 199, 200 StPO,
- (Nicht-)Vorliegen eines wirksamen Eröffnungsbeschlusses, vgl. §§ 203, 207 StPO.

Darüber hinaus gibt es solche, die unmittelbar aus dem Grundgesetz hergeleitet werden, wie

Nicht ausdrücklich gesetzlich geregelte Verfahrenshindernisse
- der Grundsatz des „fair trial" aus Art. 20 III GG,
- die allgemeinen Regeln des Völkerrechts aus Art. 25 GG, wobei der Einzelfall und die Reichweite umstritten sind.
- In diesem Zusammenhang ist zu erwähnen, dass eine überlange Verfahrensdauer i. S. d. Art. 6 I EMRK nicht hierzu zählt, sondern nach inzwischen gefestigter Rechtsprechung bei Vorliegen derselben – von extremen Ausnahmefällen abgesehen – lediglich eine bestimmte Strafhöhe als verbüßt gilt (sog. Vollstreckungslösung).

Folge bei Vorliegen einer Verfahrenshindernisses
Liegt ein Verfahrenshindernis vor, so muss das Verfahren nach folgenden Normen eingestellt werden:
- im Ermittlungsverfahren: § 170 II StPO bzw. § 154 f StPO bei vorübergehenden Hindernissen in der Person des Beschuldigten,
- im Vorverfahren: bei einem vorübergehenden Hindernis § 205 StPO, bei einem dauernden § 204 StPO,
- nach Eröffnung des Hauptverfahrens und vor Beginn der Hauptverhandlung: § 206 a StPO,
- nach Eröffnung des Hauptverfahrens und nach Beginn der Hauptverhandlung: § 260 III StPO durch Urteil.

Liegt ein *behebbares* Prozesshindernis vor und wird dieses geheilt, so kann das Verfahren wieder aufgenommen und fortgesetzt werden.

2.9.2 Fehlender Tatverdacht

Ergibt sich nach Abschluss der Ermittlungen kein hinreichender Tatverdacht, so muss das Verfahren nach § 170 II StPO eingestellt werden.

> **§ 170 StPO – Entscheidung über die Anklageerhebung**
> (1) Bieten die Ermittlungen genügenden Anlaß zur Erhebung der öffentlichen Klage, so erhebt die Staatsanwaltschaft sie durch Einreichung einer Anklageschrift bei dem zuständigen Gericht.
> (2) Andernfalls stellt die Staatsanwaltschaft das Verfahren ein. Hiervon setzt sie den Beschuldigten in Kenntnis, wenn er als solcher vernommen worden ist oder ein Haftbefehl gegen ihn erlassen war; dasselbe gilt, wenn er um einen Bescheid gebeten hat oder wenn ein besonderes Interesse an der Bekanntgabe ersichtlich ist.

Dabei wird immer nur die Tat im prozessualen Sinne (vgl. §§ 155, 264 StPO) eingestellt, nicht diejenige im materiellen Sinne (vgl. §§ 52 ff. StGB). Eine Teileinstellung gegen einen von mehreren Beschuldigten in einem Verfahren ist möglich und zulässig; dieser kann dann als Zeuge im weiteren Verlauf gegen die anhängig Verbliebenen verwendet werden.

Eingestellt wird Tat im prozessualen Sinn nach § 264 StPO.

Wird das Verfahren eingestellt, so ergeht:
aa) eine Mitteilung an den Beschuldigten ohne Gründe gemäß § 170 II 2 StPO und
bb) eine Mitteilung mit Gründen gem. § 171 S. 1 StPO an den Anzeigenerstatter, der nicht zugleich Verletzter ist, wenn in der Strafanzeige gleichsam ein Antrag auf Strafverfolgung nach § 158 I StPO zu sehen ist, oder
cc) eine Mitteilung an den Anzeigenerstatter, der zugleich Verletzter ist und wirksam Strafantrag nach § 158 II StPO gestellt hat, mit Gründen und Rechtsmittelbelehrung (Beschwerdemöglichkeit binnen zwei Wochen) nach § 171 S. 1 und 2 StPO. Wenn gegen die Ein-

stellungsverfügung fristgerecht nach § 172 I 1 StPO Beschwerde eingelegt wird, kann die Staatsanwaltschaft bzw. die Generalstaatsanwaltschaft dieser abhelfen.

Klageerzwingungsverfahren

Andernfalls bleibt dem Anzeigeerstatter die Möglichkeit des Klageerzwingungsverfahrens nach § 172 II StPO, es sei denn, es handelt sich um einen Fall des § 172 II 3 StPO, also eine Straftat, die vom Verletzten im Wege der Privatklage verfolgbar ist oder um eine nicht angreifbare Sachbehandlung der Staatsanwaltschaft nach §§ 153 ff. StPO.

Zur Entscheidung berufen über den Klageerzwingungsantrag ist nach § 172 IV StPO das OLG. Hält es den Antrag für begründet, so beschließt es nach § 175 StPO die Anklageerhebung, welcher die Staatsanwaltschaft nachkommen muss; andernfalls verwirft es den Antrag nach § 174 I StPO.

2.9.3 Hinreichender Tatverdacht

Bejaht die Staatsanwaltschaft einen hinreichenden Tatverdacht nach Beendigung ihrer Ermittlungen, so hat sie verschiedene rechtliche Möglichkeiten einer Abschlussverfügung.

2.9.3.1 Verweisung auf die Privatklage

Privatklage, § 374 StPO

Die Verweisungsmöglichkeiten auf die Privatklage, welche bei Jugendlichen nach § 80 I JGG unzulässig ist, wird in § 374 I StPO abschließend bei Vergehen geregelt, die in den meisten Fällen die Allgemeinheit wenig berühren. Insofern ist ein Staatsanwalt in solchen Verfahren in der Regel nicht beteiligt, kann dieses aber übernehmen. Bei den dort aufgezählten Straftaten selbst handelt es sich um solche des StGB, aber aus dem Bereich des Wirtschaftslebens, wie z. B. das UWG.

Einige Besonderheiten:
- Vollrausch nach § 323 a StGB ist nie ein Privatklagedelikt, auch wenn die Rauschtat ein solches wäre;
- beim Zusammentreffen von Offizial- und Privatklagedelikt im Rahmen zweier prozessualer Taten können beide getrennt verfolgt oder eingestellt werden;

2.9 · Die Abschlussverfügung der Staatsanwaltschaft

— beim Zusammentreffen von Offizial- und Privatklagedelikt im Rahmen einer prozessualen Tat ist die Verweisung auf die Privatklage ausgeschlossen.

2.9.3.2 Strafbefehlsverfahren

Das Strafbefehlsverfahren – in der Praxis sehr häufig vorkommend – ist ein summarisches Strafverfahren, das eine einseitige Straffestsetzung ohne Urteil ermöglicht. Die Voraussetzungen sind in § 407 StPO festgelegt.

Strafbefehlsverfahren ist schriftliches Verfahren ohne Urteil.

> **§ 407 StPO – Zulässigkeit**
> (1) Im Verfahren vor dem Strafrichter und im Verfahren, das zur Zuständigkeit des Schöffengerichts gehört, können bei Vergehen auf schriftlichen Antrag der Staatsanwaltschaft die Rechtsfolgen der Tat durch schriftlichen Strafbefehl ohne Hauptverhandlung festgesetzt werden. Die Staatsanwaltschaft stellt diesen Antrag, wenn sie nach dem Ergebnis der Ermittlungen eine Hauptverhandlung nicht für erforderlich erachtet. Der Antrag ist auf bestimmte Rechtsfolgen zu richten. Durch ihn wird die öffentliche Klage erhoben.
> (2) Durch Strafbefehl dürfen nur die folgenden Rechtsfolgen der Tat, allein oder nebeneinander, festgesetzt werden:
>   1. Geldstrafe, Verwarnung mit Strafvorbehalt, Fahrverbot, Verfall, Einziehung, Vernichtung, Unbrauchbarmachung, Bekanntgabe der Verurteilung und Geldbuße gegen eine juristische Person oder Personenvereinigung,
>   2. Entziehung der Fahrerlaubnis, bei der die Sperre nicht mehr als zwei Jahre beträgt
>   2a. Verbot des Haltens oder Betreuens von sowie des Handels oder des sonstigen berufsmäßigen Umgangs mit Tieren jeder oder einer bestimmten Art für die Dauer von einem Jahr bis zu drei Jahren sowie
>   3. Absehen von Strafe.
>   Hat der Angeschuldigte einen Verteidiger, so kann auch Freiheitsstrafe bis zu einem Jahr festgesetzt werden, wenn deren Vollstreckung zur Bewährung ausgesetzt wird.
> (3) Der vorherigen Anhörung des Angeschuldigten durch das Gericht (§ 33 Abs. 3) bedarf es nicht.

Das Verfahren ist also nur bei Vergehen, nicht bei Verbrechen anwendbar. Die zulässigen Sanktionen ergeben sich aus Abs. 2, wonach maximal eine Freiheitsstrafe von bis zu einem Jahr festgesetzt werden kann, wenn ein (Plicht-) Verteidiger vorhanden ist, der im Übrigen nach § 408 b StPO eigens zu diesem Zweck durch das erkennende Gericht bestellt werden kann.

Pflichtverteidigerbestellung nach § 408 b StPO

Durch die Höhe der potentiellen Sanktion ergibt sich, das Strafbefehlsanträge nur noch zum Einzelrichter gestellt werden können (vgl. §§ 24, 25 GVG). Form und notwendiger Inhalt eines Strafbefehls ergeben sich aus § 409 StPO.

Sonderform: § 408 a StPO

Eine Sonderform ist der Strafbefehlsantrag nach § 408 a StPO. In diesem Falle ist nach Anklageerhebung das Hauptverfahren eröffnet worden, die Hauptverhandlung selbst aber wegen der Abwesenheit des Angeklagten undurchführbar geworden.

Wenn die Voraussetzungen des § 407 StPO (auch) vorliegen, kann in der Hauptverhandlung nach mündlichem Antrag der Staatsanwaltschaft durch Strafbefehl entschieden werden. Dies ermöglicht einen dennoch zügigen Verfahrensabschluss ohne eine weitere Terminierung und gegebenenfalls Vorführung des Angeklagten.

2.9.3.3 Anklageerhebung

§ 200 StPO

Die Staatsanwaltschaft hat nach Abschluss der Ermittlungen, so wie es § 170 I StPO grundsätzlich vorsieht, die Möglichkeit der Einreichung einer Anklageschrift. Der Inhalt der Anklageschrift bestimmt sich nach § 200 I StPO; das wesentliche Ermittlungsergebnis ist nach Abs. 2 S. 2 bei Einzelrichteranklagen nicht erforderlich.

Ist die Anklage mängelbehaftet, so ist zwischen *funktionalen* und *sonstigen* Mängeln zu unterscheiden: Erstere liegen etwa bei mangelnder Identifizierung von Tat und Täter vor, wobei allerdings zur Auslegung auch das wesentliche Ermittlungsergebnis verwendet werden darf. In solchen Fällen ist die Eröffnung des Hauptverfahrens abzulehnen. „Sonstige" Mängel, wie fehlende Unterschrift des Staatsanwaltes, machen die Anklage nicht unwirksam und können nachträglich geheilt werden.

2.9.3.4 Beschleunigtes Verfahren

§§ 417 ff. StPO

Dies ist eine besondere Verfahrensart mit durchgeführter Hauptverhandlung, die in einfach gelagerten Fällen eine Aburteilung ermöglichen soll, die der Tat auf dem Fuß folgt.

2.9 · Die Abschlussverfügung der Staatsanwaltschaft

> **§ 417 StPO – Zulässigkeit**
> Im Verfahren vor dem Strafrichter und dem Schöffengericht stellt die Staatsanwaltschaft schriftlich oder mündlich den Antrag auf Entscheidung im beschleunigten Verfahren, wenn die Sache auf Grund des einfachen Sachverhalts oder der klaren Beweislage zur sofortigen Verhandlung geeignet ist.

Es gibt folgende Abweichungen zum Normalverfahren:
- ein mündlicher Antrag reicht aus, eine Anklageschrift seitens der Staatsanwaltschaft ist nicht erforderlich, §§ 417, 418 III 1 StPO,
- es gibt kein Zwischenverfahren; die Hauptverhandlung findet binnen „kurzer Frist" statt, wobei nach § 418 I 2 StPO diese nach Eingang des Antrages nicht mehr als 6 Wochen betragen soll,
- eine Beschränkung der Rechtsfolgenkompetenz besteht, § 419 I 2, 3 StPO (maximale Freiheitsstrafe von einem Jahr),
- es gibt erweiterte Verlesungsmöglichkeiten in der Hauptverhandlung, soweit die Zustimmung der anwesenden Verfahrensbeteiligten vorliegt, § 420 I–III StPO,
- Sonderfall der notwendigen Verteidigung nach § 418 IV StPO,
- Sonderform der Untersuchungshaft, sog. „Hauptverhandlungshaft", § 127 b I Nr. 1, II StPO.

Abweichungen zum Normalverfahren

2.9.3.5 Vereinfachtes Jugendverfahren

Das vereinfachte Jugendverfahren nach § 76 JGG ist eine Verfahrensmodifikation, bei der zwar die Staatsanwaltschaft einen Antrag stellt, der der Form nach einer Anklage i. S. d. §§ 199, 200 StPO gleichkommt, an der Hauptverhandlung selbst aber nicht teilnimmt.

Dies ist nur möglich, wenn als Sanktion keine Jugendstrafe zu erwarten und der Sachverhalt ohne umfangreiche Beweisaufnahme zu ermitteln ist.

§§ 76 ff. JGG

2.9.3.6 Einstellung aus Opportunitätsgründen

Während die Staatsanwaltschaft bei der *Einleitung* eines Ermittlungsverfahrens an den Legalitätsgrundsatz gebunden ist, sie also mithin ein Verfahren bei einem Anfangsverdacht einer Straftat einzuleiten hat, steht ihr beim *Ab-*

Bei Abschluss des Ermittlungsverfahrens gibt es einen Ermessensspielraum für die Staatsanwaltschaft.

schluss des Verfahrens in gewissen Grenzen ein Ermessensspielraum zu. Ausprägung dessen sind die Vorschriften der §§ 153 ff. StPO, die ihr Pendant in §§ 45/47 JGG für das jugendgerichtliche Verfahren gefunden haben.

> **§ 153 I StPO – Absehen von der Verfolgung wegen Geringfügigkeit**
> (1) Hat das Verfahren ein Vergehen zum Gegenstand, so kann die Staatsanwaltschaft mit Zustimmung des für die Eröffnung des Hauptverfahrens zuständigen Gerichts von der Verfolgung absehen, wenn die Schuld des Täters als gering anzusehen wäre und kein öffentliches Interesse an der Verfolgung besteht. Der Zustimmung des Gerichtes bedarf es nicht bei einem Vergehen, das nicht mit einer im Mindestmaß erhöhten Strafe bedroht ist und bei dem die durch die Tat verursachten Folgen gering sind.

Voraussetzungen des § 153 StPO

Diese sanktionslose Einstellungsmöglichkeit, welche nach Abs. 2 der Vorschrift auch dann – durch nichtanfechtbaren Beschluss – Anwendung findet, wenn Anklage bereits erhoben wurde und das Verfahren bei Gericht anhängig ist, setzt voraus, dass bei einem Vergehen eine geringe Täterschuld und kein öffentliches Interesse an der Strafverfolgung besteht.

Bei Vermögensdelikten wird dies bei einem Ersttäter bei einer Schadenshöhe von ungefähr 5–10 € angenommen.

> **§ 153 a I StPO – Absehen von der Verfolgung unter Auflagen und Weisungen**
> (1) Mit Zustimmung des für die Eröffnung des Hauptverfahrens zuständigen Gerichts und des Beschuldigten kann die Staatsanwaltschaft bei einem Vergehen vorläufig von der Erhebung der öffentlichen Klage absehen und zugleich dem Beschuldigten Auflagen und Weisungen erteilen, wenn diese geeignet sind, das öffentliche Interesse an der Strafverfolgung zu beseitigen, und die Schwere der Schuld nicht entgegensteht. Als Auflagen oder Weisungen kommen insbesondere in Betracht,
> 1. zur Wiedergutmachung des durch die Tat verursachten Schadens eine bestimmte Leistung zu erbringen,
> 2. einen Geldbetrag zugunsten einer gemeinnützigen Einrichtung oder der Staatskasse zu zahlen,

2.9 · Die Abschlussverfügung der Staatsanwaltschaft

3. sonst gemeinnützige Leistungen zu erbringen,
4. Unterhaltspflichten in einer bestimmten Höhe nachzukommen,
5. sich ernsthaft zu bemühen, einen Ausgleich mit dem Verletzten zu erreichen (Täter-Opfer-Ausgleich) und dabei seine Tat ganz oder zum überwiegenden Teil wieder gut zu machen oder deren Wiedergutmachung zu erstreben,
6. an einem sozialen Trainingskurs teilzunehmen oder
7. an einem Aufbauseminar nach § 2b Abs. 2 Satz 2 oder an einem Fahreignungsseminar nach § 4a des Straßenverkehrsgesetzes teilzunehmen.

Zur Erfüllung der Auflagen und Weisungen setzt die Staatsanwaltschaft dem Beschuldigten eine Frist, die in den Fällen des Satzes 2 Nr. 1 bis 3, 5 und 6 höchstens sechs Monate, in den Fällen des Satzes 2 Nr. 4 höchstens ein Jahr beträgt. Die Staatsanwaltschaft kann Auflagen und Weisungen nachträglich aufheben und die Frist einmal für die Dauer von drei Monaten verlängern; mit Zustimmung des Beschuldigten kann sie auch Auflagen und Weisungen nachträglich auferlegen und ändern. Erfüllt der Beschuldigte die Auflagen und Weisungen, so kann die Tat nicht mehr als Vergehen verfolgt werden. Erfüllt der Beschuldigte die Auflagen und Weisungen nicht, so werden Leistungen, die er zu ihrer Erfüllung erbracht hat, nicht erstattet. § 153 Abs. 1 Satz 2 gilt in den Fällen des Satzes 2 Nr. 1 bis 6 entsprechend. § 246a Absatz 2 gilt entsprechend.

Der wichtige Unterschied zu § 153 StPO besteht darin, dass hier die Einstellung nicht sanktionslos erfolgt: dem Beschuldigten – auch hier gilt nach Abs. 2 der Vorschrift Entsprechendes für das gerichtliche Verfahren nach Anklageerhebung – werden, allerdings nur mit seiner Zustimmung, Auflagen und Weisungen gemacht, die er binnen einer ihm gesetzten Frist zu erfüllen hat. Kommt er diesen nach, so kann die Tat nach Abs. 1 S. 5 nicht mehr als Vergehen verfolgt werden; es tritt also mit Erfüllung ein beschränkter Strafklageverbrauch ein.

Dies ist der einzige Fall, in dem eine staatsanwaltschaftliche Abschlussverfügung in Rechtskraft erwächst. Voraussetzung für die Einstellung ist allerdings auch hier keine entgegenstehende Schuldschwere des Beschuldigten

Beschränkter Strafklageverbrauch nach § 153 a I 5 StPO

sowie ein öffentliches Interesse an der Strafverfolgung, welches aber durch die Auflagen und Weisungen beseitigt werden kann. Der Rahmen bei Vermögensdelikten bei einem Ersttäter liegt zwischen ca. 10 und 250 €. Über diese Summe hinaus ergeht in der Regel ein Strafbefehl.

Besondere Bedeutung hat der Gesetzgeber dem sog. „Täter-Opfer-Ausgleich" (TOA) beigemessen, der als Einstellungsauflage nach Abs. 1 S. 2 Nr. 5 erwähnt ist und wie sich aus seiner Erwähnung an vielen Stellen des Gesetzes ergibt:

- Nach § 155 a StPO sollen StA und Gericht in jedem Verfahrensstadium durch Vermittlung der Gerichtshilfe oder einer sonst dafür eingerichteten Stelle nach § 155 b StPO dessen Möglichkeit prüfen und versuchen, eine Einigung zu erreichen, jedoch nicht gegen den Willen des Verletzten, vgl. § 155 a S. 3 StPO.
- Nach § 46 a Nr. 1 StGB kann das Gericht bei erfolgreichem TOA die Strafe mildern oder sogar ganz von ihr, bei entsprechend geringen Strafen, absehen.

§ 154 I, II StPO – Teileinstellung bei mehreren Taten
(1) Die Staatsanwaltschaft kann von der Verfolgung einer Tat absehen,

1. wenn die Strafe oder die Maßregel der Besserung und Sicherung, zu der die Verfolgung führen kann, neben einer Strafe oder Maßregel der Besserung und Sicherung, die gegen den Beschuldigten wegen einer anderen Tat rechtskräftig verhängt worden ist oder die er wegen einer anderen Tat zu erwarten hat, nicht beträchtlich ins Gewicht fällt oder

2. darüber hinaus, wenn ein Urteil wegen dieser Tat in angemessener Frist nicht zu erwarten ist und wenn eine Strafe oder Maßregel der Besserung und Sicherung, die gegen den Beschuldigten rechtskräftig verhängt worden ist oder die er wegen einer anderen Tat zu erwarten hat, zur Einwirkung auf den Täter und zur Verteidigung der Rechtsordnung ausreichend erscheint.

(2) Ist die öffentliche Klage bereits erhoben, so kann das Gericht auf Antrag der Staatsanwaltschaft das Verfahren in jeder Lage vorläufig einstellen.

2.9 · Die Abschlussverfügung der Staatsanwaltschaft

> **§ 154 a I, II StPO – Beschränkung der Verfolgung**
> (1) Fallen einzelne abtrennbare Teile einer Tat oder einzelne von mehreren Gesetzesverletzungen, die durch dieselbe Tat begangen worden sind,
> 1. für die zu erwartende Strafe oder Maßregel der Besserung und Sicherung oder
> 2. neben einer Strafe oder Maßregel der Besserung und Sicherung, die gegen den Beschuldigten wegen einer anderen Tat rechtskräftig verhängt worden ist oder die er wegen einer anderen Tat zu erwarten hat,
> nicht beträchtlich ins Gewicht, so kann die Verfolgung auf die übrigen Teile der Tat oder die übrigen Gesetzesverletzungen beschränkt werden. § 154 Abs. 1 Nr. 2 gilt entsprechend. Die Beschränkung ist aktenkundig zu machen.
> (2) Nach Einreichung der Anklageschrift kann das Gericht in jeder Lage des Verfahrens mit Zustimmung der Staatsanwaltschaft die Beschränkung vornehmen.

Diese beiden Vorschriften geben der Staatsanwaltschaft – und nach deren Absätzen 2 auch dem Gericht – die Möglichkeit, unwesentliche Nebenstraftaten, welche neben anderen, gravierenderen Taten nicht im Strafmaß ins Gewicht fallen, einzustellen. Dabei werden nach § 154 StPO selbstständige prozessuale Taten, nach § 154 a StPO einzeln abtrennbare Teile innerhalb einer prozessualen Tat eingestellt.

> ▶ **Beispiel**
> Zur Begehung eines Totschlages (§ 212 StGB) dringt der Täter unberechtigt in eine Hütte ein (§ 123 StGB). Hier kann die Strafverfolgung gemäß § 154 a StPO auf die Verfolgung des Totschlags beschränkt werden. Hätte der Hausfriedensbruch nichts mit dem Totschlag zu tun und wäre auch zeitlich früher geschehen, so erfolgt die Verfolgungsbeschränkung gemäß § 154 StPO. ◀

> **§ 154 d StPO – Verfolgung bei zivil- oder verwaltungsrechtlicher Vorfrage**
> Hängt die Erhebung der öffentlichen Klage wegen eines Vergehens von der Beurteilung einer Frage ab, die nach bürgerlichem Recht oder nach Verwaltungsrecht zu beurteilen

ist, so kann die Staatsanwaltschaft zur Austragung der Frage im bürgerlichen Streitverfahren oder im Verwaltungsstreitverfahren eine Frist bestimmen. Hiervon ist der Anzeigende zu benachrichtigen. Nach fruchtlosem Ablauf der Frist kann die Staatsanwaltschaft das Verfahren einstellen.

Im strafrechtlichen Verfahren sind grundsätzlich – wie sich auch aus § 262 StPO ergibt – Vorfragen aus anderen Rechtsgebieten zu lösen. Jedoch soll die Staatsanwaltschaft im Rahmen der Ermittlungen nicht gezwungen werden, komplizierte Sachverhalte mit ungeklärten Rechtsfragen aus anderen Rechtsgebieten, die dort Bedeutung haben, im Rahmen schwieriger Beweiserhebungen aufzuklären. Um dies der Fachgerichtsbarkeit zu überlassen, schafft § 154 d StPO – die Vorschrift ist analog auch für arbeits- und sozialgerichtliche Verfahren anwendbar – nur bei Vergehen die Möglichkeit einer vorläufigen Einstellung mit Fristsetzung zur Klärung der Vorfrage. Danach kann die Staatsanwaltschaft nach ihrem Ermessen das Verfahren einstellen oder die Ermittlungen wieder aufnehmen – je nach Ergebnis der Vorfragenabklärung.

2.10 Wiederholungsfragen

? Fragen
1. Was sind Verfahrensgrundsätze? Nennen Sie einige! Lösung ▶ Abschn. 2.1.1
2. Welche drei Grundsätze gelten für Richter? Lösung ▶ Abschn. 2.1.2.2
3. Über was und in welcher Besetzung entscheidet das Landgericht in strafrechtlichen Verfahren? Lösung ▶ Abschn. 2.1.2
4. Welche Rechtsmittel gibt es gegen erstinstanzliche Urteile des OLG? Lösung ▶ Abschn. 2.1.2
5. Welches Weisungsrecht gibt es innerhalb einer Staatsanwaltschaft und welche Auswirkungen hat es? Lösung ▶ Abschn. 2.1.3.3
6. Was sind Ermittlungspersonen der Staatsanwaltschaft? Lösung ▶ Abschn. 2.1.3.5
7. Was ist der Unterschied zwischen Strafanzeige und Strafantrag? Lösung ▶ Abschn. 2.2.1
8. Ab wann ist eine Person als Beschuldigter anzusehen? Lösung ▶ Abschn. 2.3.1

2.10 · Wiederholungsfragen

9. Welche Folgen sind daraus zu ziehen? Lösung ▶ Abschn. 2.3.2
10. Was folgt aus einer unterbliebenen Beschuldigtenbelehrung? Lösung ▶ Abschn. 2.3.3
11. Was versteht man unter „verbotenen Vernehmungsmethoden" und welche gibt es? Lösung ▶ Abschn. 2.3.5
12. Was versteht man unter „notwendiger Verteidigung"? Lösung ▶ Abschn. 2.4.3
13. Welches sind die Beweismittel der StPO? Wie ist in diesem Rahmen der Beschuldigte einzuordnen? Lösung ▶ Abschn. 2.5
14. Was ist der Unterschied zwischen einem Zeugnis- und einem Aussageverweigerungsrecht? Lösung ▶ Abschn. 2.5.5
15. Welches sind die Voraussetzungen der U-Haft? Lösung ▶ Abschn. 2.6.2
16. Nennen Sie einige Haftgründe und erläutern Sie diese! Lösung ▶ Abschn. 2.6.2.2
17. Was sind Haftprüfungstermine? Lösung ▶ Abschn. 2.6.5
18. Was sind Beschlagnahmeverbote? Lösung ▶ Abschn. 2.7.1
19. Wer darf wann eine Durchsuchung anordnen? Lösung ▶ Abschn. 2.7.2
20. Welches sind die Voraussetzungen einer Telefonüberwachung und nach welcher Norm? Lösung ▶ Abschn. 2.7.3
21. Erläutern Sie die Voraussetzungen einer vorläufigen Festnahme nach § 127 StPO? Lösung ▶ Abschn. 2.7.5
22. Auf welcher Basis erfolgt die Erhebung retrograder Verbindungsdaten nach § 100 g StPO? Lösung ▶ Abschn. 2.7.4.4
23. Was ist eine längerfristige Observation nach § 163 f StPO? Lösung ▶ Abschn. 2.7.7
24. Unter welchen Voraussetzungen können beim Beschuldigten erkennungsdienstliche Maßnahmen durchgeführt werden? Lösung ▶ Abschn. 2.7.8
25. Nennen Sie einige Abschlussverfügungsmöglichkeiten der Staatsanwaltschaft und erläutern Sie diese! Lösung ▶ Abschn. 2.9

Zwischenverfahren

Inhaltsverzeichnis

3.1 Sinn und Zweck des Zwischenverfahrens – 126

3.2 Gang des Zwischenverfahrens nach Anklageerhebung – 127
3.2.1 Anklageerhebung – 127
3.2.2 Inhalt und Form der Anklageschrift – 128
3.2.3 Entscheidungsmöglichkeiten des Gerichtes – 130

3.3 Gang des „Zwischenverfahrens" nach Strafbefehlsantrag – 134

3.4 Wiederholungsfragen – 136

© Springer-Verlag GmbH Deutschland, ein Teil von Springer Nature 2020
M. Hussels, *Strafprozessrecht - Schnell erfasst*, Recht - schnell erfasst,
https://doi.org/10.1007/978-3-662-61653-6_3

3.1 Sinn und Zweck des Zwischenverfahrens

Das Zwischen- oder auch Vorverfahren besitzt eine Filterfunktion (sog. „negative Kontrollfunktion"): Durch einen nichtöffentlichen, der Hauptverhandlung vorgeschalteten Akt soll das mit der Anklageerhebung angegangene Gericht prüfen, ob tatsächlich genügend Verdachtsmomente für den erhobenen Vorwurf bestehen. Es sollen also von vorne herein erfolglose Anklagen aussortiert werden.

Filterfunktion des Zwischenverfahrens § 157 StPO

Dies ohne Zwischenverfahren direkt in einer Hauptverhandlung zu klären, hätte für den dann Angeklagten (vgl. § 157 StPO) erhebliche Nachteile: Durch die dort grundsätzlich gewährleistete Öffentlichkeit erlangen möglicherweise Nachbarn, Freunde, Arbeitskollegen etc. Kenntnis vom Prozess, und selbst eine anonyme Berichterstattung in der Presse lässt manchmal deutlich erkennen, gegen wen verhandelt wird. Eine Stigmatisierung des Angeklagten wäre somit vorprogrammiert, die sich auch durch einen in der Hauptverhandlung folgenden Freispruch selten beseitigen lässt.

Außerdem bietet das Zwischenverfahren dem Angeschuldigten eine erweiterte Verteidigungsmöglichkeit, da ihm die Anklageschrift zugestellt wird und er nach § 201 StPO die Möglichkeit erhält, nun seinerseits entlastendes Verteidigungsmaterial vorzubringen:

§ 201 StPO – Übermittlung der Anklageschrift
(1) Der Vorsitzende des Gerichts teilt die Anklageschrift dem Angeschuldigten mit und fordert ihn zugleich auf, innerhalb einer zu bestimmenden Frist zu erklären, ob er die Vornahme einzelner Beweiserhebungen vor der Entscheidung über die Eröffnung des Hauptverfahrens beantragen oder Einwendungen gegen die Eröffnung des Hauptverfahrens vorbringen wolle. ...
(2) Über Anträge und Einwendungen beschließt das Gericht. Die Entscheidung ist unanfechtbar.

▶ **Beispiel**

Dem A wird in der Anklage ein „Tankbetrug" vorgeworfen. Der Tatvorwurf stützt sich auf eine Videoaufzeichnung der betreffenden Zapfsäule sowie auf Kassenabrechnungen. Im Ermittlungsverfahren erklärte er in seiner Vernehmung, zwar zum besagten Zeitpunkt dort getankt, aber anschließend bezahlt zu haben. Eine Quittung konnte er aber nicht beibringen. Nach Anklageerhebung und Zustellung der Anklageschrift findet er jedoch den Tankbeleg versteckt in seinem Geldbeutel. Dieses für A entlastende Beweismaterial kann jetzt von ihm vorgelegt und vom Gericht entsprechend berücksichtigt werden. ◄

3.2 Gang des Zwischenverfahrens nach Anklageerhebung

3.2.1 Anklageerhebung

Bejaht nun die Staatsanwaltschaft nach Abschluss der Ermittlungen einen hinreichenden Tatverdacht und entschließt sie sich nach § 170 I StPO zur Erhebung der öffentlichen Klage, reicht sie beim zuständigen Gericht unter Aktenvorlage eine Anklageschrift ein mit dem Antrag, das Hauptverfahren zu eröffnen, worüber das Gericht nach § 199 StPO zu befinden hat (◘ Abb. 3.1):

Anklageerhebung ist Voraussetzung des Zwischenverfahrens

◘ Abb. 3.1 Anklage (Reinald Fenke)

> **§ 199 StPO – Entscheidung über die Eröffnung des Hauptverfahrens**
> (1) Das für die Hauptverhandlung zuständige Gericht entscheidet darüber, ob das Hauptverfahren zu eröffnen oder das Verfahren vorläufig einzustellen ist.
> (2) Die Anklageschrift enthält den Antrag, das Hauptverfahren zu eröffnen. Mit ihr werden dem Gericht die Akten vorgelegt.

3.2.2 Inhalt und Form der Anklageschrift

Der notwendige Inhalt einer Anklageschrift ergibt sich aus § 200 StPO (ein Muster bietet ◘ Abb. 3.2):

> **§ 200 StPO – Inhalt der Anklageschrift**
> (1) Die Anklageschrift hat den Angeschuldigten, die Tat, die ihm zur Last gelegt wird, Zeit und Ort ihrer Begehung, die gesetzlichen Merkmale der Straftat und die anzuwendenden Strafvorschriften zu bezeichnen (Anklagesatz). In ihr sind ferner die Beweismittel, das Gericht, vor dem die Hauptverhandlung stattfinden soll, und der Verteidiger anzugeben. …
> (2) In der Anklageschrift wird auch das wesentliche Ergebnis der Ermittlungen dargestellt. Davon kann abgesehen werden, wenn Anklage beim Strafrichter erhoben wird.

Hauptaufgaben der Anklageschrift: Umgrenzungsfunktion Informationsfunktion

Diese präzisen Angaben hinsichtlich des Verfahrensgegenstandes sind notwendig, damit die Anklageschrift ihrer Hauptfunktionen gerecht werden kann: Sie legt die prozessuale Tat fest, die nach § 264 I StPO den Gegenstand der Urteilsfindung bildet und für die das rechtskräftige Urteil nach Art. 103 III GG die Strafklage verbraucht (**Umgrenzungsfunktion**). Darüber hinaus soll sie den Angeschuldigten in die Lage versetzen, sich sachgerecht und angemessen verteidigen zu können (**Informationsfunktion**).

3.2 · Gang des Zwischenverfahrens nach Anklageerhebung

Beispiel für eine im süddeutschen Raum gebräuchliche Form der Anklageschrift:
STAATSANWALTSCHAFT RAVENSBURG

An das
Amtsgericht
–Strafrichter –
88212 Ravensburg

AZ: 34 JS 7/12   *7.7.2012*

ANKLAGESCHRIFT

In der Strafsache gegen
J. B.   am…......in…......geb.,
*   in…....................**wohnh.**,*
*   verwitweter Gelegenheitsarbeiter*
*   und engl.Staatsangehöriger*

Die Staatsanwaltschaft legt aufgrund ihrer Ermittlungen dem Angeschuldigten folgenden Sachverhalt zur Last:
Der Angeschuldigte entwendete am……..um……….aus dem in der ………… geparkten Fahrzeug der Marke Jaguar mit dem amtl. Kennzeichen………..das Mobiltelefon der Marke………….mit der Identifizierungsnummer (IMEI-Nr:...) im Neuwert von 1500,– Euro, um dies für eigene Zwecke zu verwenden, in dem er mit der Schlossstechermethode den verschlossenen Wagen öffnete und das Handy vom Beifahrersitz entnahm.

Er wird daher beschuldigt,
eine fremde bewegliche Sache einem anderen in der Absicht weggenommen zu haben, sich die Sache rechtswidrig zuzueignen, wobei er zur Ausführung der Tat in einen umschlossenen Raum einbrach,

strafbar als ein Vergehen des Diebstahls in einem besonders schweren Fall gem. §§ 242, 243 I Satz 1 Nr. 1 StGB

Als Beweismittel benenne ich:
1. Die Einlassungen des Angeschuldigten
2. POM Fritz, PR Ravensburg
3. Beweismittel gem. Liste 999/07 (sichergestelltes Mobiltelefon)

Ich erhebe die öffentliche Klage und beantrage, das Hauptverfahren zu eröffnen.

Dr. Scharf
(Oberstaatsanwalt)

◻ **Abb. 3.2**   Muster einer Anklageschrift

3.2.3 Entscheidungsmöglichkeiten des Gerichtes

3.2.3.1 Zuständigkeit

Zuerst prüft das Gericht seine sachliche und örtliche Zuständigkeit. Die darauf folgenden Möglichkeiten sind in ◘ Abb. 3.3 dargestellt.

3.2.3.2 Eröffnungsbeschluss

> **§ 203 StPO – Eröffnungsbeschluss**
> Das Gericht beschließt die Eröffnung des Hauptverfahrens, wenn nach den Ergebnissen des vorbereitenden Verfahrens der Angeschuldigte einer Straftat hinreichend verdächtig erscheint.

Eröffnungsbeschluss als notwendige Verfahrensvoraussetzung

Nach der Bejahung seiner Zuständigkeit und des hinreichenden Tatverdachtes eröffnet das Gericht das Hauptverfahren mit einem Eröffnungsbeschluss, der notwendige Verfahrensvoraussetzung ist, und lässt die Anklage – möglicherweise mit Änderungen – nach § 207 StPO zu:

> **§ 207 StPO – Inhalt des Eröffnungsbeschlusses**
> (1) In dem Beschluss, durch den das Hauptverfahren eröffnet wird, lässt das Gericht die Anklage zur Hauptverhandlung zu und bezeichnet das Gericht, vor dem die Hauptverhandlung stattfinden soll.

Örtlich	Sachlich
⇩	⇩
bei Unzuständigkeit:	bei Unzuständigkeit:
per Beschluss für »unzuständig« erklären; **keine** Verweisung an ein anderes Gericht und **keine** Ablehnung nach § 204 StPO möglich; Akten gehen mit Beschluss zurück (…) (an StA)	– bei Zuständigkeit eines höheren Gerichtes: Vorlage an dieses, §§ 209 II, 209 a StPO; – bei Zuständigkeit eines niedrigeren Gerichts: Eröffnung vor diesem, § 209 I StPO

◘ **Abb. 3.3** Sachliche und örtliche Zuständigkeit

3.2 · Gang des Zwischenverfahrens nach Anklageerhebung

> (2) Das Gericht legt in dem Beschluss dar, mit welchen Änderungen es die Anklage zulässt, wenn
> 1. wegen mehrerer Taten Anklage erhoben ist und wegen einzelner von ihnen die Eröffnung des Hauptverfahrens abgelehnt wird,
> 2. ...
> 3. die Tat rechtlich abweichend von der Anklageschrift gewürdigt wird oder
> 4. ... .
>
> (3) ....
> (4) Das Gericht beschließt zugleich von Amts wegen über die Anordnung oder Fortdauer der Untersuchungshaft oder der einstweiligen Unterbringung

Dieser Beschluss ist nach § 210 I StPO ausdrücklich der Anfechtung entzogen:

> **§ 210 I StPO – Rechtsmittel gegen den Eröffnungs- oder Ablehnungsbeschluss**
> (1) Der Beschluss, durch den das Hauptverfahren eröffnet wird, kann von dem Angeklagten nicht angefochten werden.

Der Grund dafür liegt darin, dass in der Eröffnungsentscheidung nur eine vorläufige Tatbewertung liegt, die sich zugunsten des Angeklagten in der Hauptverhandlung ändern oder von ihm mit den Rechtsmitteln, welche gegen die abschließende Entscheidung statthaft sind, angefochten werden kann. Dass die Staatsanwaltschaft keine Möglichkeit der Anfechtung hat, versteht sich von selbst, da ihrem Antrag entsprochen wurde und sie daher nicht beschwert ist.

3.2.3.3 Nichteröffnungsbeschluss

> **§ 204 StPO – Nichteröffnungsbeschluss**
> (1) Beschließt das Gericht, das Hauptverfahren nicht zu eröffnen, so muss aus dem Beschluss hervorgehen, ob er auf tatsächlichen oder Rechtsgründen beruht.
> (2) Der Beschluss ist dem Angeklagten bekanntzumachen.

Eine Nichteröffnung kommt demnach in Betracht, wenn z. B. die dem Angeklagten vorgeworfene Tat keinen Straftatbestand erfüllt, Verfahrenshindernisse vorliegen oder eine Verurteilung des Angeklagten aufgrund der vorgelegten und benannten Beweismittel nicht wahrscheinlich ist.

Das angegangene Gericht kann aber auch zu dem Schluss kommen, dass ein hinreichender Tatverdacht nach Aktenlage vorliegt, jedoch die Zuständigkeit eines anderen Gerichts begründet ist. Handelt es sich dabei um ein Gericht niedrigerer Ordnung, so eröffnet es das Hauptverfahren dort; bei einem Gericht höherer Ordnung legt es diesem die Akten zur Entscheidung vor, vgl. § 209 StPO. Was ein Gericht „höherer" oder „niedrigerer" Ordnung ist, ergibt sich letztendlich aus § 209 a StPO.

> **§ 209 StPO – Eröffnungszuständigkeit**
> (1) Hält das Gericht, bei dem die Anklage eingereicht ist, die Zuständigkeit eines Gerichts niedrigerer Ordnung in seinem Bezirk für begründet, so eröffnet es das Hauptverfahren vor diesem Gericht.
> (2) Hält das Gericht, bei dem die Anklage eingereicht ist, die Zuständigkeit eines Gerichts höherer Ordnung, zu dessen Bezirk es gehört, für begründet, so legt es die Akten durch Vermittlung der Staatsanwaltschaft diesem zur Entscheidung vor.

Dieser Beschluss nach § 204 StPO oder nach § 209 I StPO unterliegt nach § 210 II StPO der Anfechtung:

Nichteröffnungsbeschluss ist mit sofortiger Beschwerde anfechtbar

> **§ 210 II StPO – Rechtsmittel gegen den Eröffnungs- oder Ablehnungsbeschluss**
> (2) Gegen den Beschluss, durch den die Eröffnung des Hauptverfahrens abgelehnt oder abweichend von dem Antrag der Staatsanwaltschaft die Verweisung an ein Gericht niederer Ordnung ausgesprochen worden ist, steht der Staatsanwaltschaft sofortige Beschwerde zu.

Die Staatsanwaltschaft muss also im Anfechtungsfalle binnen einer Woche nach Zustellung des Beschlusses gemäß § 311 II StPO sofortige Beschwerde einlegen; anderenfalls erwächst die Entscheidung in Rechtskraft und entfaltet eine Sperrwirkung im Sinne eines Strafklageverbrauches, welche nur eingeschränkt überwunden werden kann:

3.2 · Gang des Zwischenverfahrens nach Anklageerhebung

> **§ 211 StPO – Wiederaufnahme nach Ablehnungsbeschlusses**
> Ist die Eröffnung des Hauptverfahrens durch einen nicht mehr anfechtbaren Beschluss abgelehnt, so kann die Klage nur auf Grund neuer Tatsachen oder Beweismittel wieder aufgenommen werden.

▶ **Beispiel**

A wird wegen Sachbeschädigung (§ 303 StGB) angeklagt, weil er eine Schaufensterscheibe mit obszönen Parolen beschmiert hat, die mit einigem Aufwand entfernbar sind. Richter B lehnt die Eröffnung des Hauptverfahrens ab, da seiner Ansicht nach der Tatbestand nicht erfüllt sei. Der Beschluss wird rechtskräftig. Kurze Zeit später wird B pensioniert. Die Staatsanwaltschaft klagt den Fall ohne Änderungen wieder an. Der nun zuständige Richter C sieht § 303 StGB als erfüllt an. Jedoch kann er wegen § 211 StPO das Hauptverfahren nicht eröffnen, da er an die – wenn auch möglicherweise irrige – Rechtsauffassung des B gebunden ist. Es trat daher Strafklageverbrauch ein mit der Folge, dass C die Eröffnung des Hauptverfahrens zwangsläufig ablehnen muss. ◀

3.2.3.4 Vorläufige Einstellung

> **§ 205 StPO – Einstellung des Verfahrens bei vorübergehenden Hindernissen**
> Steht der Hauptverhandlung für längere Zeit die Abwesenheit des Angeschuldigten oder ein anderes in seiner Person liegendes Hindernis entgegen, so kann das Gericht das Verfahren durch Beschluss vorläufig einstellen. Der Vorsitzende sichert, soweit nötig, die Beweise.

Sieht das Gericht einen hinreichenden Tatverdacht als gegeben an, kann es aber das Verfahren aus in der Person des Angeschuldigten liegenden Gründen *vorübergehend* nicht durchführen, so wird es nach § 205 StPO eingestellt. Dies ist beispielsweise dann der Fall, wenn der Angeschuldigte auf absehbare Zeit krank oder unbekannten Aufenthaltes ist. Diese Norm gilt allerdings nicht – auch nicht analog –, wenn ein Zeuge krank oder flüchtig ist. Besteht der Hinderungsgrund nicht mehr, wird das Verfahren wieder aufgenommen und fortgesetzt.

Vorläufige Einstellung bei vorübergehenden Hinderungsgründen

3.3 Gang des „Zwischenverfahrens" nach Strafbefehlsantrag

Sonderform: Strafbefehlsantrag

Das soeben dargestellte Zwischenverfahren der §§ 199 ff. StPO gilt nur für den Fall der Anklageerhebung durch die Staatsanwaltschaft. Entschließt sich diese, beim Amtsgericht einen Strafbefehl nach § 407 StPO zu beantragen, entbindet dieser Weg das angegangene Gericht nicht, seine Zuständigkeit sowie den hinreichenden Tatverdacht zu prüfen. Jedoch ergeben sich hier für den weiteren Ablauf einige Abweichungen, wie § 408 II und III StPO bestimmen:

> **§ 408 II, III StPO – Richterliche Entscheidung über einen Strafbefehlsantrag**
> (2) Erachtet der Richter den Angeschuldigten für nicht hinreichend verdächtig, so lehnt er den Erlass des Strafbefehls ab. Die Entscheidung steht dem Beschluss gleich, durch den die Eröffnung des Hauptverfahrens abgelehnt worden ist (§§ 204, 210 Abs. 2, 211).
> (3) Der Richter hat dem Antrag der Staatsanwaltschaft zu entsprechen, wenn dem Erlass des Strafbefehls keine Bedenken entgegenstehen. Er beraumt Hauptverhandlung an, wenn er Bedenken hat, ohne eine solche zu entscheiden, oder wenn er von der rechtlichen Bewertung im Strafbefehlsantrag abweichen oder eine andere als die beantragte Rechtsfolge festsetzen will und die Staatsanwaltschaft bei ihrem Antrag beharrt. Mit der Ladung ist dem Angeklagten eine Abschrift des Strafbefehlsantrages ohne die beantragte Rechtsfolge mitzuteilen.

Zur Verdeutlichung soll ◘ Abb. 3.4 dienen:
Eine Sonderform beschreibt § 408 a StPO:

> **§ 408a StPO – Strafbefehlsantrag nach Eröffnung des Hauptverfahrens**
> (1) Ist das Hauptverfahren bereits eröffnet, so kann im Verfahren vor dem Strafrichter und dem Schöffengericht die Staatsanwaltschaft einen Strafbefehlsantrag stellen, wenn die Voraussetzungen des § 407 Abs. 1 S. 1 und 2 vorliegen und wenn der Durchführung einer Hauptverhandlung das Ausbleiben oder die Abwesenheit des Angeklagten oder ein anderer wichtiger Grund entgegensteht. In

3.3 · Gang des „Zwischenverfahrens" nach Strafbefehlsantrag

> der Hauptverhandlung kann der Staatsanwalt den Antrag mündlich stellen; der wesentliche Inhalt ist in das Sitzungsprotokoll aufzunehmen. ...
> (2) Der Richter hat dem Antrag zu entsprechen, wenn die Voraussetzungen des § 408 Abs. 3 S. 1 vorliegen. Andernfalls lehnt er den Antrag durch unanfechtbaren Beschluss ab und setzt das Hauptverfahren fort.

Diese Vorschrift hat eine nicht zu unterschätzende Bedeutung, welche die Effektivität der Strafverfolgung steigert und von der in der Praxis redlich Gebrauch gemacht wird: Erscheint nämlich der Angeklagte trotz ordnungsgemäßer Ladung nicht zur Hauptverhandlung und erweist sich eine (sofortige) Vorführung oder ein Haftbefehl nach § 230 StPO als unverhältnismäßig oder nicht erfolgversprechend, so ist der Weg nach § 408 a StPO eine Möglichkeit, den Prozess doch noch relativ zügig zu Ende zu bringen. Legt der Angeklagte nun gegen diesen Hauptverhandlungsstrafbefehl nach Zustellung desselben Einspruch ein, so wird der Prozess im regulären Strafbefehlsverfahren gemäß §§ 411 ff. StPO fortgesetzt.

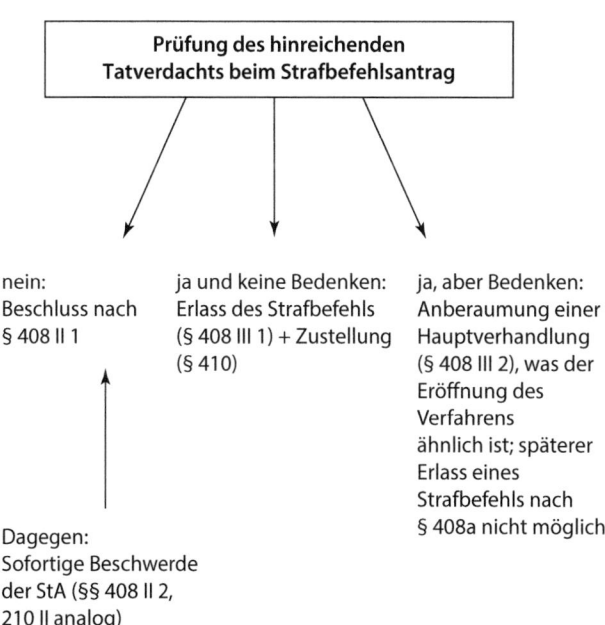

Abb. 3.4 Prüfung des hinreichenden Tatverdachts beim Strafbefehlsantrag

3.4 Wiederholungsfragen

? **Fragen**

1. Welche Funktionen hat das Zwischenverfahren? Lösung ▶ Abschn. 3.1
2. Welche Entscheidungsmöglichkeiten hat das Gericht? Lösung ▶ Abschn. 3.2.3
3. Welche Rechtsmittel gibt es gegen die gerichtliche Entscheidung? Lösung ▶ Abschn. 3.2.3.3
4. Welche Entscheidungsmöglichkeiten hat der Richter beim Antrag auf Erlass eines Strafbefehls? Lösung ▶ Abschn. 3.3
5. Was ist ein Hauptverhandlungsstrafbefehl? Beschreiben Sie seine Voraussetzungen! Lösung ▶ Abschn. 3.3

Hauptverfahren

Inhaltsverzeichnis

4.1 Einleitung – 139

4.2 Begriff der prozessualen Tat als Gegenstand des Hauptverfahrens – 139
4.2.1 Definition des Tatbegriffs – 139
4.2.2 Aufgabe des prozessualen Tatbegriffs – 140

4.3 Vorbereitung und Durchführung der Hauptverhandlung – 141
4.3.1 Vorbereitung der Hauptverhandlung – 141
4.3.2 Durchführung der Hauptverhandlung – 142

4.4 Allgemeine Grundsätze der Beweisaufnahme – 145
4.4.1 Einleitung – 145
4.4.2 Streng- und Freibeweis – 146
4.4.3 Grundsatz der richterlichen Aufklärungspflicht – 146

4.5 Der Unmittelbarkeitsgrundsatz – 147
4.5.1 Grundlagen – 147
4.5.2 Durchbrechung des Grundsatzes der persönlichen Vernehmung; Verlesung von Protokollen – 149
4.5.3 Der Zeuge vom Hörensagen – 155
4.5.4 Videoaufnahmen – 156
4.5.5 Verdeckte Ermittler und andere Ermittlungsgehilfen – 161

4.6 Der Beweisantrag und seine Ablehnung – 165
4.6.1 Einleitung – 165

© Springer-Verlag GmbH Deutschland, ein Teil von Springer Nature 2020
M. Hussels, *Strafprozessrecht - Schnell erfasst*, Recht - schnell erfasst,
https://doi.org/10.1007/978-3-662-61653-6_4

4.6.2	Beweisantrag – Beweisermittlungsantrag – 166	
4.6.3	Ablehnung eines Beweisantrages – 167	

4.7 Beweisverbote – 173

4.7.1	Einleitung – 173
4.7.2	Beweiserhebungsverbote – 174
4.7.3	Beweisverwertungsverbote – 174
4.7.4	Reichweite der Beweisverwertungsverbote (Fernwirkung) – 177

4.8 Die Verständigung im Strafprozess, § 257 c StPO – 178

4.9 Das Urteil einschließlich seiner Rechtskraft – 182

4.9.1	Grundlagen und Begriffe – 182
4.9.2	Urteilsfindung, § 261 StPO – 184
4.9.3	Aufbau und Inhalt eines Urteils – 188
4.9.4	Formelle Rechtskraft – 191
4.9.5	Materielle Rechtskraft – 192
4.9.6	Durchbrechung der Rechtskraft – 192
4.9.7	Nichtige Urteile – 192

4.10 Wiederholungsfragen – 193

4.1 Einleitung

Nachdem die Anklage der Staatsanwaltschaft durch Eröffnungsbeschluss zugelassen bzw. zulässigerweise Einspruch gegen einen erlassenen Strafbefehl eingelegt wurde, ist der Schuldvorwurf in einer Hauptverhandlung zu überprüfen. Während das Ermittlungsverfahren nur rudimentär geregelt und vom taktischen Geschick und Handlungsspielraum der Staatsanwaltschaft geprägt ist, hat der Gesetzgeber den Ablauf des Hauptverfahrens detailliert in zwei Hauptabschnitten geregelt: die Vorbereitung der Hauptverhandlung in §§ 212–225 a StPO sowie die Hauptverhandlung selbst in §§ 226–275 StPO. Diese Gebiete sollen im Folgenden dargestellt werden. Davor ist zu erörtern, was überhaupt Gegenstand des Verfahrens und somit der Urteilsfindung ist.

Das Hauptverfahren ist zweigeteilt.

4.2 Begriff der prozessualen Tat als Gegenstand des Hauptverfahrens

4.2.1 Definition des Tatbegriffs

Gegenstand der Hauptverhandlung ist die Tat im prozessualen, nicht die im materiellen Sinne (vgl. §§ 52–55 StGB), wie sie sich insbesondere aus §§ 155, 264 StPO ergibt:

> **§ 264 StPO – Gegenstand des Urteils**
> (1) Gegenstand der Urteilsfindung ist die in der Anklage bezeichnete Tat, wie sie sich nach dem Ergebnis der Verhandlung darstellt.
> (2) Das Gericht ist an die Beurteilung der Tat, die dem Beschluss über die Eröffnung des Hauptverfahrens zugrunde liegt, nicht gebunden.

Die prozessuale Tat ist „ein (einheitlicher) geschichtlicher Vorgang, der sich von anderen ähnlichen oder gleichartigen unterscheidet und innerhalb dessen der Angeklagte als Täter oder Teilnehmer einen Straftatbestand verwirklicht haben soll." Ein solcher einheitlicher geschichtlicher Vorgang liegt vor, „wenn die einzelnen Lebensverhältnisse innerlich so miteinander verknüpft sind, dass sie nach der Lebensauffassung eine Einheit bilden, dergestalt, dass ihre Behandlung in getrennten Verfahren als unnatürliche Auf-

Definition der „prozessualen Tat"

spaltung eines zusammengehörenden Geschehens erscheinen würde." (vgl. z. B.: BVerfGE 56, 22). Entscheidende Kriterien dabei sind: Tatort, Tatzeit, Tatobjekt und Angriffsrichtung.

Abgrenzung zum materiell-rechtlichen Tatbegriff

Die Abgrenzung zum materiell-rechtlichen Tatbegriff ist wie folgt:
- Liegt nach materiell-rechtlich Tateinheit vor (Idealkonkurrenz, § 52 StGB), so ist grundsätzlich eine prozessuale Tat anzunehmen.
- Liegt materiell-rechtlich Tatmehrheit vor (Realkonkurrenz, § 53 StGB), so sind in aller Regel mehrere prozessuale Taten gegeben. Eine Ausnahme gilt im Bereich von Verkehrsstraftaten:

> ▶ **Beispiel**
>
> A fährt nachts um drei Uhr betrunken mit 1,55 ‰ auf öffentlichen Straßen und verursacht alkoholbedingt einen Unfall. Nach Besichtigung der Schäden entschließt er sich aus Angst vor Folgen zur Weiterfahrt, ohne sich um die Schäden in Höhe von 5000 € zu kümmern.
>
> Materiell-rechtlich ist der Sachverhalt eine fahrlässige Trunkenheit im Verkehr nach § 316 StGB in Tatmehrheit (§ 53 StGB; der Unfall stellt eine Zäsur dar!) mit Unerlaubtem Entfernen vom Unfallort nach § 142 StGB in Tateinheit mit einer weiteren (vorsätzlichen) Trunkenheitsfahrt nach § 316 StGB. Prozessual ist dies aber als eine Tat anzusehen. ◀

4.2.2 Aufgabe des prozessualen Tatbegriffs

Dem prozessualen Tatbegriff kommen verschiedene Aufgaben zu:

Anhängigkeit – Rechtshängigkeit

- Bezeichnung des Gegenstands der Anhängigkeit und Rechtshängigkeit: Anhängigkeit der Strafsache tritt durch Klageerhebung gemäß § 170 I StPO, Rechtshängigkeit durch den Eröffnungsbeschluss (§§ 203, 207 StPO) ein.

Hinweis auf umfassende rechtliche Würdigung

- Festlegung der Grenzen der gerichtlichen Untersuchung und Urteilsfindung (§ 264 StPO): Unter allen rechtlichen Gesichtspunkten ist die prozessuale Tat nach §§ 155 II, 264 II StPO von Staatsanwaltschaft und Gericht zu würdigen (sog. „umfassende Kognitionspflicht").

Rechtlicher Hinweis – Nachtragsanklage

- Abgrenzung zwischen § 265 StPO–§ 266 StPO: Ein rechtlicher Hinweis nach § 265 I StPO erfolgt dann, wenn bei gleichbleibender *prozessualer* Tat lediglich eine

4.3 · Vorbereitung und Durchführung der Hauptverhandlung

von Anklage und Eröffnungsbeschluss abweichende rechtliche Würdigung vorgenommen wird (also z. B. Täterschaft statt Teilnahme) oder bei neu hinzutretenden Strafzumessungsgesichtspunkten (z. B. § 315 I StGB im Verhältnis zu § 315 III StGB), vgl. § 265 II Nr. 1 StPO. In diesen Fällen und unter den Voraussetzungen des § 265 III StPO kann der Angeklagte sogar eine Aussetzung des Verfahrens verlangen.

Eine Nachtragsanklage gemäß § 266 StPO ist dagegen erforderlich, wenn eine neue, nicht in Anklage und Eröffnungsbeschluss enthaltene *prozessuale* Tat in die Hauptverhandlung und das Urteil mit einbezogen werden soll. Das ist nur dann möglich, wenn das angegangene Gericht zuständig ist und der Angeklagte zustimmt. Sie kann mündlich in der Hauptverhandlung gestellt werden, um dann in das Hauptverhandlungsprotokoll aufgenommen zu werden, vgl. § 266 II StPO.

— Festlegung des Umfangs der formellen und materiellen Rechtskraft.

Festlegung des Umfangs der Rechtskraft

4.3 Vorbereitung und Durchführung der Hauptverhandlung

4.3.1 Vorbereitung der Hauptverhandlung

Die Vorbereitung der Hauptverhandlung liegt überwiegend in den Händen des Vorsitzenden. Insbesondere ist folgendes zu veranlassen (◘ Abb. 4.1):

— Nach § 213 StPO ist ein Termin zur mündlichen Verhandlung anzuberaumen.
— § 214 StPO schreibt die erforderlichen – wenn nötig, nach Abs. 2 gestaffelten – Ladungen vor, insbesondere die der Zeugen und Sachverständigen. Die Ladung des Angeklagten (unter Zustellung des Eröffnungsbeschlusses) erfolgt nach §§ 215, 216 StPO mit einer Frist, die nach § 217 I StPO mindestens eine Woche zu betragen hat. Außerdem wird dafür Sorge getragen, dass die Beweismittel herbeigeschafft werden.

Ladungsfrist für Angeklagten: eine Woche

— In Fällen, in denen in erster Instanz vor dem LG oder OLG verhandelt wird, hat das Gericht seine Besetzung nach § 222 a StPO der Staatsanwaltschaft und der Verteidigung mitzuteilen, wogegen dann nach § 222 b StPO der Einwand der nicht vorschriftsmäßigen Besetzung innerhalb von einer Woche nach Zustellung der Besetzungsmitteilung vorgebracht werden kann.

Besetzungsmitteilung

☐ **Abb. 4.1** Hauptverhandlung (Reinald Fenke)

kommissarische Vernehmung

— Für den Fall, dass es einem Zeugen oder Sachverständigen nicht möglich ist, an der Hauptverhandlung wegen Krankheit oder ähnlicher Gründe teilzunehmen, kann der Vorsitzende nach § 223 StPO seine kommissarische Vernehmung durch einen beauftragten oder ersuchten Richter anordnen; gleiches gilt nach § 225 StPO für einen „kommissarischen" Augenschein.

4.3.2 Durchführung der Hauptverhandlung

Im Folgenden wird der Gang der Hauptverhandlung im Überblick dargestellt:

Aufruf der Sache
— Die Hauptverhandlung beginnt nach § 243 I 1 StPO mit dem Aufruf der Sache.

Anwesenheitsfeststellung
— Danach stellt der Vorsitzende nach § 243 I 2 StPO die Anwesenheit des Angeklagten, Verteidiger, der Zeugen und Sachverständigen fest, darüber hinaus, ob die Beweismittel herbeigeschafft wurden. Hier ist nicht ausdrücklich die Staatsanwaltschaft und der Urkundsbeamte der Geschäftsstelle erwähnt, jedoch wird selbstverständlich auch ihre Anwesenheit wegen § 226 StPO überprüft.

Zeugen- und Sachverständigenbelehrung
— Anschließend erfolgt oftmals die in der Praxis leider übliche, aber taktisch ungeschickte Sammelbelehrung der Zeugen und Sachverständigen, wenn sie nicht, wie überwiegend üblich, gestaffelt geladen wurden; danach

4.3 · Vorbereitung und Durchführung der Hauptverhandlung

haben diese nach § 243 II 1 StPO den Sitzungssaal zu verlassen.
— Daran schließt sich die Vernehmung des Angeklagten zur Person nach § 243 II 3 StPO an. Die Personalien, die der Angeklagte hierbei anzugeben hat, ergeben sich – bußgeldbewehrt – aus § 111 I OwiG.

Vernehmung zur Person

— Sodann verliest der Staatsanwalt den Anklagesatz, § 243 III 1 StPO, gegebenenfalls mit den vom Gericht nach § 207 StPO zugelassenen Änderungen.

Anklageverlesung

— Im Weiteren gibt der Vorsitzende nach § 243 IV StPO bekannt, ob – und wenn ja, mit welchem Ergebnis – Erörterungen zwischen allen Verfahrensbeteiligten über den Verfahrensstand und die Möglichkeit einer Verständigung nach § 257 c StPO stattgefunden haben. Auch die Mitteilung, dass *keine* Verständigungsgespräche stattgefunden haben, ist nun aufzunehmen (sog. „Negativmitteilung").

Hinweis auf Verständigungsgespräche

— Nunmehr, nach § 243 V 1 StPO, erfolgt die – wichtige – Belehrung des Angeklagten über seine Aussagefreiheit, also der Hinweis, dass es ihm freistehe, Angaben zur Sache (wie auch zu seinen persönlichen Verhältnissen) zu machen. Erklärt er sich bereit auszusagen, kommt es anschließend zu seiner Vernehmung, § 243 V 2 StPO. In besonders umfangreichen Verfahren kann der Verteidiger nach S. 3 nun ein „opening statement" abgeben. Die Verlesung etwaiger Vorstrafen nach S. 5 und 6 kommt nur dann zum Tragen, wenn sie von Bedeutung sind, also regelmäßig bei einer Verurteilungswahrscheinlichkeit.

Belehrung des Angeklagten über seine Aussagefreiheit

— Darauf folgt nach §§ 244–257 StPO die Beweisaufnahme, auf die noch im Einzelnen einzugehen sein wird.

Beweisaufnahme

— Ist diese abgeschlossen, erhalten die Verfahrensbeteiligten Gelegenheit zu ihren abschließenden Plädoyers (Schlussvorträge, § 258 I StPO), wobei dem Angeklagten nach Abs. 2 immer das letzte Wort zukommt, nach Abs. 3 auch dann, wenn sein Verteidiger zuvor Ausführungen gemacht hat. Für die Berufung gilt hier § 326 StPO.

Abschlussplädoyers

— Anschließend zieht sich das Gericht zur geheimen Beratung und Abstimmung zurück, §§ 43, 45 DRiG. Referendare sind nach § 193 GVG dazu zugelassen, nicht aber Rechtsstudenten.

geheime Beratung

— Die Hauptverhandlung endet mit der Verkündung des Urteils „Im Namen des Volkes" nach §§ 260 I, 268 I StPO, welches durch die Verlesung der Urteilsformel

Das Urteil wird „Im Namen des Volkes" verkündet.

Protokoll beweist die Förmlichkeiten der Hauptverhandlung.

und der Eröffnung der maßgeblichen Urteilsgründe geschieht, § 268 II StPO.
— Über die Hauptverhandlung ist nach § 271 StPO ein Protokoll aufzunehmen, welches nach Abschluss derselben vom Vorsitzenden und vom Urkundsbeamten der Geschäftsstelle zu unterschreiben ist. Der notwendige Inhalt des Protokolls ergibt sich aus § 272 StPO. Eine wichtige gesetzliche (Beweis-)Regel enthält § 274 S. 1 StPO: Die für die Hauptverhandlung vorgeschriebenen Förmlichkeiten (vgl. § 273 StPO) können nur durch das Protokoll bewiesen werden. Macht ein Verfahrensbeteiligter geltend, so wie im Protokoll beschrieben, ist es nicht geschehen, wird er damit nur gehört, wenn eine Protokoll*fälschung* nach S. 2 nachgewiesen werden kann. Das gilt jedoch nicht, wenn das Protokoll lückenhaft und in sich widersprüchlich ist; dann entfällt nach st. Rspr. seine Beweiskraft. Die Reichweite dieser gesetzlichen Vermutung nach S. 1 und die von ihr für das Revisionsverfahren angeordnete Beweiskraft für Verfahrensrügen ist wie folgt:
 — Sind wesentliche Förmlichkeiten im Protokoll enthalten, so gelten sie als geschehen, auch wenn sie tatsächlich nicht stattgefunden haben (**positive Beweiskraft**).
 — Sagt das Protokoll zu wesentlichen Förmlichkeiten nichts, dann gelten sie als nicht erfolgt, auch wenn sie tatsächlich eingehalten wurden (**negative Beweiskraft**) (◘ Abb. 4.2).

Eine nachträgliche Protokollberichtigung ist dann zulässig, wenn beide Urkundspersonen darüber übereinstimmen, dass das erstellte und unterschriebene Protokoll inhaltlich unrichtig ist. Hält auch nur eine Person das Protokoll für richtig oder erinnert sich nicht mehr an den – angeblich richtigen – Ablauf, so ist eine Änderung ausgeschlossen. Eine erfolgte Protokollberichtigung wirkt für und gegen alle Verfahrensbeteiligte und ist auch im Revisionsverfahren beachtlich. Das kann zur Folge haben, dass einer zunächst zulässig erhobenen (Revisions-)Verfahrensrüge nachträglich der Boden entzogen werden würde (sog. „Rügeverkümmerung"). Der BGH (BGHSt – GrS – 51, 298) hat dies gebilligt; das BVerfG hat dagegen keine verfassungsrechtlichen Bedenken gesehen.

4.4 Allgemeine Grundsätze der Beweisaufnahme

○ Abb. 4.2 Den Ton treffen (Reinald Fenke)

4.4 Allgemeine Grundsätze der Beweisaufnahme

4.4.1 Einleitung

Im Strafverfahren bedürfen grundsätzlich alle Tatsachen, die für die Entscheidung von Bedeutung sein können, des Beweises. Nicht des Beweises bedürfen *offenkundige* Tatsachen; das sind wiederum allgemeinkundige oder gerichtskundige: Allgemeinkundige Tatsachen sind solche, von denen verständige Menschen regelmäßig Kenntnis haben oder sich aus zuverlässiger Quelle sicher unterrichten können; gerichtskundig sind Tatsachen, die das Gericht in amtlicher Eigenschaft, etwa aus anderen Verfahren, erfahren hat.

beweisbedürftige/nicht beweisbedürftige Tatsachen

Innerhalb der bedeutsamen Tatsachen ist zwischen Haupt-, Indiz- und Hilfstatsachen zu unterscheiden:
- *Haupttatsachen* sind solche, die sich direkt unter eine materiell-rechtliche Norm einordnen lassen (z. B. das Inbrandsetzen eines Hauses).

Haupttatsachen

- *Indiztatsachen* dagegen sind Tatsachen, die allein oder im Zusammenhang mit anderen Umständen Rück-

Indiztatsachen

schlüsse auf Haupttatsachen zulassen (z. B. wird der Angeklagte von einem Zeugen mit Diebesgut in der Hand vom Tatort wegrennend gesehen).

Hilfstatsachen
— *Hilfstatsachen* haben die Beweiskraft von Beweismitteln zum Gegenstand (z. B. die Glaubhaftigkeit einer Aussage eines Zeugen aufgrund der Glaubwürdigkeitskriterien).

4.4.2 Streng- und Freibeweis

Bei der Art und Weise der Feststellung der bedeutsamen Tatsachen muss hinsichtlich ihrer Folgen unterschieden werden:

Strengbeweis
Solche Tatsachen, die für die Schuld des Angeklagten und die zu verhängenden Sanktionen maßgeblich sind, können nur durch die im Gesetz normierten Beweismittel sowie der Einlassung des Angeklagten im Rahmen der in §§ 244–256 StPO festgelegten Regeln unter Beachtung der Grundsätze der Öffentlichkeit, gerichtlichen Aufklärungspflicht, Mündlichkeit, Unmittelbarkeit sowie der freien richterlichen Beweiswürdigung bewiesen werden. Das ist das sog. *Strengbeweisverfahren*.

Freibeweis
Alle übrigen Tatsachen kann das Gericht im gesetzlich nicht geregelten *Freibeweisverfahren* ohne Bindung an die aufgeführten Grundsätze und Beweismittel erforschen. Das ist bedeutsam z. B. für Verfahrensfragen, also ob etwa ein Strafantrag vorliegt. Als hier in Betracht kommende Mittel sind Telefonanrufe oder andere Behördenauskünfte zu nennen.

4.4.3 Grundsatz der richterlichen Aufklärungspflicht

Im Strafprozess gilt – im Gegensatz zum Beibringungsgrundsatz des Zivilprozesses – der Untersuchungs- oder Amtsermittlungsgrundsatz:

> **§ 244 II StPO – Untersuchungsgrundsatz**
> (2) Das Gericht hat zur Erforschung der Wahrheit die Beweisaufnahme von Amts wegen auf alle Tatsachen und Beweismittel zu erstrecken, die für die Entscheidung von Bedeutung sind.

Nach diesem Grundsatz muss das Gericht von Amts wegen den wahren Sachverhalt erforschen. Das bedeutet für die Verfahrensbeteiligten einen Anspruch auf Beweiserhebung, außerdem die Pflicht des Gerichtes, sich um bestmögliche Beweise zu bemühen, was allerdings nicht das Verbot zur Erhebung mittelbarer Beweise („hearsay evidence") zur Folge hat.

Amtsermittlungsgrundsatz

> ▶ **Beispiel**
> Zeuge Z hat gesehen, wie A dem B ein Messer in den Rücken gestoßen hat und dann weggelaufen ist. Davon erzählt er in allen Einzelheiten seinem Freund F. Im Rahmen seiner Aufklärungspflicht muss das Gericht nun versuchen, den Z als Zeugen zu vernehmen, auch wenn er in der Zwischenzeit nach Australien ausgewandert sein sollte; es darf sich aufgrund dieser Tatsache nicht damit zufrieden geben, nur den F zu hören. Erst wenn feststeht, dass Z als bestes Beweismittel unerreichbar ist, darf auf F als Zeuge vom Hörensagen zurückgegriffen werden. ◀

Das Gericht ist seiner Aufklärungspflicht nachgekommen, wenn ihm zwar weitere Beweismittel zur Verfügung stehen, bei deren Benutzung jedoch auch die nur entfernte Möglichkeit einer Änderung der durch die bislang erfolgte Beweisaufnahme begründete Einschätzung vom Sachverhalt nicht in Betracht kommt. Erst nach Erfüllung der Aufklärungspflicht ist Raum für eine freie Beweiswürdigung i.S.d. § 261 StPO, auf die noch einzugehen sein wird – mit der Folge einer dementsprechenden Entscheidung.

Erfüllung der Aufklärungspflicht ist Voraussetzung für freie Beweiswürdigung.

4.5 Der Unmittelbarkeitsgrundsatz

4.5.1 Grundlagen

Der Unmittelbarkeitsgrundsatz ergibt sich aus §§ 226, 250 ff. StPO. Er besagt, dass die Beweisaufnahme vor dem erkennenden Gericht zu erfolgen hat (sog. **formelle** Unmittelbarkeit) und die Beweismittel nicht durch Surrogate ersetzt werden dürfen (sog. **materielle** Unmittelbarkeit). Das gilt insbesondere für Niederschriften über frühere Zeugenvernehmungen, bei denen es abweichend vom Grundsatz des § 249 StPO für den Urkundsbeweis in §§ 251 ff. StPO Sonderregelungen gibt: Für Urkunden gilt

formelle/materielle Unmittelbarkeit

nach § 249 I StPO das Verleseprinzip, manche Urkunden dürfen nach § 249 II StPO im Selbstleseverfahren eingeführt werden. Dabei ist nach S. 3 zu protokollieren, dass die Selbstlesung nicht nur angeordnet worden ist, sondern die beteiligten Richter (einschließlich Schöffen) die Urkunden auch tatsächlich gelesen haben. Die übrigen Verfahrensbeteiligten müssen dazu nur Gelegenheit gehabt haben. Ob sie sie gelesen haben, ist nicht relevant und nicht Protokollierungsgegenstand.

§ 249 StPO – Führung des Urkundenbeweises durch Verlesung; Selbstleseverfahren

(1) Urkunden sind zum Zweck der Beweiserhebung über ihren Inhalt in der Hauptverhandlung zu verlesen. Elektronische Dokumente sind Urkunden, soweit sie verlesbar sind.

(2) Von der Verlesung kann, außer in den Fällen der §§ 253 und 254, abgesehen werden, wenn die Richter und Schöffen vom Wortlaut der Urkunde oder des Schriftstücks Kenntnis genommen haben und die übrigen Beteiligten hierzu Gelegenheit hatten. Widerspricht der Staatsanwalt, der Angeklagte oder der Verteidiger unverzüglich der Anordnung des Vorsitzenden, nach Satz 1 zu verfahren, so entscheidet das Gericht. Die Anordnung des Vorsitzenden, die Feststellungen über die Kenntnisnahme und die Gelegenheit hierzu und der Widerspruch sind in das Protokoll aufzunehmen.

Die StPO geht dagegen in § 250 StPO von der unmittelbaren Vernehmung des Zeugen aus und statuiert darin den Vorrang des Personalbeweises vor dem ihn ersetzenden Urkundenbeweis:

§ 250 StPO – Grundsatz der persönlichen Vernehmung

Beruht der Beweis einer Tatsache auf der Wahrnehmung einer Person, so ist diese in der Hauptverhandlung zu vernehmen. Die Vernehmung darf nicht durch Verlesung des über eine frühere Vernehmung aufgenommenen Protokolls oder einer schriftlichen Erklärung ersetzt werden.

4.5.2 Durchbrechung des Grundsatzes der persönlichen Vernehmung; Verlesung von Protokollen

Die StPO lässt allerdings einige Ausnahmen vom Grundsatz der Unmittelbarkeit zu, indem sie in bestimmten Fällen vorsieht, dass anstatt einer persönlichen Vernehmung der Auskunftsperson eine Urkunde verlesen werden kann, weil ansonsten Feststellungen nicht möglich oder zumindest erheblich erschwert wären.

4.5.2.1 § 251

§ 251 I–II StPO – Urkundenbeweis durch Verlesung von Protokollen
(1) Die Vernehmung eines Zeugen, Sachverständigen oder Mitbeschuldigten kann durch die Verlesung eines Protokolls über eine Vernehmung oder einer Urkunde, die eine von ihm erstellte Erklärung enthält, ersetzt werden,
1. wenn der Angeklagte einen Verteidiger hat und der Staatsanwalt, der Verteidiger und der Angeklagte damit einverstanden sind;
2. wenn die Verlesung lediglich der Bestätigung eines Geständnisses des Angeklagten dient und der Angeklagte, der keinen Verteidiger hat, sowie der Staatsanwalt der Verlesung zustimmen;
3. wenn der Zeuge, Sachverständige oder Mitbeschuldigte verstorben ist oder aus einem anderen Grunde in absehbarer Zeit gerichtlich nicht vernommen werden kann;
4. soweit das Protokoll oder die Urkunde das Vorliegen oder die Höhe eines Vermögensschadens betrifft.

(2) Die Vernehmung eines Zeugen, Sachverständigen oder Mitbeschuldigten darf durch die Verlesung des Protokolls über seine frühere richterliche Vernehmung auch ersetzt werden, wenn
1. dem Erscheinen des Zeugen, Sachverständigen oder Mitbeschuldigten in der Hauptverhandlung für eine längere oder ungewisse Zeit Krankheit, Gebrechlichkeit oder andere nicht zu beseitigende Hindernisse entgegenstehen;
2. dem Zeugen oder Sachverständigen das Erscheinen in der Hauptverhandlung wegen großer Entfernung un-

ter Berücksichtigung der Bedeutung seiner Aussage nicht zugemutet werden kann;
3. der Staatsanwalt, der Verteidiger und der Angeklagte mit der Verlesung einverstanden sind.

(3) ...

(4) In den Fällen der Absätze 1 und 2 beschließt das Gericht, ob die Verlesung angeordnet wird. Der Grund der Verlesung wird bekanntgegeben. Wird das Protokoll über eine richterliche Vernehmung verlesen, so wird festgestellt, ob der Vernommene vereidigt worden ist. Die Vereidigung wird nachgeholt, wenn sie dem Gericht notwendig erscheint und noch ausführbar ist.

§ 251 StPO regelt den Fall der tatsächlichen Verhinderung.	Voraussetzung für die Verlesung ist, dass bei der Vernehmung ordnungsgemäß – auch über eventuell bestehende Zeugnisverweigerungsrechte – belehrt worden ist. § 251 StPO gilt nicht für frühere Vernehmungen des Beschuldigten, aber für solche des *Mit*beschuldigten; für die Beschuldigtenvernehmung enthält § 254 StPO eine abschließende Sonderregelung. In allen Fällen der Verlesung nach Abs. 1 und 2 ist nach Abs. 4 ein Gerichtsbeschluss notwendig; das Fehlen eines solchen Beschlusses ist revisibel.
§ 251 Abs. 1 StPO gilt für alle Protokolle.	Abs. 1 betrifft sämtliche frühere Protokolle unabhängig von ihrer Herkunft, die verlesen werden können, wenn die entsprechenden Voraussetzungen vorliegen. Bei Nr. 1 ist zu beachten, dass diese Variante nur dann anwendbar ist, wenn der Angeklagte tatsächlich einen (anwesenden!) Verteidiger hat; die hier erforderliche Zustimmung kann, wenn zweifelsfrei, auch konkludent erfolgen. Die neu eingefügte Verlesungsmöglichkeit nach Nr. 2, nach der ein Verteidiger nicht mitwirkt, darf nur der Bestätigung eines Geständnisses dienen, nicht dessen Widerruf. Nr. 3 betrifft den Fall der *tatsächlichen*, nicht der rechtlichen Verhinderung; es besteht daher keine Verlesungsmöglichkeit bei der Inanspruchnahme eines Auskunftsverweigerungsrechtes nach § 55 StPO. Die Verlesungsmöglichkeit nach Nr. 4 ist selbstredend.
§ 251 Abs. 2 StPO gilt zusätzlich nur für richterliche Protokolle.	Abs. 2 ist dagegen – zusätzlich zum Abs. 1 – nur bei *richterlichen* Protokollen anwendbar. Bei der Nr. 2 muss jedoch eine Abwägung stattfinden zwischen dem Interesse der Beweisperson am Fernbleiben und der Notwendigkeit einer unmittelbaren Aussage, z. B. wegen der Wichtigkeit derselben. Als Grundregel gilt: Je schwerer der Vorwurf, desto eher muss der Zeuge in der Hauptverhandlung erscheinen.

4.5 · Der Unmittelbarkeitsgrundsatz

> ▶ Beispiel
>
> Eine Touristin aus San Francisco ist während ihres Bodenseeurlaubes in Konstanz vergewaltigt worden und hat dabei erhebliche Verletzungen erlitten. Vor ihrer Abreise ist sie vom Ermittlungsrichter des AG Konstanz vernommen worden. Das Protokoll könnte nun grundsätzlich nach § 251 II Nr. 2 StPO verlesen werden; jedoch ist abzuwägen, ob sich wegen der Schwere des Vorwurfes nicht die Notwendigkeit einer unmittelbaren Vernehmung (möglicherweise per Videoübertragung) der Zeugin ergibt. Das dürfte hier zu bejahen sein. Eine Verlesung könnte natürlich auch dann stattfinden, wenn alle Verfahrensbeteiligte im Rahmen des Abs. 2 Nr. 3 zustimmen. ◀

4.5.2.2 § 252

> **§ 252 StPO – Verbot der Protokollverlesung nach Zeugnisverweigerung**
>
> Die Aussage eines vor der Hauptverhandlung vernommenen Zeugen, der erst in der Hauptverhandlung von seinem Recht, das Zeugnis zu verweigern, Gebrauch macht, darf nicht verlesen werden.

§ 252 StPO gilt nur für Zeugnisverweigerungsrechte.

Eine Aussage darf unter den dort beschriebenen Umständen nicht verlesen werden. Der Anwendungsbereich gilt nur für die §§ 52–54 StPO, nicht aber für § 55 StPO, da nach dem Gesetzeswortlaut nur „Zeugnis-" und nicht „Auskunfts-"Verweigerungsrechte gemeint sind. Nach allgemeiner Auffassung konstatiert § 252 StPO nicht nur ein Verlesungs-, sondern auch ein umfassendes Verwertungsverbot. Die Quintessenz dessen ist, dass ein berechtigtes Schweigen in der Hauptverhandlung jegliche Verlesung eines entsprechenden Protokolls verbietet; außerdem sind daraus keine Vorhalte zulässig, die Vernehmung von Verhörspersonen ist ausgeschlossen.

Ausnahme von Verlesungs- und Verwertungsverbot

Ausnahmen:
1. Der vernehmende Richter (gegebenenfalls auch die Schöffen) darf als Verhörsperson zeugenschaftlich über den Inhalt der früher gemachten Aussage vernommen werden, wenn
— eine ordnungsgemäße Belehrung nach § 52 III 1 StPO stattgefunden und der Zeuge diese auch verstanden hat sowie

- die Verhörsperson eine eigene Erinnerung an den Inhalt der Aussage hat, wobei dazu allerdings Vorhalte aus der Vernehmung (nicht statthaft ist die vollständige Wiedergabe des Vernehmungsinhaltes!) zulässig sind (vgl. BGHSt 32 25).
- Eine *qualifizierte* Belehrung dergestalt, dass der Zeuge darauf hingewiesen werden muss, dass trotz Zeugnisverweigerung der Ermittlungsrichter immer als Zeuge (vom Hörensagen) vernommen werden kann, hat der BGH (BGHSt – GrS – 61, 221) in Ermangelung einer gesetzlichen Grundlage abgelehnt.

▶ **Beispiel**

Im Ermittlungsverfahren hat die Ehefrau des Angeklagten diesen in einer Vernehmung beim Ermittlungsrichter mehrfach belastet. In der Hauptverhandlung verweigert sie gem. § 52 I Nr. 2 StPO die Aussage. Nach § 252 StPO ist unzulässig
- das Verlesen des polizeilichen Protokolls,
- die Vernehmung des vernehmenden Polizeibeamten als Zeugen über den Inhalt ihrer früheren Aussage,
- das Verlesen eines richterlichen Protokolls über eine frühere Vernehmung durch den Ermittlungsrichter sowie
- das Verlesen eines staatsanwaltschaftlichen Protokolls.

Zulässig ist lediglich die Vernehmung des Ermittlungsrichters als Zeugen über den Inhalt ihrer vor dem Ermittlungsrichter seinerzeit gemachten Aussage. ◀

2. Weiterhin darf die frühere Aussage – auch gegenüber nicht-richterlichen Vernehmungspersonen – verwertet werden, wenn der Zeuge – nach entsprechender qualifizierter Belehrung – mitteilt, er mache von seinem ZVR Gebrauch, was gemäß § 273 StPO in das Protokoll aufzunehmen ist, gestatte aber die Verwertung seiner früheren Aussage (BGHSt 45, 203). Das ist z. B. dann sinnvoll, wenn der Zeuge eine „retraumatisierende" (weitere) Aussage vermeiden möchte. Eine solche Verwertung geschieht dann nach allgemeinen Regeln und schließt eine Verlesung nach § 251 II Nr. 3 StPO mit ein. Nur in diesem Rahmen ist dabei auch eine Videoaufzeichnung der früheren Vernehmung verwertbar.

Einschränkung des Anwendungsbereichs

§ 252 StPO gilt auch dann, wenn das ZVR erst *nach* der Vernehmung entstanden ist, der Zeuge in der Hauptverhandlung sich aber darauf beruft. Die Norm gilt dagegen nicht bei Spontanäußerungen aufgrund Eigeninitiative

4.5 · Der Unmittelbarkeitsgrundsatz

außerhalb einer Vernehmungssituation, beispielsweise im Rahmen einer telefonischen Anzeige der Ehefrau bei der Staatsanwaltschaft, sie sei vom Ehemann gerade vergewaltigt worden.

4.5.2.3 § 253

> **§ 253 StPO – Protokollverlesung zur Gedächtnisunterstützung**
> (1) Erklärt ein Zeuge oder Sachverständiger, dass er sich einer Tatsache nicht mehr erinnere, so kann der hierauf bezügliche Teil des Protokolls über seine frühere Vernehmung zur Unterstützung seines Gedächtnisses verlesen werden.
> (2) Dasselbe kann geschehen, wenn ein in der Vernehmung hervortretender Widerspruch mit der früheren Aussage nicht auf andere Weise ohne Unterbrechung der Hauptverhandlung festgestellt oder behoben werden kann.

Diese Norm gilt nur für Zeugen und Sachverständige, *nicht* aber für den Angeklagten oder eine Verhörsperson. Es muss sich in den Vernehmungen aber um denselben Zeugen oder Sachverständigen handeln. Wenn das Protokoll verlesen wird, so liegt ein Fall des Urkundsbeweises vor, nicht des Zeugenbeweises. Dabei handelt es sich um *keinen* Spezialfall – und daher streng von ihm zu unterscheiden – des Vorhaltes: Dieser gehört zur Vernehmungstechnik, ist ein Vernehmungsbehelf, bei dem einem Angeklagten, Zeugen oder Sachverständigen Auszüge aus ihren früheren Protokollen zur Unterstützung oder Auffrischung des Gedächtnisses vorgehalten werden. Das Beweismittel ist dann die Zeugenaussage als Reaktion auf den Vorhalt, nicht der Vorhalt selbst.

§ 253 StPO ist zu unterscheiden vom „Vorhalt".

> ▶ **Beispiel**
> Ein Polizeibeamter hat im Ermittlungsverfahren einen Zeugen vernommen. In der Hauptverhandlung wird der Polizeibeamte als Zeuge über diese damalige Vernehmung vernommen. Er erklärt, er könne sich nicht mehr erinnern, was der Zeuge damals bei ihm ausgesagt hat. Dem Polizeibeamten kann das von ihm über die fragliche Vernehmung aufgenommene Protokoll zunächst nicht vorgelesen und für die Entscheidung verwertet werden. § 253 I StPO ist hier nicht einschlägig, da sich diese Vorschrift nur auf die Vernehmung des

Zeugen bezieht, nicht aber auf die Verhörsperson. Außerdem muss § 250 S. 2 StPO beachtet werden. Das bedeutet, dass zuerst versucht werden muss, den Zeugen selbst zu vernehmen. Gelingt dies nicht, dann kann anschließend dem Polizeibeamten ein Vorhalt aus dem entsprechenden Protokoll gemacht werden. ◄

4.5.2.4 § 254

§ 254 StPO – Verlesung eines richterlichen Protokolls bei Geständnis oder Widersprüchen
(1) Erklärungen des Angeklagten, die in einem richterlichen Protokoll oder in einer Bild-Ton-Aufzeichnung einer Vernehmung enthalten sind, können zum Zweck der Beweisaufnahme über ein Geständnis verlesen beziehungsweise vorgeführt werden.
(2) Dasselbe kann geschehen, wenn ein in der Vernehmung hervortretender Widerspruch mit der früheren Aussage nicht auf andere Weise ohne Unterbrechung der Hauptverhandlung festgestellt oder behoben werden kann.

§ 254 StPO gilt nur für Geständnisse des Angeklagten in richterlichen Protokollen.

Diese Vorschrift findet nur Anwendung für richterliche Protokolle des Angeklagten oder solche Erklärungen in einer Bild-Ton-Aufzeichnung (die Einschränkung einer richterlichen Vernehmung gilt hier nicht!), darüber hinaus nur für seine Geständnisse nach Abs. 1 oder Widersprüche nach Abs. 2, nicht aber für andere Aussagen. Da § 254 aber kein Verwertungsverbot enthält, ist die Verhörsperson immer als Zeuge vernehmbar. Außerdem können die Verhörspersonen polizeilicher oder staatsanwaltschaftlicher Protokolle, für die § 254 StPO nicht gilt, ohne Einschränkungen als Zeugen über den Inhalt einer Aussage des Angeklagten vernommen werden.

► **Beispiel**

Der Angeklagte hat im Ermittlungsverfahren vor der Polizei ein Geständnis abgelegt. In der Hauptverhandlung äußert er sich nicht zur Anklage.

Sein früheres Geständnis kann in die Hauptverhandlung nur über die Vernehmung der Verhörsperson eingeführt werden, da ein Fall des § 254 I StPO mangels richterlichen Protokolls nicht vorliegt. ◄

4.5.2.5 § 256

> **§ 256 I StPO – Verlesung der Erklärungen von Behörden und Sachverständigen**
> (1) Verlesen werden können
> 1. die ein Zeugnis oder ein Gutachten enthaltenden Erklärungen
>   a) öffentlicher Behörden,
>   b) der Sachverständigen, die für die Erstellung von Gutachten der betreffenden Art allgemein vereidigt sind, sowie
>   c) der Ärzte eines gerichtsärztlichen Dienstes mit Ausschluss von Leumundszeugnissen,
> 2. unabhängig vom Tatvorwurf ärztliche Atteste über Körperverletzungen,
> 3. ärztliche Berichte zur Entnahme von Blutproben,
> 4. Gutachten über die Auswertung eines Fahrtschreibers, die Bestimmung der Blutgruppe oder des Blutalkoholgehalts einschließlich seiner Rückrechnung,
> 5. Protokolle sowie in einer Urkunde enthaltene Erklärungen der Strafverfolgungsbehörden über Ermittlungshandlungen, soweit diese nicht eine Vernehmung zum Gegenstand haben und
> 6. Übertragungsnachweise und Vermerke nach § 32e Absatz 3.

Ärztliche Atteste nach Nr. 2 können nun immer bei allen festgestellten Körperverletzungen verlesen werden, unabhängig vom materiell-rechtlichen Vorwurf.

Hohe praktische Bedeutung hat die Nr. 5 erlangt: „Ermittlungshandlungen" hier sind z. B. Aktenvermerke über telefonisch eingeholte Auskünfte oder über den Verlauf einer Festnahme oder Durchsuchung. Trotz dieser nun erweiterten Verlesungsmöglichkeiten kann das Gericht dennoch aufgrund des Aufklärungsgrundsatzes nach § 244 II StPO verpflichtet sein, den Aussteller der Erklärung oder des Attestes oder Gutachtens zu vernehmen. Die Anordnung der Verlesung verlangt allerdings keinen Gerichtsbeschluss.

4.5.3 Der Zeuge vom Hörensagen

Die StPO enthält – auch nicht über den Unmittelbarkeitsgrundsatz – keine direkte Regelung darüber, ob das „nähere" Beweismittel stets vor dem „entfernteren" benutzt werden muss. Deswegen kann auch unproblematisch der Zeuge vernommen werden, der von einem anderen Zeugen

„Zeuge vom Hörensagen" ist als Beweismittel zulässig

etwas über den Tathergang erfahren hat (sog. „Zeuge vom Hörensagen"). Dieser Zeuge ist unmittelbares Beweismittel bzgl. der von ihm wahrgenommenen früheren Aussage des anderen Zeugen. Die Grenze der Zulässigkeit der Heranziehung des mittelbaren Zeugen anstelle des unmittelbaren liegt in der Sachaufklärung nach § 244 II StPO. Wenn der unmittelbare verfügbar ist, dann muss das Gericht versuchen, seiner habhaft zu werden und ihn auch vernehmen, da die Fehlerquelle durch einen entfernteren Zeugen immer größer wird, mithin die Zuverlässigkeit der Aussage mit jedem weiteren „Zwischenglied" eklatant abnimmt und sich immer weiter von der Wahrheit entfernen kann und wird (vgl. zum Ganzen: BGHSt – GrS – 32, 115).

4.5.4 Videoaufnahmen

Um gerade kindlichen, aber auch den anderen Opfern in – vor allem – Missbrauchsprozessen belastende Mehrfachvernehmungen zu ersparen, wurden im Rahmen des Zeugenschutzes die Möglichkeiten der Videotechnologie eingeführt. Dabei werden die Zeugen (nach § 247 a II StPO analog für Sachverständige) nicht mehr unmittelbar im Gerichtssaal vernommen, sondern an einem anderen Ort, wobei ihre Befragung zeitgleich oder -versetzt übertragen wird. Zu unterscheiden sind zwei Varianten:

Videosimultanübertragung
Videoaufzeichnung

– die Videosimultanübertragung in der Hauptverhandlung (sog. **Videokonferenz**) und
– die Videoaufzeichnung einer Zeugenvernehmung neben der Protokollierung der Aussage (sog. **Videokonserve**).

4.5.4.1 Videosimultanübertragungen (sog. Videokonferenz)

Grundlage für die Videosimultanübertragungen ist § 247 a I 1 bis 3 StPO:

> **§ 247a Abs. 1 S. 1–3 StPO – Anordnung einer audiovisuellen Vernehmung von Zeugen**
> (1) Besteht die dringende Gefahr eines schwerwiegenden Nachteils für das Wohl des Zeugen, wenn er in Gegenwart der in der Hauptverhandlung Anwesenden vernommen wird, so kann das Gericht anordnen, dass der Zeuge sich während der Vernehmung an einem anderen Ort aufhält; eine solche Anordnung ist auch unter den Voraus-

4.5 · Der Unmittelbarkeitsgrundsatz

> setzungen des § 251 Abs. 2 zulässig, soweit dies zur Erforschung der Wahrheit erforderlich ist. Die Entscheidung ist unanfechtbar. Die Aussage wird zeitgleich in Bild und Ton in das Sitzungszimmer übertragen. ...

Bei dieser Variante hält sich der Zeuge an einem anderen Ort als in dem Gerichtssaal auf und wird somit zugeschaltet (sog. „Englisches Modell"); dies kann auch aus dem Ausland geschehen und muss vom Gericht im Rahmen der Aufklärung nach § 244 II StPO versucht werden, wobei zu berücksichtigen ist, dass mit vielen Ländern der Welt eine Videosimultanübertragung inzwischen technisch möglich ist. Alle Verfahrensbeteiligten befinden sich im Sitzungssaal und können von dort aus Fragen stellen.

Die Entscheidung des Gerichtes, welche nach S. 2 nicht anfechtbar ist, ist an zwei *alternative* Voraussetzungen geknüpft:

— die dringende Gefahr eines schwerwiegenden Nachteils für das Wohl des Zeugen bei Vernehmung in Gegenwart der in der Hauptverhandlung (vgl. § 226 StPO) Anwesenden (Satz 1, Halbsatz 1);   *Voraussetzungen der Videosimultanübertragung*

— wenn die Voraussetzungen des § 251 II StPO vorliegen, aber nur, wenn die Videovernehmung zur Erforschung der Wahrheit erforderlich ist (Satz 1, Halbsatz 2). Das Gericht muss daher prüfen, ob nicht ein einfacherer Weg gangbar ist.

Nach Bejahung der Voraussetzungen liegt die Entscheidung im Ermessen des Gerichtes; dabei sind insbesondere der Zeugenschutz, die richterliche Aufklärungspflicht sowie Beschuldigteninteressen gegeneinander abzuwägen. Im Zweifel ist eine persönliche Vernehmung aus dem Gebot der Unmittelbarkeit vorzuziehen.

4.5.4.2 Videoaufzeichnungen (sog. Videokonserve)
Herstellung der Videokonserve

Zu unterscheiden ist hier die Aufzeichnung *innerhalb* und *außerhalb* der Hauptverhandlung.

Die rechtliche Grundlage für die Aufzeichnung *innerhalb* einer Hauptverhandlung ergibt sich aus § 247 a I 4, 5 StPO: *Videoaufzeichnung innerhalb und außerhalb der Hauptverhandlung*

> **§ 247a I S. 4, 5 StPO – Anordnung einer audiovisuellen Vernehmung von Zeugen**
> (1) ... Sie [Anm. des Verfassers: „die Aussage"] soll aufgezeichnet werden, wenn zu besorgen ist, dass der Zeuge in einer weiteren Hauptverhandlung nicht vernommen werden kann und die Aufzeichnung zur Erforschung der Wahrheit erforderlich ist. § 58a Abs. 2 findet entsprechende Anwendung.

Danach soll die Aussage aufgezeichnet werden, wenn der Zeuge in einer weiteren Hauptverhandlung nicht verfügbar wäre, etwa in einer Berufungsverhandlung, und dies zur Erforschung der Wahrheit erforderlich ist, also insbesondere, um eine Aussage, ihren Inhalt und auch die Umstände ihres Zustandekommens festzuhalten.

Für Aussagen *außerhalb* einer Hauptverhandlung schaffen §§ 58 a und 168 e S. 4 StPO die entsprechende Grundlage:

> **§ 168 e StPO – Vernehmung von Zeugen getrennt von Anwesenheitsberechtigten**
> Besteht die dringende Gefahr eines schwerwiegenden Nachteils für das Wohl des Zeugen, wenn er in Gegenwart der Anwesenheitsberechtigten vernommen wird, und kann sie nicht in anderer Weise abgewendet werden, so soll der Richter die Vernehmung von den Anwesenheitsberechtigten getrennt durchführen. Die Vernehmung wird diesen zeitgleich in Bild und Ton übertragen. Die Mitwirkungsbefugnisse der Anwesenheitsberechtigten bleiben im Übrigen unberührt. Die §§ 58a und 241a finden entsprechende Anwendung. Die Entscheidung nach Satz 1 ist unanfechtbar.

> **§ 58 a I-III StPO – Aufzeichnung der Vernehmung in Bild und Ton**
> (1) Die Vernehmung eines Zeugen kann in Bild und Ton aufgezeichnet werden. Sie soll nach Würdigung der dafür jeweils maßgeblichen Umstände aufgezeichnet werden und als richterliche Vernehmung erfolgen, wenn
> 1. damit die schutzwürdigen Interessen von Personen unter 18 Jahren sowie von Personen, die als Kinder oder Jugendliche durch eine der in § 255a Absatz 2 genannten Straftaten verletzt worden sind, besser gewahrt werden können oder

> 2. zu besorgen ist, dass der Zeuge in der Hauptverhandlung nicht vernommen werden kann und die Aufzeichnung zur Erforschung der Wahrheit erforderlich ist.
>
> Die Vernehmung muss nach Würdigung der dafür jeweils maßgeblichen Umstände aufgezeichnet werden und als richterliche Vernehmung erfolgen, wenn damit die schutzwürdigen Interessen von Personen, die durch Straftaten gegen die sexuelle Selbstbestimmung (§§ 174 bis 184j des Strafgesetzbuches) verletzt worden sind, besser gewahrt werden können und der Zeuge der Bild-Ton-Aufzeichnung vor der Vernehmung zugestimmt hat.
>
> (2) Die Verwendung der Bild-Ton-Aufzeichnung ist nur für Zwecke der Strafverfolgung und nur insoweit zulässig, als dies zur Erforschung der Wahrheit erforderlich ist. § 101 Abs. 8 gilt entsprechend. Die §§ 147, 406e sind entsprechend anzuwenden, mit der Maßgabe, dass den zur Akteneinsicht Berechtigten Kopien der Aufzeichnung überlassen werden können. Die Kopien dürfen weder vervielfältigt noch weitergegeben werden. Sie sind an die Staatsanwaltschaft herauszugeben, sobald kein berechtigtes Interesse an der weiteren Verwendung besteht. Die Überlassung der Aufzeichnung oder die Herausgabe von Kopien an andere als die vorbezeichneten Stellen bedarf der Einwilligung des Zeugen.
>
> (3) Widerspricht der Zeuge der Überlassung einer Kopie der Aufzeichnung seiner Vernehmung nach Absatz 2 Satz 3, so tritt an deren Stelle die Überlassung einer Übertragung der Aufzeichnung in ein schriftliches Protokoll an die zur Akteneinsicht Berechtigten nach Maßgabe der §§ 147, 406e. Wer die Übertragung hergestellt hat, versieht die eigene Unterschrift mit dem Zusatz, dass die Richtigkeit der Übertragung bestätigt wird. Das Recht zur Besichtigung der Aufzeichnung nach Maßgabe der §§ 147, 406e bleibt unberührt. Der Zeuge ist auf sein Widerspruchsrecht nach Satz 1 hinzuweisen.

Außerhalb einer Hauptverhandlung kann demnach nach § 58 a I 1 StPO jede Vernehmung eines Zeugen aufgezeichnet werden. In dieser Hinsicht gibt es keine Einschränkungen im Rahmen einer ermessensfehlerfreien Entscheidung. Eine Vernehmung soll aufgezeichnet werden unter den Voraussetzungen des Satzes 2. Weitere Einschränkungen geben Abs. 2 und 3 hinsichtlich einer anschließenden Verwendung der Videovernehmung; insbesondere ist nun ein Widerspruchsrecht des vernommenen Zeugen eingeführt worden,

Unterscheide:
§ 58a I, II

worauf er hinzuweisen ist. Bemerkenswert ist die neue Vorschrift des § 58 a I 3 StPO, nach dem auch bei zur Tatzeit erwachsenen Opfern einer Sexualstraftat nach deren Zustimmung eine Videovernehmung gemacht werden muss.

Bei einer ermittlungsrichterlichen Vernehmung nach § 168 e StPO sind nach dessen S. 3 die Mitwirkungsbefugnisse nach §§ 147, 168 c II StPO zu beachten; bei Verletzung derselben ist die Videokonserve später nicht verwertbar.

Verwertung der Videokonserve

Die Verwertung unterliegt den Sonderregelungen des § 255 a StPO:

> **§ 255 a StPO – Vorführung einer aufgezeichneten Zeugenvernehmung**
> (1) Für die Vorführung der Bild-Ton-Aufzeichnung einer Zeugenvernehmung gelten die Vorschriften zur Verlesung eines Protokolls über eine Vernehmung gemäß §§ 251, 252, 253 und 255 entsprechend.
> (2) In Verfahren wegen Straftaten gegen die sexuelle Selbstbestimmung (§§ 174 bis 184j des Strafgesetzbuches) oder gegen das Leben (§§ 211 bis 222 des Strafgesetzbuches), wegen Misshandlung von Schutzbefohlenen (§ 225 des Strafgesetzbuches) oder wegen Straftaten gegen die persönliche Freiheit nach den §§ 232 bis 233a des Strafgesetzbuches kann die Vernehmung eines Zeugen unter 18 Jahren durch die Vorführung der Bild-Ton-Aufzeichnung seiner früheren richterlichen Vernehmung ersetzt werden, wenn der Angeklagte und sein Verteidiger Gelegenheit hatten, an dieser mitzuwirken, und wenn der Zeuge, dessen Vernehmung nach § 58a Absatz 1 Satz 3 in Bild und Ton aufgezeichnet worden ist, der vernehmungsersetzenden Vorführung dieser Aufzeichnung in der Hauptverhandlung nicht unmittelbar nach der aufgezeichneten Vernehmung widersprochen hat. Dies gilt auch für Zeugen, die Verletzte einer dieser Straftaten sind und zur Zeit der Tat unter 18 Jahre alt waren oder Verletzte einer Straftat gegen die sexuelle Selbstbestimmung (§§ 174 bis 184j des Strafgesetzbuches) sind. Das Gericht hat bei seiner Entscheidung auch die schutzwürdigen Interessen des Zeugen zu berücksichtigen und den Grund für die Vorführung bekanntzugeben. Eine ergänzende Vernehmung des Zeugen ist zulässig.

Voraussetzung der Verwertung der Videoaufnahme

Nach Abs. 1 ist eine Vorführung immer zulässig, wenn die entsprechenden Protokolle nach den dort genannten

4.5 · Der Unmittelbarkeitsgrundsatz

Vorschriften verlesen werden dürften; die Videoaufnahmen werden also Vernehmungsprotokollen gleichgestellt. Das bedeutet aber im Umkehrschluss auch, dass in den Fällen des § 252 StPO das Band nicht vorgeführt werden darf, da es dort niemals eine statthafte Protokollverlesung geben kann. Eine Ausnahme soll auch dann nicht gemacht werden, wenn es sich um eine Aufzeichnung einer richterlichen Vernehmung handelt. Dieses in sich nicht stimmige Ergebnis – der vernehmende Richter dürfte als Zeuge vernommen, seine Videovernehmung wegen deren Gleichstellung mit einem Protokoll aber nicht abgespielt werden – wird mit Blick auf die Materialien als gesetzgeberischer Wille interpretiert (sehr lesenswert: BGH NStZ 2004, 390).

Nach Abs. 2 kann die Vorführung bei bestimmten Straftaten erfolgen, wenn die Aufzeichnung eine frühere richterliche Vernehmung beinhaltet, ohne dass die Voraussetzungen der §§ 251 ff. StPO vorliegen müssen. Eine Vorführung ist nur noch dann ausgeschlossen, wenn das Opfer ausdrücklich *unmittelbar* nach der Vernehmung widerspricht. Das ist nochmals eine gesteigerte Durchbrechung des Unmittelbarkeitsgrundsatzes, um diesen Zeugen Mehrfachvernehmungen zu ersparen. Das ist aber nur dann möglich, wenn der Verteidiger und der Angeklagte zuvor Gelegenheit hatten, an dieser früheren Vernehmung mitzuwirken, insbesondere – als Ausfluss aus dem Konfrontationsrecht nach Art. 6 III d EMRK – Fragen zu stellen. § 255 a StPO wird durch § 58 a II 1 StPO für spätere Verwendungen der Aufzeichnung ergänzt. Im Gegensatz zu Abs. 1 hat hier die nachträgliche Ausübung des Zeugnisverweigerungsrechts nach § 52 StPO keinen Einfluss. § 252 StPO kommt insoweit nicht zum Tragen; die Videoaufzeichnung einer früheren richterlichen Vernehmung darf daher durch Abspielen immer verwertet werden (BGH NStZ 2020, 181).

Unberührt von diesen Regelungen bleibt die Möglichkeit, das Videoband als Augenscheinsobjekt ohne Inhalt der Aussagen zu verwerten, insbesondere dann, wenn es zusätzlich zu den Zeugenaussagen benutzt wird, etwa um daraus körpersprachliche Erkenntnisse im Rahmen der Vernehmung zu gewinnen.

4.5.5 Verdeckte Ermittler und andere Ermittlungsgehilfen

Im Zuge weltweit agierender krimineller Banden kommt dem Einsatz nicht offen operierender Polizeibeamter und sonstiger Informationspersonen in der Praxis erhöhte

Bedeutung zu. Besondere Probleme bereitet der Unmittelbarkeitsgrundsatz bei der Verwertung der dabei gewonnenen Erkenntnisse.

4.5.5.1 Terminologie

Folgende Begriffe sind zu unterscheiden:

Informanten
— **Informanten** sind Personen, welche im *Einzelfall* bereit sind, gegen Zusicherung der Vertraulichkeit den Strafverfolgungsbehörden Informationen zu geben.

Vertrauenspersonen (V-Leute)
— **Vertrauenspersonen** (V-Leute) sind solche Leute, die keiner Strafverfolgungsbehörde angehören, aber bereit sind, diese auf längere Zeit bei der Aufklärung von Straftaten zu unterstützen. Ihre Identität wird grundsätzlich geheim gehalten.

Verdeckte Ermittler (VE)
— **Verdeckte Ermittler** (VE) sind inländische Beamte des Polizeidienstes, die unter einer ihnen verliehenen, auf Dauer angelegten, veränderten Identität („Legende") ermitteln und auch am Rechtsverkehr teilnehmen, vgl. § 110 a II StPO.

Nicht öffentlich ermittelnde Polizeibeamte (NOEP)
— **Nicht öffentlich ermittelnde Polizeibeamte** (NOEP) sind „verdeckte Ermittler", welche nicht unter einer auf Dauer angelegten Legende ermitteln, sondern nur kurzfristig in eine andere Rolle schlüpfen.

4.5.5.2 Zulässigkeit des Einsatzes

Nur Einsatz des VE ist gesetzlich geregelt.
Die Zulässigkeit des Einsatzes verdeckt operierender Polizisten und sonstiger Ermittlungsgehilfen ist bis auf die des VE gesetzlich nicht geregelt. Sie wird daher auf die Generalklausel der § 161 I 1 i.V.m.§ 163 I 2 StPO gestützt. Lediglich die Zulässigkeit des Einsatzes von VE ist in §§ 110 a ff. StPO gesetzlich geregelt:

> **§ 110 a StPO – Verdeckter Ermittler**
> (1) Verdeckte Ermittler dürfen zur Aufklärung von Straftaten eingesetzt werden, wenn zureichende tatsächliche Anhaltspunkte dafür vorliegen, dass eine Straftat von erheblicher Bedeutung
> 1. auf dem Gebiet des unerlaubten Betäubungsmittel- oder Waffenverkehrs, der Geld- oder Wertzeichenfälschung,
> 2. auf dem Gebiet des Staatsschutzes (§§ 74a, 120 des Gerichtsverfassungsgesetzes),
> 3. gewerbs- oder gewohnheitsmäßig oder
> 4. von einem Bandenmitglied oder in anderer Weise organisiert

4.5 · Der Unmittelbarkeitsgrundsatz

> begangen worden ist. Zur Aufklärung von Verbrechen dürfen Verdeckte Ermittler auch eingesetzt werden, soweit auf Grund bestimmter Tatsachen die Gefahr der Wiederholung besteht. Der Einsatz ist nur zulässig, soweit die Aufklärung auf andere Weise aussichtslos oder wesentlich erschwert wäre. Zur Aufklärung von Verbrechen dürfen Verdeckte Ermittler außerdem eingesetzt werden, wenn die besondere Bedeutung der Tat den Einsatz gebietet und andere Maßnahmen aussichtslos wären.
> (2) Verdeckte Ermittler sind Beamte des Polizeidienstes, die unter einer ihnen verliehenen, auf Dauer angelegten, veränderten Identität (Legende) ermitteln. Sie dürfen unter der Legende am Rechtsverkehr teilnehmen.
> (3) Soweit es für den Aufbau oder die Aufrechterhaltung der Legende unerlässlich ist, dürfen entsprechende Urkunden hergestellt, verändert und gebraucht werden.

Der Einsatz eines VE ist daher entweder an eine Katalogtat von erheblicher Bedeutung gebunden oder bei Verbrechen zulässig, wenn bei diesen eine Wiederholungsgefahr besteht, jeweils aber nur dann, wenn die Aufklärung auf andere Weise aussichtslos oder wesentlich erschwert wäre. Diese zu berücksichtigende Einschränkung der Einsatzvoraussetzungen bringt allerdings in der Praxis regelmäßig wenig Probleme mit sich, da aufgrund der gefestigten und streng hierarchischen Strukturen, gerade im Bereich der organisierten Kriminalität, eine andere Aufklärungsmöglichkeit nicht besteht, und zwar vollkommen deliktsunabhängig.

Einsatzvoraussetzungen des VE

Die Natur des Einsatzes eines VE bringt es mit sich, dass er unter einem falschen Namen operiert. Damit sein Einsatz wirkungsvoll gestaltet werden kann, muss er selbstredend unter dieser Legende am Rechtsverkehr teilnehmen. Dies ermöglicht ihm Abs. 3, der eine Strafbarkeit nach §§ 267 ff. StGB in gewissen Grenzen ausschaltet. Eine weitere Einschränkung möglicher Strafbarkeiten ergibt sich aus § 110 c StPO, der es dem VE erlaubt, unter seiner Legende eine Wohnung mit Einverständnis des Berechtigten zu betreten.

§ 110 c StPO

Umstritten ist indes, inwieweit die Vorschriften der §§ 136 ff. StPO bei einer „Befragung" des Beschuldigten durch den VE anwendbar sind. Direkt anwendbar ist § 136 StPO nicht, da keine „Vernehmung", auch keine „vernehmungsähnliche Situation" vorliegt, weil der VE dem Beschuldigten nicht in amtlicher Funktion gegenüber tritt (BGHSt – GS – 42, 139). Auch § 136 a StPO kommt – direkt oder analog – nicht zur Anwendung, da die Befragung eines Beschuldigten durch den VE nicht mit den verbotenen Mitteln dieser Vorschrift zu vergleichen ist. Aussagen des Beschuldigten sind also in diesem Rahmen verwertbar. Anders liegt die Situation aber dann, wenn der Beschuldigte zuvor bereits erklärt hat, er mache von seinem Schweigerecht Gebrauch, und den Ermittlungsbehörden einschließlich dem VE ist dies bekannt. Eine trotzdem unter Ausnutzung eines etwaigen Vertrauensverhältnisses erfolgte Befragung verstößt gegen das Nemo-tenetur-Prinzip und hat regelmäßig wegen des gravierenden Eingriffs in prozessuale Rechte ein Beweisverwertungsverbot zur Folge.

§ 110 b StPO

Der Einsatz eines VE bedarf nach § 110 b I StPO der Anordnung oder Zustimmung der Staatsanwaltschaft; in manchen Fällen, wie beim Einsatz gegen einen bestimmten Beschuldigten, muss nach Absatz 2 der Richter die Anordnung treffen, bei Gefahr im Verzug reicht die der Staatsanwaltschaft aus, welche allerdings innerhalb von drei Tagen von einem Richter bestätigt werden muss.

4.5.5.3 Einführen der Ermittlungsergebnisse

Es liegt in der Natur der Sache, dass die Behörde, die sich solcher Personen zur Informationsbeschaffung bedient, ein vitales Interesse daran hat, die Identität dieser Personen geheim zu halten, zumal ihnen für ihre Arbeit Vertraulichkeit zugesichert wurde. Hier kommt es zur Kollision mit dem Unmittelbarkeitsgrundsatz, nämlich inwieweit die „Ermittlungsergebnisse" dieser Personengruppe in den Prozess eingeführt werden können, ohne diese enttarnen zu müssen.

Möglichkeit der Sperrerklärung, § 110 b III StPO

Grundsätzlich gibt § 110 b III StPO den Behörden – regelmäßig den Innenministerien – die Möglichkeit, VE zu „sperren", also deren Identität geheim zu halten; für die anderen o. g. Personen gilt § 96 StPO analog. Mit dieser Möglichkeit der Sperrung ist aber noch nicht entschieden, wie weit diese geht und welche sonstigen Möglichkeiten es gibt, dem Geheimhaltungsinteresse des Staates Rechnung zu tragen, gleichzeitig aber der Verpflichtung zur Suche nach der materiellen Wahrheit nachzukommen.

Stufentheorie der Rechtsprechung

In diesem Bemühen hat die Rechtsprechung (BGHSt 32, 115 ff.) folgende „Stufentheorie" entwickelt, wonach die Behörde die Sperrung von gewissen Bedingungen ab-

hängig machen kann und aus Gründen der Verhältnismäßigkeit in entsprechenden Fällen auch machen muss:
— Zuerst müssen äußere Einschränkungen bei der Vernehmung hingenommen werden, wie Ausschluss der Öffentlichkeit, Videosimultanübertragung oder Geheimhaltung der Identität nach § 68 II, III StPO. Durch technische Weiterentwicklungen ist auch an eine Übertragung mit Stimm- und Gesichtsverzerrung zu denken, welcher inzwischen von vielen VE-Führungsstellen zugestimmt wird.
— Sollte dies nicht ausreichend sein, muss danach versucht werden, die Ermittlungsperson durch den beauftragten oder ersuchten Richter zu vernehmen, dessen Protokoll dann auf vereinfachte Weise nach § 251 II Nr. 1 letzte Alt. StPO eingeführt werden kann.
— Ist dies ebenfalls nicht genügend, bleibt letztlich nur der Verzicht auf die Vernehmung der Ermittlungsperson mit der Verlesung polizeilicher Vernehmungsprotokolle nach § 251 I Nr. 1 StPO, wenn die Verfahrensbeteiligten zustimmen.

Protokollverlesung in engen Grenzen statthaft.

Die Behörde muss ihre Sperrerklärung – soweit aus Geheimhaltungsgründen möglich – nachvollziehbar begründen, um dem Gericht wenigstens eine Überprüfung auf offensichtliche Fehler oder auf Willkür zu ermöglichen. Liegt ein solcher nicht vor, ist der Informant folglich als Zeuge gesperrt. Kann das Gericht seine Identität auch nicht auf andere Weise feststellen, so ist er ein unerreichbares Beweismittel i.S.v. § 244 III 3 Nr. 5 StPO, weswegen nun – ohne Verletzung des Unmittelbarkeitsgrundsatzes – auf Beweissurrogate wie Protokolle, Vernehmungspersonen etc. zurückgegriffen werden kann.

4.6 Der Beweisantrag und seine Ablehnung

4.6.1 Einleitung

Obwohl dem Gericht nach § 244 II StPO die Amtsermittlung obliegt, schließt dies nicht aus, dass auch die weiteren Verfahrensbeteiligten Einfluss auf die Beweisaufnahme nehmen. Ihr Instrument dafür ist der Beweisantrag, für dessen Behandlung seitens des Gerichtes die strengen Regeln der §§ 244 III–VI, 245, 246 StPO gelten.

Nur für den Beweisantrag gelten §§ 244–246 StPO.

4.6.2 Beweisantrag – Beweisermittlungsantrag

Zwischen einem in § 244 III 1 StPO legal-definierten Beweisantrag und einem gesetzlich nicht definierten Beweisermittlungsantrag wird folgende Abgrenzung vorgenommen:

Beweisantrag
— Ein **Beweisantrag** ist das unbedingt an das Gericht gestellte Verlangen eines Prozessbeteiligten auf Beweiserhebung unter Angabe der für die Schuld- oder Rechtsfolgenfrage relevanten, zu beweisenden konkreten Tatsache und eines bestimmten, zu benutzenden Beweismittels. Nur für einen echten Beweisantrag gelten die Vorschriften der §§ 244 III–VI, 245, 246 StPO.

Beweisermittlungsantrag
— Ein **Beweisermittlungsantrag** ist zwar auch das Verlangen an das Gericht, bestimmte Beweiserhebungen durchzuführen; jedoch mangelt es hier an einer Tatsachenbehauptung und/oder an der Benennung eines bestimmten (Streng-)Beweismittels.

Beweisanregung
— Eine **Beweisanregung** ist die schwächste Form des Begehrens; bei ihr wird dem Gericht lediglich anheimgestellt, in eine bestimmte Richtung zu ermitteln.

Hinsichtlich der letzten beiden Formen muss das Gericht allenfalls im Rahmen seiner Aufklärungspflicht nach § 244 II StPO entscheiden.

Voraussetzungen des Beweisantrags
Ein „echter" Beweisantrag hat demnach drei Voraussetzungen:
— den unbedingten gestellten Antrag an das Gericht,
— eine bestimmte Tatsachenbehauptung sowie
— die Angabe eines in der StPO zugelassenen Beweismittels, welches diese Tatsachenbehauptung belegen soll.

Im Einzelnen:
Der Antrag ist das unbedingte Verlangen an das Gericht; ein solches liegt nicht vor, wenn etwas in das gerichtliche Ermessen gestellt wird.

Abgrenzung zum Beweisermittlungsantrag
Es muss eine Tatsachenbehauptung unter Beweis gestellt werden; nicht ausreichend sind Wertungen oder offensichtlich aus der Luft gegriffene Vermutungen, von denen der Antragsteller hofft, sie durch die Beweiserhebung bestätigen zu können. In solchen Fällen handelt es sich um einen Beweisermittlungsantrag.

Der Antragsteller muss ein bestimmtes Beweismittel angeben, wobei eine Konnexität zu der Beweisbehauptung bestehen und dargelegt werden muss; eine Tatsachenbehauptung „ins Blaue hinein" ist damit unzulässig. Es darf nur ein (Streng-)Beweismittel sein, also sich um Zeugen, Urkunden, Sachverständige oder Augenscheinseinnahmen handeln. Es reicht jedoch aus, wenn Umstände vorgetragen werden, die dem Gericht die Auffindung und Identifizierung des Beweismittels ermöglichen.

> ▶ **Beispiel für einen Beweisantrag**
> „Zum Beweis der Tatsache, dass der Angeklagte am 17.2. im Krankenhaus Ravensburg, Station ..., Zimmer ... lag, wird beantragt, den Patienten zu vernehmen, der am gleichen Tag als zweiter Patient auf dieses Zimmer gelegt wurde." Hier ist der Zeuge zwar nicht namentlich benannt, aber durch die Angaben eindeutig ermittelbar. ◀

> ▶ **Beispiel für einen Beweisermittlungsantrag**
> „Um zu klären, ob der Angeklagte am 17.2. im Krankenhaus Ravensburg, Station ..., Zimmer ... lag, wird dem Gericht gegenüber angeregt, ..." Hier fehlt sowohl die Tatsachenbehauptung wie auch der unbedingte Antrag. ◀

4.6.3 Ablehnung eines Beweisantrages

Bei der Behandlung von Beweisanträgen – und somit auch bei deren Ablehnung – muss unterschieden werden, ob es sich um präsente oder nicht präsente Beweismittel handelt. Für erstere gilt § 245 StPO, für letztere §§ 244 III–V StPO, wobei Abs. 3 für alle Beweismittel gilt und Absätze 4 und 5 zusätzliche Ablehnungsgründe, insbesondere für Sachverständige und für den Augenschein bieten. Die Ablehnung eines Beweisantrages bedarf nach § 244 VI 1 StPO immer eines Gerichtsbeschlusses, der spätestens bis zum Ende der Beweisaufnahme ergehen und sich mit den Argumenten im Beweisantrag auseinandersetzen muss. Eine sinngemäße Wiederholung des Gesetzeswortlautes reicht nicht aus.

Neu eingefügt ist nach S. 3 dieser Vorschrift die Möglichkeit, den Verfahrensbeteiligten eine Frist zum Stellen von Beweisanträgen zu setzen, nachdem das Gericht die ursprünglich vorgesehene Beweisaufnahme abgeschlossen hat. Solche Beweisanträge, die nach Ablauf der Frist gestellt werden, müssen nicht vorab verbeschieden werden, sondern erst im Urteil.

Bei Ablehnung muss zwischen präsenten und nichtpräsenten Beweismitteln unterschieden werden.

Merke: Die Fristsetzungsmöglichkeit ist kein zusätzlicher Ablehnungsgrund zu den Absätzen 3 bis 5, sondern bezieht sich lediglich auf die dort genannten Fallgruppen.

4.6.3.1 Die Ablehnungsgründe des § 244 III StPO

§ 244 III, VI StPO – Ablehnung von Beweisanträgen
(3) Ein Beweisantrag liegt vor, wenn der Antragsteller ernsthaft verlangt, Beweis über eine bestimmt behauptete konkrete Tatsache, die die Schuld- oder Rechtsfolgenfrage betrifft, durch ein bestimmt bezeichnetes Beweismittel zu erheben und dem Antrag zu entnehmen ist, weshalb das bezeichnete Beweismittel die behauptete Tatsache belegen können soll. Ein Beweisantrag ist abzulehnen, wenn die Erhebung des Beweises unzulässig ist. Im Übrigen darf ein Beweisantrag nur abgelehnt werden, wenn
1. eine Beweiserhebung wegen Offenkundigkeit überflüssig ist,
2. die Tatsache, die bewiesen werden soll, für die Entscheidung ohne Bedeutung ist,
3. die Tatsache, die bewiesen werden soll, schon erwiesen ist,
4. das Beweismittel völlig ungeeignet ist,
5. das Beweismittel unerreichbar ist oder
6. eine erhebliche Behauptung, die zur Entlastung des Angeklagten bewiesen werden soll, so behandelt werden kann, als wäre die behauptete Tatsache wahr.
...
(6) Die Ablehnung eines Beweisantrages bedarf eines Gerichtsbeschlusses. Einer Ablehnung nach Satz 1 bedarf es nicht, wenn die beantragte Beweiserhebung nichts Sachdienliches zu Gunsten des Antragstellers erbringen kann, der Antragsteller sich dessen bewusst ist und er die Verschleppung des Verfahrens bezweckt; die Verfolgung anderer verfahrensfremder Ziele steht der Verschleppungsabsicht nicht entgegen ...

Ablehnungsgründe

Nach Satz 2 dieser Vorschrift ist der nun in S. 1 legaldefinierte Beweisantrag bei Unzulässigkeit der Beweiserhebung abzulehnen; es wird also eine Verpflichtung ohne Ermessensspielraum gegenüber dem Gericht begründet. Bei Vorliegen der Gründe des Satzes 3 dagegen darf der Beweisantrag abgelehnt werden, die Ablehnung ist also in

4.6 · Der Beweisantrag und seine Ablehnung

das pflichtgemäße Ermessen des Gerichtes gestellt. Zu den Ablehnungsgründen im Einzelnen:

- Eine **unzulässige** Beweiserhebung (S. 2) liegt u. a. dann vor, wenn in der StPO nicht genannte Beweismittel verwendet werden sollen, z. B. die Vereidigung des Angeklagten oder wenn ein Zeuge vernommen werden soll, der bereits bekundet hat, er mache von seinem Zeugnisverweigerungsrecht Gebrauch.

  Unzulässigkeit der Beweiserhebung

- Eine Beweiserhebung ist **offenkundig** (S. 3 Nr. 1), wenn die unter Beweis gestellte Tatsache entweder allgemein- oder gerichtskundig ist, wie etwa die Tatsache, dass die Erde eine Kugel ist. Dieser Fall ist eine Art „gesetzliche Vermutung". Woraus sich die Allgemein- oder Gerichtskundigkeit ergibt, ist irrelevant.

  Offenkundigkeit

- Eine **Bedeutungslosigkeit** (S. 3 Nr. 2) kann aus rechtlichen oder tatsächlichen Gründen vorliegen. Der letztgenannte Fall liegt insbesondere dann vor, wenn zwischen den genannten Tatsachen und dem Tatvorwurf keinerlei Zusammenhang besteht oder die Tatsache trotz eines solchen selbst für den Fall ihres Erwiesenseins die Entscheidung in keiner Weise beeinflussen kann. Wichtig: Beweisantizipationen, also eine Vorwegnahme der Beweiswürdigung vor Abschluss der Beweisaufnahme, sind unzulässig! Die Annahme des Gerichtes, der Zeuge werde die aufgestellte Beweisbehauptung nicht bestätigen und daher sich die Beweislage nicht ändern, rechtfertigt nicht die Ablehnung eines Beweisantrages. Dieser Ablehnungsgrund und der der Wahrunterstellung schließen einander aus.

  Bedeutungslosigkeit

- Die **Erwiesenheit** der Tatsache (S. 3 Nr. 3) greift nur dann ein, wenn sie selbst (und nicht das Beweisziel!) positiv feststeht: Ein Beweisantrag darf nicht mit der Begründung abgelehnt werden, das Gegenteil der Beweistatsache sei schon erwiesen; das wäre ebenfalls eine unzulässige Beweisantizipation, wie sich im Umkehrschluss aus § 244 IV 2 StPO ergibt.

  Erwiesenheit

- Eine **völlige Ungeeignetheit** des Beweismittels (S. 3 Nr. 4) ist dann anzunehmen, wenn sich ohne Rücksicht auf den bisherigen Verlauf der Beweisaufnahme sagen lässt, dass sich aus dem angebotenen Beweismittel das angestrebte Ergebnis nicht erzielen lässt, z. B. die Benennung eines Hellsehers oder nach neuerer Rechtsprechung (BGH StV 2003, 544) auch der Einsatz eines Lügendetektors, wobei darüber hinaus teilweise ein Verstoß gegen die Menschenwürde angenommen wird.

  völlige Ungeeignetheit

Unerreichbarkeit

— Tatsächlich **unerreichbar** (S. 3 Nr. 5) ist ein Beweismittel, wenn bislang alle zumutbaren Bemühungen des Gerichtes, es herbeizuschaffen, erfolglos geblieben sind und in absehbarer Zeit auch bleiben werden. Für die Frage der Zumutbarkeit kommt es auf die Bedeutung der Sache und die Wichtigkeit des Beweismittels im Vergleich zu einer raschen Verfahrenserledigung an. Beispielsweise ist ein Zeuge im Ausland, vor allem nach Einführung des § 247 a StPO, erreichbar, nicht aber der VE, der wirksam gesperrt wurde. ◄

Wahrunterstellung

— Eine Beweiserhebung kann mit der Begründung der **Wahrunterstellung** (S. 3 Nr. 6) abgelehnt werden, wenn die den Angeklagten entlastende (nicht: belastende!) und erhebliche Tatsache nicht bewiesen ist und durch die weitere Beweisaufnahme wohl auch nicht widerlegt werden kann. Das bedingt aber, dass das Gericht seiner Aufklärungspflicht bislang nachgekommen ist, da die Wahrunterstellung voraussetzt, dass eine weitere Sachaufklärung nicht mehr möglich ist. Nicht als „wahr unterstellt werden" können die Glaubwürdigkeit eines Belastungszeugen sowie die Glaubhaftigkeit seiner Aussage. Außerdem darf die Beweisbehauptung vom sachlichen Gehalt her durch das Gericht nicht unzulässig eingeengt werden, denn nach der beschlossenen Wahrunterstellung ist das Gericht verpflichtet, die Beweistatsache als richtig und erwiesen zu behandeln.

▶ **Beispiel**

Wenn die Beweisbehauptung ein „stürmisches und regnerisches Wetter" gewesen ist, dann ist es unzulässig, „leichten Nieselregen" als wahr zu unterstellen. ◄

Prozessverschleppung

— Ein Antrag darf wegen **Prozessverschleppung** (Abs. 6 S. 2) nun neuerdings dann zurückgewiesen werden, wenn folgende drei Voraussetzungen *kumulativ* erfüllt sind:
 – der Antrag kann nichts Sachdienliches zu Gunsten des Antragstellers erbringen,
 – der Antragsteller ist sich dessen bewusst und
 – er bezweckt die Verschleppung des Verfahrens (neben anderen verfahrensfremden Zwecken!).

In diesem Fall ist also eine gewisse Vorwegnahme der Beweiswürdigung durch das Instanzgericht erlaubt. Die Feststellung der subjektiven Komponente bereitet allerdings in der Praxis regelmäßig Schwierigkeiten, dürfte sich aber zukünftig vereinfachen, da die Verschleppungsabsicht nicht einziges Ziel des Antrages sein muss.

4.6.3.2 Die Ablehnungsgründe des § 244 IV, V StPO

> **§ 244 IV,V StPO – Ablehnung von Beweisanträgen**
> (4) Ein Beweisantrag auf Vernehmung eines Sachverständigen kann, soweit nichts anderes bestimmt ist, auch abgelehnt werden, wenn das Gericht selbst die erforderliche Sachkunde besitzt. Die Anhörung eines weiteren Sachverständigen kann auch dann abgelehnt werden, wenn durch das frühere Gutachten das Gegenteil der behaupteten Tatsache bereits erwiesen ist; dies gilt nicht, wenn die Sachkunde des früheren Gutachters zweifelhaft ist, wenn sein Gutachten von unzutreffenden tatsächlichen Voraussetzungen ausgeht, wenn das Gutachten Widersprüche enthält oder wenn der neue Sachverständige über Forschungsmittel verfügt, die denen eines früheren Gutachters überlegen erscheinen.
> (5) Ein Beweisantrag auf Einnahme eines Augenscheins kann abgelehnt werden, wenn der Augenschein nach dem pflichtgemäßen Ermessen des Gerichts zur Erforschung der Wahrheit nicht erforderlich ist. Unter derselben Voraussetzung kann auch ein Beweisantrag auf Vernehmung eines Zeugen abgelehnt werden, dessen Ladung im Ausland zu bewirken wäre. Ein Beweisantrag auf Verlesung eines Ausgangsdokuments kann abgelehnt werden, wenn nach pflichtgemäßem Ermessen des Gerichts kein Anlass besteht, an der inhaltlichen Übereinstimmung mit dem übertragenen Dokument zu zweifeln.

§ 244 IV StPO gibt weitere Möglichkeiten zur Ablehnung eines Beweisantrages bei einem Sachverständigenbeweis: Satz 1 gilt bei erstmaliger Vernehmung eines Sachverständigen bei vorhandener erforderlicher Sachkunde des Gerichtes; woher die Sachkunde resultiert, ist nicht entscheidend. Bei einem Kollegialgericht reicht es aus, wenn ein Mitglied die Sachkunde hat und sie den anderen Mitgliedern vermitteln kann. Satz 2 HS 1 betrifft die Anhörung weiterer Sachverständiger dann, wenn aufgrund des ersten Gutachtens (nicht: aufgrund sonstiger Beweismittel!) das Gericht das Gegenteil der behaupteten Tatsache für bewiesen erachtet, wobei es die Einschränkung nach HS 2 zu beachten gilt. Hier ist also eine Beweisantizipation ausdrücklich erlaubt.

§ 244 IV StPO gilt zusätzlich für den Sachverständigenbeweis.

§ 244 V StPO

§ 244 V StPO stellt die Ablehnung eines Augenscheins und einer Zeugenladung im Ausland in das pflichtgemäße Ermessen des Gerichtes. Auch hier ist eine vorweggenommene Beweiswürdigung zugelassen.

4.6.3.3 Präsente Beweismittel § 245 StPO

Definition der „präsenten" Beweismittel

Präsente Beweismittel i. S. d. § 245 StPO sind solche Zeugen und Sachverständige, die geladen und auch erschienen sind sowie dem Gericht vorliegende Urkunden und Augenscheinsobjekte. Sind Zeugen und Sachverständige ohne Ladung in die Sitzung gestellt, gelten sie als „nicht präsent", sodass § 245 StPO auf sie nicht anwendbar ist. Falls sie vernommen werden sollen, muss ein entsprechender Beweisantrag nach § 244 StPO gestellt werden.

> **§ 245 StPO – Umfang der Beweisaufnahme; präsente Beweismittel**
> (1) Die Beweisaufnahme ist auf alle vom Gericht vorgeladenen und auch erschienenen Zeugen und Sachverständigen sowie auf die sonstigen nach § 214 Abs. 4 vom Gericht oder der Staatsanwaltschaft herbeigeschafften Beweismittel zu erstrecken, es sei denn, daß die Beweiserhebung unzulässig ist. Von der Erhebung einzelner Beweise kann abgesehen werden, wenn die Staatsanwaltschaft, der Verteidiger und der Angeklagte damit einverstanden sind.
> (2) Zu einer Erstreckung der Beweisaufnahme auf die vom Angeklagten oder der Staatsanwaltschaft vorgeladenen und auch erschienenen Zeugen und Sachverständigen sowie auf die sonstigen herbeigeschafften Beweismittel ist das Gericht nur verpflichtet, wenn ein Beweisantrag gestellt wird. Der Antrag ist abzulehnen, wenn die Beweiserhebung unzulässig ist. Im Übrigen darf er nur abgelehnt werden, wenn die Tatsache, die bewiesen werden soll, schon erwiesen oder offenkundig ist, wenn zwischen ihr und dem Gegenstand der Urteilsfindung kein Zusammenhang besteht oder wenn das Beweismittel völlig ungeeignet ist.

herbeigeschaffte Beweismittel

Sind die in Absatz 1 genannten Beweismittel herbeigeschafft, so muss sich die Beweisaufnahme von Amts wegen auf sie erstrecken, ohne dass ein entsprechender Beweisantrag gestellt worden ist. Das gilt dann nicht, wenn die Beweisaufnahme unzulässig wäre.

Anders verhält es sich bei den Beweismitteln, die nach Absatz 2 in die Sitzung gestellt werden, also z. B. die nach § 214 III StPO von der Staatsanwaltschaft geladenen Zeugen: Hierauf muss das Gericht die Beweisaufnahme nur dann erstrecken, wenn ein entsprechender Beweisantrag gestellt wird. Dieser darf wiederum nur unter den dort abschließend genannten Voraussetzungen von S. 2 und 3 abgelehnt werden.

in die Sitzung gestellte Beweismittel

4.7 Beweisverbote

4.7.1 Einleitung

In der Strafprozessordnung gilt nach § 244 II StPO der Untersuchungsgrundsatz, der vom Gericht eine umfassende Aufklärung des für die Entscheidung bedeutsamen Sachverhaltes mit den von der StPO zur Verfügung gestellten Strengbeweismitteln verlangt. Mit dieser Pflicht korrespondiert der in § 261 StPO verankerte Grundsatz der umfassenden Beweiswürdigung, der das erkennende Gericht verpflichtet, alle erhobenen und ausgeschöpften Beweise der Entscheidung zugrunde zu legen.

Jedoch wird keine Wahrheitserforschung um jeden Preis betrieben; die „Wahrheit" i. S. d. StPO ist also nicht die „historische" Wahrheit, sondern allenfalls die im „rechtlichen" Sinne. Grenzen zieht vor allem die durch das Grundgesetz festgelegte Werteordnung, wobei die dem staatlichen Handeln aufgegebenen Grenzen auch für die Strafverfolgungsbehörden Geltung beanspruchen.

keine Wahrheitserforschung um jeden Preis

Dies hat zur Folge, dass die Pflicht zu umfassenden Ermittlungen, mithin also der Untersuchungsgrundsatz und in der Konsequenz auch der Grundsatz der umfassenden Beweiswürdigung, zugunsten höherrangiger Rechtsgüter eingeschränkt wird. Dies geschieht durch Beweisverbote, welche in erster Linie Instrumente zur Sicherung von Individualinteressen darstellen; die Disziplinierung der Strafverfolgungsorgane ist – anders als im anglo-amerikanischen Rechtskreis – allenfalls ein Nebeneffekt.

Pflicht zu umfassenden Ermittlungen wird eingeschränkt durch Beweisverbote.

Zu unterscheiden sind solche Beweisverbote, die der Staatsanwaltschaft/dem Gericht untersagen, einen bestimmten Beweis zu erheben (Beweiserhebungsverbote) bzw. solche, die es nicht gestatten, einen bereits erhobenen Beweis zu verwerten (Beweisverwertungsverbote).

Beweiserhebungsverbote/Beweisverwertungsverbote

4.7.2 Beweiserhebungsverbote

Innerhalb der Beweiserhebungsverbote werden drei Gruppen unterschieden:

Beweisthemaverbote

- **Beweisthemaverbote**: Durch sie wird untersagt, einen bestimmten Sachverhalt aufzuklären, wie etwa durch § 51 I BZRG getilgte Vorstrafen und die darauf bezogenen Sachverhalte.

Beweismittelverbote

- **Beweismittelverbote**: Sie untersagen die Aufklärung des Sachverhaltes mit bestimmten Beweismitteln, erlauben aber die Verwendung von anderen Beweismitteln. Hierher gehören die nach §§ 52–54 und 81 c StPO zeugnisverweigerungsberechtigten Personen, die von ihrem Recht Gebrauch gemacht haben.

Beweismethodenverbote

- **Beweismethodenverbote**: Durch sie wird eine bestimmte Art der Beweisgewinnung untersagt, wie beispielsweise der Einsatz verbotener Vernehmungsmethoden nach § 136 a I StPO oder eines Lügendetektors.

4.7.3 Beweisverwertungsverbote

Innerhalb der Beweisverwertungsverbote werden *selbstständige* und *unselbstständige* unterschieden.

4.7.3.1 Selbstständige Beweisverwertungsverbote

Beweisverwertungsverbote durch Gesetz angeordnet.

In einigen wenigen Fällen ordnet das *Gesetz* an, dass der Beweis nicht verwertet werden darf, obwohl die Beweisgewinnung nicht fehlerhaft war, die Informationen also auf rechtmäßigem Wege erlangt wurden.

> ▶ **Beispiel**
>
> Gegen A wird wegen des Verdachts des Verstoßes gegen das Waffengesetz eine Telefonüberwachung nach § 100 a II Nr. 11 b) StPO rechtmäßig angeordnet. Dabei stellt sich heraus, dass A die Waffe ungeladen gestohlen hat (§§ 242, 243 I Nr. 7 StGB), ein sog. Zufallsfund. Diese Erkenntnisse dürfen nach § 477 II 2 StPO, da bezüglich dieses Diebstahls keine Katalogtat vorliegt, nicht direkt verwendet werden. Sie können aber Grundlage für weitere Ermittlungen, wie etwa eine Durchsuchung oder Vernehmung, sein. ◀

Ein weiteres, wichtiges, selbstständiges Beweisverwertungsverbot ist in § 252 StPO normiert, nämlich die Protokollverlesung der Aussage eines Zeugen, der erst in der Hauptverhandlung von seinem Zeugnisverweigerungsrecht Gebrauch macht.

Beweisverwertungsverbot des § 252 StPO

Gesetzlich nicht angeordnete, selbstständige Beweisverwertungsverbote werden außerdem aus der Verfassung hergeleitet, namentlich aus der Menschenwürde und aus dem allgemeinen Persönlichkeitsrecht, Art. 1 I i. V. m. 2 I GG. Beispiel hierfür sind heimlich hergestellte Tonbandaufnahmen und Fotos sowie die Beschlagnahme von Tagebüchern.

Beweisverwertungsgebote aus der Verfassung

Die Verwertbarkeit solcher Beweismittel richtet sich nach der sog. „Sphärentheorie" (BVerfGE 34, 238), wonach drei Sphären der Persönlichkeitsentfaltung zu unterscheiden sind und die Verwertung mithin davon abhängig ist, auf welcher Sphärenstufe der Eingriff der Ermittlungsbehörden erfolgt:

Sphärentheorie

— 1. Sphäre, sog. „Sozialbereich" (z. B.: Geschäftsgespräche oder offen geführte Unterhaltung in der Straßenbahn);
— 2. Sphäre, sog. „schlichte Privatsphäre" (z. B.: Gespräche während einer Familienfeier);
— 3. Sphäre, sog. „Intimsphäre" (z. B.: Gespräche im ehelichen Schlafzimmer; str. bei Tagebuchaufzeichnungen).

Die Sozialkontakte auf der 1. Stufe genießen strafrechtlich keinen besonderen Schutz, die 3. Stufe gewährleistet dagegen jedem Bürger einen unantastbaren Kernbereich privater Lebensgestaltung, welcher jeglichem Eingriff staatlicher Gewalt entzogen ist. In diesem Rahmen gewonnene Beweismittel sind unverwertbar. Auf der 2. Stufe hat eine Abwägung zu erfolgen, und zwar die des Privatschutzes gegen die des Strafverfolgungsinteresse des Staates. Belange, die hier zum Tragen kommen, sind Schwere des konkreten Eingriffs und Rang des betroffenen Grundrechts auf der einen, dagegen Schwere des Tatvorwurfes und Unverzichtbarkeit des Beweismittels auf der anderen Seite. Während die Lösung auf den einzelnen Sphärenstufen klar ist, bereitet die Einordnung der Sozialkontakte in die einzelnen Sphären im Einzelfall mitunter Schwierigkeiten.

Konsequenz der Sphärentheorie

Der Gesetzgeber hat aufgrund der praktischen Umsetzungsschwierigkeiten inzwischen Konsequenzen gezogen und die Materie zum Teil geregelt, wie z. B. in § 100 d StPO für den Bereich der TKÜ: So erlangte Erkenntnisse aus dem „Kernbereich privater Lebensgestaltung" dürfen nach § 100 d II 1 StPO nicht verwertet werden.

4.7.3.2 Unselbständige Beweisverwertungsverbote

Wenn Beweisgewinnung unzulässig, dann auch Beweisverwertung unzulässig.

Unselbständige Beweisverwertungsverbote folgen aus einem Beweiserhebungsverbot: Wenn schon die Beweisgewinnung unzulässig war, so muss dies auch erst recht für die Verwertung gelten. Einige wenige dieser Art sind im Gesetz selbst geregelt, wie beispielsweise § 136 a III 2 StPO, wonach eine unter Anwendung von verbotenen Vernehmungsmethoden erlangte Aussage immer unverwertbar ist, auch wenn der Beschuldigte zustimmt.

Herleitung eines Beweisverwertungsverbotes ist Einzelfallentscheidung.

Zum überwiegenden Teil sind sie jedoch gesetzlich nicht geregelt, wobei Einigkeit herrscht ist, dass die Annahme eines Beweisverwertungsverbotes nicht von seiner ausdrücklichen Normierung im Gesetz abhängt. Es existiert auch keine allgemeine Regel, wann die Verletzung eines Beweiserhebungsverbotes zu einem Beweisverwertungsverbot führt. Einzig anerkannt ist, dass die Herleitung eines solchen nicht aus einer einzigen Regel möglich ist, sondern eine Einzelfallabwägung zwischen dem geschützten Interesse des Beschuldigten und dem Strafverfolgungsinteresse des Staates stattzufinden hat.

Kriterien, die hier Berücksichtigung finden, sind die Schwere des Tatvorwurfes und des Verfahrensverstoßes, die Bedeutung des Beweismittels sowie der Schutzzweck des Beweiserhebungsverbotes. Beweismittel, welche dagegen unter bewusster Missachtung von Verfahrensvorschriften erlangt worden sind, dürfen nicht verwertet werden.

Beispiele für unselbstständige Beweisverwertungsverbote

Die wichtigsten Einzelfälle eines unselbstständigen Beweisverwertungsverbotes, welche teilweise schon im
▶ Kap. 2 besprochen wurden, sind:
- Unterlassene Zeugenbelehrung nach §§ 52–55 StPO
- Unterbliebene Beschuldigtenbelehrung nach § 136 StPO
- Verstoß gegen das Beschlagnahmeverbot nach § 97 StPO: Diese Norm ist ein notwendiges Korrelat der Zeugnisverweigerungsrechte; ein Verstoß gegen sie hat daher ein Beweisverwertungsverbot zur Folge.

4.7 · Beweisverbote

- Verstoß gegen die Regeln der körperlichen Untersuchung nach § 81 a StPO: Hier kommen als mögliche Verstöße die Anordnung durch eine unzuständige Person bzw. die Entnahme durch einen Nichtarzt in Betracht. In diesen Fällen ist die Annahme eines Beweisverwertungsverbotes durchaus möglich.
- Fehlende Anordnungsvoraussetzungen bei der Telefonüberwachung nach § 100 a StPO: Die Erkenntnisse aus einer Telefonüberwachung sind insbesondere dann unverwertbar, wenn die Anordnungsvoraussetzungen nicht vorlagen, also keine Katalogtat gegeben war, die unzuständige Stelle die Anordnung traf oder das Subsidiaritätsprinzip nicht beachtet wurde.

Es stellt sich in diesem Zusammenhang aber nun die weitere Frage, ob diese Beweisverwertungsverbote „ex officio" Anwendung finden oder geltend gemacht werden müssen. Soweit keine gesetzliche Regelung vorliegt, verlangt die Rspr. des BGH zunehmend im Rahmen der „Widerspruchslösung" (s. BGHSt 38, 214) eine ausdrückliche Rüge – spätestens zu dem in § 257 II StPO genannten Zeitpunkt, und zwar auch beim nichtverteidigten Angeklagten dann, wenn er zuvor auf die Widerspruchsmöglichkeit hingewiesen wurde. Die relevantesten Anwendungsfelder sind:
- die unterlassenen Belehrungen nach § 136 I 2 StPO;
- die Missachtung des Richtervorbehaltes nach § 81 a II StPO oder
- die Verletzung der Anordnungsvorschriften bei VE-Einsatz nach § 110 a StPO oder einer TÜ-Überwachung nach § 100 a StPO.

4.7.4 Reichweite der Beweisverwertungsverbote (Fernwirkung)

Liegt ein Beweisverwertungsverbot vor, so darf das so gewonnene Beweismittel im weiteren Verfahren nicht benutzt werden. Offen ist damit die Frage, ob sich daraus eine Fernwirkung ergibt, ob also weitere Ermittlungsergebnisse, welche auf unverwertbaren Beweismitteln beruhen, ebenfalls ein Beweisverwertungsverbot nach sich ziehen.

> ▶ **Beispiel**
>
> Beim Zeugen A wurde zu Unrecht in einem Verfahren gegen den Beschuldigten B durchsucht und Gegenstände beschlagnahmt, die wegen eines Zeugnisverweigerungsrechts beschlagnahmefrei sind (§ 97 I Nr. 1 StPO). Aus diesen Unterlagen ergeben sich Hinweise auf weitere Straftaten des B. Sind nun diese Unterlagen im Hinblick auf die weiteren Straftaten verwertbar? ◀

grundsätzlich keine Fernwirkung im deutschen Strafprozess

Überwiegend wird eine solche Fernwirkung abgelehnt; eine Ausnahme wurde nach der Rspr. (BGHSt 29, 244) nur für § 7 III des Gesetzes zu Art. 10 GG (G 10-Gesetz). Begründet wird dies damit, dass die Beweisverwertungsverbote nicht zur Disziplinierung der Ermittlungsbehörden dienen, da die aus dem anglo-amerikanischen Rechtskreis stammende „fruit-of-the-poisonous-tree-doctrine" hier nicht anwendbar und die Strafverfolgungsbehörde gesetzlich zur Neutralität und Objektivität (vgl. § 160 II StPO) verpflichtet ist. In sehr seltenen (Einzel-)Fällen kann unter Umständen eine Fernwirkung bei besonders gravierenden Verstößen gegen Grundrechte oder strafprozessuale Schutzrechte angenommen werden.

4.8 Die Verständigung im Strafprozess, § 257 c StPO

Die Verständigung ist heute aus der Praxis, vor allem in großen Wirtschaftsstrafverfahren, nicht mehr wegzudenken. Inhalt eines „Deals" ist zumeist die Zusage einer Strafmilderung (oder gar einer Verfahrenseinstellung nach § 153 a StPO) seitens der Staatsanwaltschaft/des Gerichtes gegen die Abgabe eines Voll- oder zumindest Teilgeständnisses.

So kann der Prozess in erheblich kürzerer Zeit mit gravierend weniger Aufwand und Personalintensität zu Ende gebracht werden. Während er im Schrifttum lange rechtsstaatlichen Bedenken, gerade im Hinblick auf das Gebot des „fair-trial", den Untersuchungsgrundsatz und das Legalitätsprinzip ausgesetzt war, hatte die Rechtsprechung (BGHSt 43, 195 ff.) Leitlinien und Grundsätze aufgestellt, die vom Großen Senat für Strafsachen (BGH GrS NJW 2005, 1440) modifiziert und bestätigt wurden. Aufgrund dieser Kontroverse hat der Gesetzgeber nun reagiert und die Vorschrift des § 257 c StPO geschaffen, die vom

4.8 · Die Verständigung im Strafprozess, § 257 c StPO

BVerfG für verfassungskonform erachtet wurde (BVerfGE 133, 168), wobei sich die gesetzliche Ausgestaltung weitgehend an den zuvor richterlich entwickelten Mindestbedingungen orientiert:

> **§ 257 c StPO – Verständigung zwischen Gericht und Verfahrensbeteiligten**
> (1) Das Gericht kann sich in geeigneten Fällen mit den Verfahrensbeteiligten nach Maßgabe der folgenden Absätze über den weiteren Fortgang und das Ergebnis des Verfahrens verständigen. § 244 Absatz 2 bleibt unberührt.
> (2) Gegenstand dieser Verständigung dürfen nur die Rechtsfolgen sein, die Inhalt des Urteils und der dazugehörigen Beschlüsse sein können, sonstige verfahrensbezogene Maßnahmen im zugrundeliegenden Erkenntnisverfahren sowie das Prozessverhalten der Verfahrensbeteiligten. Bestandteil jeder Verständigung soll ein Geständnis sein. Der Schuldspruch sowie Maßregeln der Besserung und Sicherung dürfen nicht Gegenstand einer Verständigung sein.
> (3) Das Gericht gibt bekannt, welchen Inhalt die Verständigung haben könnte. Es kann dabei unter freier Würdigung aller Umstände des Falles sowie der allgemeinen Strafzumessungserwägungen auch eine Ober- und Untergrenze der Strafe angeben. Die Verfahrensbeteiligten erhalten Gelegenheit zur Stellungnahme. Die Verständigung kommt zustande, wenn Angeklagter und Staatsanwaltschaft dem Vorschlag des Gerichtes zustimmen.
> (4) Die Bindung des Gerichtes an eine Verständigung entfällt, wenn rechtlich oder tatsächlich bedeutsame Umstände übersehen worden sind oder sich neu ergeben haben und das Gericht deswegen zu der Überzeugung gelangt, dass der in Aussicht gestellte Strafrahmen nicht mehr tat- oder schuldangemessen ist. Gleiches gilt, wenn das weitere Prozessverhalten des Angeklagten nicht dem Verhalten entspricht, das der Prognose des Gerichtes zugrunde gelegt worden ist. Das Geständnis des Angeklagten darf in diesen Fällen nicht verwertet werden. Das Gericht hat eine Abweichung unverzüglich mitzuteilen.
> (5) Der Angeklagte ist über die Voraussetzungen und Folgen einer Abweichung des Gerichtes von dem in Aussicht gestellten Ergebnis nach Absatz 4 zu belehren.

Danach erkennt der Gesetzgeber in Abs. 1 S. 1 grundsätzlich die Zulässigkeit von Absprachen nach Maßgabe der weiteren Absätze des § 257 c StPO an, stellt aber in S. 2 unmissverständlich klar, dass dadurch die Amtsaufklärung nach § 244 II StPO nicht eingeschränkt werden darf.

Den Gegenstand der Verständigung regelt Abs. 2. Nach S. 1 a.E. können verfahrensbezogene Maßnahmen (z. B. den Prozessstoff beschränkende Entscheidungen nach §§ 154 ff. StPO) oder etwaiges Prozessverhalten (z. B. Verzicht auf Stellung weiterer Beweisanträge) Gegenstand der Absprache sein. Insbesondere postuliert aber S. 3, dass der Schuldspruch sowie Maßregeln der Besserung und Sicherung niemals Gegenstand der Verständigung sein dürfen. Regelmäßiger, wenn auch nicht notwendiger Bestandteil eines „Deals" wird nach S. 2 ein Geständnis sein; welchen Inhalt dieses haben muss, hat der Gesetzgeber offen gelassen. Der Hinweis auf die Offizialmaxime bedeutet allerdings auch, dass ein völlig inhaltsleeres Formalgeständnis für eine Verurteilung nicht ausreichend sein kann; abgegebene Geständnisse müssen also in der Hauptverhandlung durch eine Beweisaufnahme trotz allem auf ihre Richtigkeit überprüft werden (◘ Abb. 4.3).

◘ Abb. 4.3 Deal (Reinald Fenke)

4.8 · Die Verständigung im Strafprozess, § 257 c StPO

Inhalt der Absprache sind daher in erster Linie die Rechtsfolgen im Urteil und die sie begleitenden Beschlüssen (z. B. Bewährungsauflagen oder Fortdauer der U-Haft). Das Gericht darf eine Ober- und Untergrenze angeben (§ 257 c III 2 StPO), jedoch keine konkrete „Punktstrafe". Für die Festlegung des Strafrahmens gelten die allgemeinen Strafzumessungsgrundsätze nach § 46 StGB. Vereinbarungen über Strafvollstreckung oder -vollzug sind wegen der damit verbundenen Kompetenzüberschreitung des Tatgerichtes unzulässig.

Die Verständigung kommt nach Abs. 3 S. 4 zustande, wenn der Angeklagte sowie der Staatsanwalt dem gerichtlichen Vorschlag zustimmen; damit tritt für diese selbst Bindungswirkung ein. Er ist ins Protokoll aufzunehmen, vgl. § 273 Ia 1 StPO; die Protokollierungspflicht besteht im Übrigen nach S. 3 auch dann, wenn keine Verständigung stattgefunden hat (sog. „Negativattest"). Die Bindungswirkung entfällt unter den in Abs. 4 genannten Voraussetzungen; in diesem Falle nimmt das Verfahren seinen regelmäßigen, in §§ 244–256 StPO geregelten Verlauf; ein erfolgtes Geständnis ist kraft gesetzlicher Regelung nicht verwertbar. Dessen ist der Angeklagte nach Abs. 5 zu belehren. Ob darüber hinaus aufgrund dieses Beweisverwertungsverbotes eine – eigentlich dem deutschen Rechtskreis fremde – Fernwirkung bzgl. der weiteren, bis dahin gewonnenen Beweise eintritt, erscheint angesichts der in diesem Punkt restriktiven Rechtsprechung zweifelhaft, so dass von einer Beweisverwertbarkeit auszugehen sein dürfte. Ob anders zu entscheiden ist, wenn das Verschulden für die „Aufkündigung" der Absprache auf Seiten der Justiz zu suchen ist, bleibt durch die obergerichtliche Judikatur abzuwarten.

Verurteilt das Gericht im Rahmen der getroffenen Vereinbarung, so muss dies nach § 267 III 5 StPO in den Urteilsgründen angegeben werden. Hinsichtlich dieses Urteils kann nach § 302 I 2 StPO nicht auf Rechtsmittel verzichtet werden. Hält sich das Gericht dagegen nicht an die getroffene Absprache, so kann dies allseits im Rechtsmittelverfahren gerügt werden.

4.9 Das Urteil einschließlich seiner Rechtskraft

4.9.1 Grundlagen und Begriffe

Ein Urteil ist die formgebundene und mit besonderen Wirkungen versehene Entscheidung des erkennenden Gerichts, die aufgrund einer Hauptverhandlung ergeht und den Verfahrensabschnitt abschließt. Es gibt zwei Arten von Urteilen:

Prozessurteil
— Das **Prozessurteil** erklärt die weitere Fortsetzung des Verfahrens für unzulässig, etwa nach §§ 260 I, III StPO, weil ein Verfahrenshindernis vorliegt.

Sachurteil
— Ein **Sachurteil** dagegen nimmt zum materiellen, zugelassenen Anklagevorwurf Stellung und kommt entweder zu einem freisprechenden oder verurteilenden Ergebnis, §§ 260 I, 267 I, V StPO (s. ◘ Abb. 4.4).

§ 260 I StPO – Urteil
(1) Die Hauptverhandlung schließt mit der auf die Beratung folgenden Verkündung des Urteils.
(2) ...
(3) Die Einstellung des Verfahrens ist im Urteil auszusprechen, wenn ein Verfahrenshindernis besteht.
(4) Die Urteilsformel gibt die rechtliche Bezeichnung der Tat an, deren der Angeklagte schuldig gesprochen wird. Hat ein Straftatbestand eine gesetzliche Überschrift, so soll diese zur rechtlichen Bezeichnung der Tat verwendet werden. Wird eine Geldstrafe verhängt, so sind Zahl und Höhe der Tagessätze in die Urteilsformel aufzunehmen. Wird die Entscheidung über die Sicherungsverwahrung vorbehalten, die Strafe oder Maßregel der Besserung und Sicherung zur Bewährung ausgesetzt, der Angeklagte mit Strafvorbehalt verwarnt oder von Strafe abgesehen, so ist dies in der Urteilsformel zum Ausdruck zu bringen. Im übrigen unterliegt die Fassung der Urteilsformel dem Ermessen des Gerichts.
(5) Nach der Urteilsformel werden die angewendeten Vorschriften nach Paragraph, Absatz, Nummer, Buchstabe und mit der Bezeichnung des Gesetzes aufgeführt. Ist bei einer Verurteilung, durch die auf Freiheitsstrafe oder Gesamtfreiheitsstrafe von nicht mehr als zwei Jahren erkannt wird, die Tat oder der ihrer Bedeutung nach

4.9 · Das Urteil einschließlich seiner Rechtskraft

Geschäftsnummer

**Landgericht Ravensburg
Im Namen des Volkes
Urteil**

Strafsache

gegen

▬▬▬

wegen   Misshandlung von Schutzbefohlenen u.a.

Die 2. Jugendkammer des Landgerichts Ravensburg hat in
der Sitzung vom ▬▬ in Fortsetzung der Hauptverhandlung
vom ▬▬, an der teilgenommen haben

▬▬▬

(als Vorsitzender)

▬▬▬

(als beis. Richter)

▬▬▬

(als Schöffen)

▬▬

(als Beamter der Staatsanwaltschaft)

▬▬▬

(als Verteidiger)

für   R e c h t   erkannt:

I. Der Angeklagte ▬▬▬ wird wegen
   a) Misshandlung von Schutzbefohlenen sowie
   b) Sexuellen Missbrauchs von Schutzbefohlenen in Tateinheit mit sexuellem Missbrauch von Kindern zu einer
      Gesamtfreiheitsstrafe von 2 Jahren
verurteilt.

II. Der Angeklagte trägt die Kosten des Verfahrens und die notwendigen Auslagen der Nebenkläger.

Angewandte Vorschriften:
§§ 225 I, 176 I, 174 I, 53, 52 StGB

Gründe:

◘ **Abb. 4.4**   Urteil Beispiel Landgericht Ravensburg

überwiegende Teil der Taten auf Grund einer Betäubungsmittelabhängigkeit begangen worden, so ist außerdem § 17 Abs. 2 des Bundeszentralregistergesetzes anzuführen.

Von einem Urteil zu unterscheiden sind:

Beschlüsse
— Beschlüsse, die prozessbegleitenden oder -beendenden Charakter haben und denen nicht zwangsläufig eine mündliche Verhandlung vorausgeht, wie die Einstellungen nach §§ 153, 153 a StPO oder solche über die Ablehnung eines Beweisantrages nach § 244 VI StPO.

Verfügungen
— Verfügungen sind prozessbegleitende Einzelanordnungen des Vorsitzenden, denen in der Regel keine prozessbeendende Wirkung zukommt, wie die Gestattung und Zurückweisung von Fragen nach §§ 241, 241 a StPO.

4.9.2 Urteilsfindung, § 261 StPO

§ 261 StPO – Grundsatz der freien richterlichen Beweiswürdigung
Über das Ergebnis der Beweisaufnahme entscheidet das Gericht nach seiner freien, aus dem Inbegriff der Verhandlung geschöpften Überzeugung.

Die Beweiswürdigung ist regelmäßig Sache des Tatrichters. Das Revisionsgericht hat es grundsätzlich hinzunehmen, wenn das Tatgericht z. B. den Angeklagten freispricht, weil es Zweifel an der Täterschaft nicht überwinden kann. Auf eine möglicherweise andere Bewertung des Revisionsgerichtes kommt es nicht an; seine Überprüfung beschränkt sich auf die von Rechtsfehlern. Solche liegen u. a. dann vor, wenn die Beweiswürdigung widersprüchlich, unklar oder lückenhaft ist, gegen Denkgesetze oder wissenschaftliche Erfahrungssätze verstößt. Der Kontrolle unterliegt auch, ob überspannte Anforderungen an die richterliche Überzeugungsbildung gestellt worden sind, also z. B. durch Unterstellen von Sachverhaltsvarianten zugunsten des Angeklagten, für deren Vorliegen sich keine konkreten Anhaltspunkte ergeben haben.

Grundlagen der richterlichen Überzeugungbildung
Es war lange Zeit unklar, wie denn nun die richterliche Überzeugungsbildung zu geschehen hatte. Der BGH (BGHZ 53, 245 ff., „Anastasia-Entscheidung") ging zu-

nächst von einer rein subjektiven Überzeugungsbildung aus, da „§ 286 ZPO (wie auch § 261 StPO) nur darauf abstellt, ob der Richter selbst die Überzeugung von der Wahrheit einer Behauptung gewonnen hat. Es ist von ihm die Entscheidung zu treffen, ob er die an sich möglichen Zweifel überwinden und sich von einem bestimmten Sachverhalt als wahr überzeugen kann. Eine von allen Zweifeln freie Überzeugung setzt das Gesetz bei ihm aber nicht voraus."

Im Laufe der Jahre – durch neue Erkenntnisse insbesondere der forensischen Psychologie – war diese Auffassung nicht mehr haltbar, zumal immer deutlicher wurde, wie unzuverlässig gerade Zeugenaussagen, eines der empirisch am häufigsten vorkommenden Strengbeweismittel, sind. Die Rspr. (z. B. BGH StV 1993, 510) schwenkte daher verstärkt auf eine objektive Linie um und verlangte fortan, dass die zur richterlichen Überzeugung erforderliche *persönliche subjektive* Gewissheit des Richters *objektive* Grundlagen voraussetze. Diese „müssten aus rationalen Gründen den Schluss erlauben, dass das festgestellte Geschehen mit hoher Wahrscheinlichkeit mit der Wirklichkeit übereinstimme. Das sei der Nachprüfung durch das Revisionsgericht zugänglich. Die objektiv hohe Wahrscheinlichkeit ist demnach festzustellen; die subjektive richterliche Überzeugung muss hinzukommen, kann aber die objektiv hohe Wahrscheinlichkeit nicht ersetzen."

In der weiteren Entwicklung legte die Rspr. (wichtig: BGH NStZ 2000, 100) dann fest, wie diese „objektiv hohe Wahrscheinlichkeit" zu bestimmen ist: Beginnend von der sog. „Nullhypothese" oder „neutralen Ausgangswahrscheinlichkeit" muss der Richter anhand von objektiven Glaubhaftigkeitsmerkmalen oder Realitätskriterien, die als empirisch gesichert anzusehen und damit anwendbar sind, versuchen, eine entsprechend hohe Wahrscheinlichkeit für eine Erlebnisbegründetheit in den Aussagen zu finden. Dieses Vorgehen wird „Aussagenanalyse" genannt. Es sind in erster Linie Anzeichen für die Wahrheit, also für tatsächlich Erlebtes zu suchen, nicht Anhaltspunkte für eine etwaige Lüge. Es ist also nicht zu prüfen, ob Aussagenteile in einer Schilderung vorhanden sind, welche gemeinhin von einem Lügner selten(er) erfunden werden. Das bedeutet aber auch im Umkehrschluss, dass es nicht ausreicht, Umstände zu verneinen, die gegen die Glaubhaftigkeit der Zeugenaussage sprechen könnten. Die Leitfrage der Aussagepsychologie lautet vielmehr: „Könnte der Zeuge mit den gegebenen individuellen Voraussetzun-

Prüfungsreihenfolge für eine erlebnisfundierte Darstellung

gen unter den vorliegenden Befragungsumständen und unter Berücksichtigung möglicher Einflüsse Dritter diese spezifische Aussage auch ohne Erlebnisbezug machen?"

Im Rahmen der Beurteilung, ob eine erlebnisfundierte Darstellung vorliegt, ergibt sich daher folgender Prüfungsablauf (s.a. Hussels, Von Wahrheiten und Lügen – Eine Darstellung der Glaubhaftigkeitsmerkmale anhand der Rspr., in: forumpoenale 2012, 368 ff.):

— Zunächst ist die Aussage auf **Realitätskriterien/Glaubhaftigkeitsmerkmale** zu untersuchen. Die Wahrscheinlichkeit für eine (zumindest subjektiv) wahre Darstellung steigt, je mehr Merkmale gefunden werden. Ausgehend von einer grundsätzlichen 50 %- 50 %-Wahrscheinlichkeit der Zuverlässigkeit einer Aussage des Zeugen muss anhand der Realitätskriterien versucht werden, eine entsprechend hohe Wahrscheinlichkeit festzustellen. Welcher Grad erreicht werden muss, kann nicht allgemein gesagt werden; der Entscheidungsträger muss letztendlich entsprechend subjektiv „jenseits eines vernünftigen Zweifels (beyond reasonable doubt)" überzeugt sein. Die oben genannten Realitätskriterien sind anerkannt und daher anzuwenden, wobei klargestellt sei, dass sie ausschließlich zur Abgrenzung „Zuverlässigkeit"/„Lüge" dienen (◘ Abb. 4.5).

— Anschließend ist die Aussage auf die so genannten **Warnmerkmale** zu überprüfen, die einen Hinweis auf erklärungsbedürftige Auffälligkeiten in der Aussage oder bei deren Präsentation geben. Lassen sie sich problemlos „verarbeiten"/erklären oder findet sich eine (harmlose) Deutungsmöglichkeit, so sind sie grundsätzlich als neutral zu behandeln. Ist das nicht der Fall, verringern sie in der Gesamtbetrachtung den Grad der Wahrscheinlichkeit für die Zuverlässigkeit der zu beurteilenden Aussage.

Eine Übersicht zu den Warnmerkmalen bietet ◘ Abb. 4.6:

— Liegen nach dieser Prüfung keine Warnmerkmale vor oder erreichen sie kein Ausmaß, welches die Zuverlässigkeit der Aussage erschüttert, so ist im dritten und letzten Schritt zu erörtern, ob die Auskunftsperson auch tatsächlich **irrtumsfreie Erinnerungen** wiedergibt oder ob es sich lediglich um Scheinerinnerungen oder falsche Schlussfolgerungen („Knallzeuge") handelt. Fehlerquellen können auftreten bei der:

4.9 · Das Urteil einschließlich seiner Rechtskraft

Realitätskriterien		
Inhaltliche Merkmale	Aussagedetails	Komplikation Detailqualität Deliktstypik
	Individualität	Originalität Gefühle Miss-/Unverständnis/ Mehrdeutigkeit
	Verflechtung	Problem: Kontamination
Strukturelle Merkmale	Strukturgleichheit	Inhalt/Form Körpersprache
	Nichtsteuerung	Chronologie Umkehrung der Reihenfolge
	Widerspruchsfrei freiheit/ Homogenität	
Wiederholungsmerk~male	(In-)Konstanz	gleichbleibendes subjektives »Kerngeschehen«
	Erweiterung	Lückenfüllung Wechselseitige Ergänzung

◘ **Abb. 4.5** Realitätskriterien

Warnmerkmale…		
… der Verlegenheit	Zurückhaltung	Verweigerung Flucht (Kettenfrage!)
	Linguistische Signale/ Mangelnde Präzision	
… der Übertreibung	Bestimmtheit	Übertriebene Genauigkeit Stereotypie
	Dreistigkeit	
	Begründung/Vorwegverteidigung	
… mangelnder Kompetenz	Kargheit	Abstraktheit Glattheit Zielgerichtetheit
	Strukturbruch	

◘ **Abb. 4.6** Warnmerkmale

Grundlagen der Irrtumslehre

- **Wahrnehmung** von Ereignissen, z. B. langsame Anpassungsfähigkeit der Augen vom Hellen ins Dunkle, eingeschränkte Wiedererkennungsfähigkeit von menschlichen Stimmen durch das Ohr;
- **Speicherung** von Ereignissen, z. B. Verblassungstendenzen aufgrund eines langen Zeitablaufs („Erinnerungen an den 1. Schultag!"); Durchführung von Routinehandlungen (immer wiederkehrende Ereignisse/Handlungen werden wahrgenommen, aber nicht gespeichert, wie z. B. „Abschließen der Haustüre");
- **Wiedergabe** von Ereignissen, z. B. Erinnerungsschätzungen hinsichtlich Entfernungen („Wie weit waren Sie entfernt, als Sie damals ...?"), Geschwindigkeiten, Zeitdauer, Größen und Maße etc.

Kann danach auch ein Irrtum ausgeschlossen werden, so ist von einer zuverlässigen, das tatsächliche Geschehen wiedergebenden (glaubhaften) Aussage auszugehen. Ob dies allein ausreicht, um später zu einer Verurteilung zu kommen, ist damit noch nicht gesagt, vor allem dann, wenn mehrere Aussagen zu analysieren und in der Gesamtheit der sonstigen Beweismittel zu würdigen sind. Erst, wenn sich nach abschließender Würdigung unter Berücksichtigung der Aussagenanalyse aller Auskunftspersonen keine eindeutige Tatsachengrundlage feststellen lässt, ist Raum für eine Entscheidung nach „in dubio pro reo": Denn der Zweifelssatz ist keine Beweis-, sondern eine Entscheidungsregel, die nicht schon auf das einzelne Indiz oder die jeweilige Tatsache, sondern erst bei der abschließenden Überzeugungsbildung bzw. Gesamtwürdigung auf Grund der gesamten Beweislage angewendet werden darf (st. Rspr; vgl. nur BGH NStZ 2006, 650).

4.9.3 Aufbau und Inhalt eines Urteils

4.9.3.1 Aufbau eines Strafurteils

Das Urteil beginnt mit dem Rumbrum

- Das Urteil beginnt mit dem **Rubrum**. Es ergeht „Im Namen des Volkes" nach § 268 I StPO. Dann folgen Anschrift und Personalien des Angeklagten sowie die durchgeführten Sitzungstage und die Personen, die an ihnen teilgenommen haben, vgl. § 275 III SPO.

Tenor ist das gerichtliche Ergebnis bzgl. der Schuld des Angeklagten.

- Danach folgt der **Tenor**. Er ist der wichtigste Teil des Urteils und spricht aus, zu welchem Ergebnis das erkennende Gericht hinsichtlich der Schuld und der Sanktion bzgl. des Angeklagten gekommen ist. Die

4.9 · Das Urteil einschließlich seiner Rechtskraft

Urteilsformel, wie sie vor der Verkündung handschriftlich niedergelegt und anschließend nach § 268 II 1 StPO verkündet wurde, ist so in die Urteilsurkunde aufzunehmen.

— Danach folgen die **Urteilsgründe**, die darlegen, ob das Gericht die im Eröffnungsbeschluss festgelegte Tat für erwiesen erachtet oder in welchem Umfang nicht, § 268 II 2 StPO.

Urteilsgründe begründen die getroffene Entscheidung.

> **§ 268 I, II StPO – Urteilsverkündung**
> (1) Das Urteil ergeht im Namen des Volkes.
> (2) Das Urteil wird durch Verlesung der Urteilsformel und Eröffnung der Urteilsgründe verkündet. Die Eröffnung der Urteilsgründe geschieht durch Verlesung oder durch mündliche Mitteilung ihres wesentlichen Inhalts. Bei der Entscheidung, ob die Urteilsgründe verlesen werden oder ihr wesentlicher Inhalt mündlich mitgeteilt wird, sowie im Fall der mündlichen Mitteilung des wesentlichen Inhalts der Urteilsgründe soll auf die schutzwürdigen Interessen von Prozessbeteiligten, Zeugen oder Verletzten Rücksicht genommen werden. Die Verlesung der Urteilsformel hat in jedem Falle der Mitteilung der Urteilsgründe voranzugehen.

— Letztendlich ist das Urteil von den Berufsrichtern, nicht aber auch von den Schöffen zu **unterschreiben**, vgl. § 275 II 1, 3 StPO.

Urteil muss unterschrieben werden.

4.9.3.2 Inhalt eines Strafurteils (Urteilsgründe)

Diesbezüglich ist zu unterscheiden, ob das Gericht das Verfahren eingestellt, den Angeklagten freigesprochen oder verurteilt hat:

Handelt es sich um ein Einstellungsurteil nach § 260 III StPO, muss das Gericht darlegen, welcher Vorwurf dem Angeklagten zur Last gelegt und welches Verfahrenshindernis angenommen wurde.

Einstellungsurteil nach § 260 III StPO

> **§ 260 III StPO – Urteil**
> (3) Die Einstellung des Verfahrens ist im Urteil auszusprechen, wenn ein Verfahrenshindernis besteht.

Gründe der Verurteilung

Kommt das Gericht zu einer Verurteilung, so ergibt sich der notwendige Inhalt der Urteilsgründe aus § 267 I–III StPO:

> **§ 267 I–III StPO – Urteilsgründe**
> (1) Wird der Angeklagte verurteilt, so müssen die Urteilsgründe die für erwiesen erachteten Tatsachen angeben, in denen die gesetzlichen Merkmale der Straftat gefunden werden. Soweit der Beweis aus anderen Tatsachen gefolgert wird, sollen auch diese Tatsachen angegeben werden. Auf Abbildungen, die sich bei den Akten befinden, kann hierbei wegen der Einzelheiten verwiesen werden.
> (2) Waren in der Verhandlung vom Strafgesetz besonders vorgesehene Umstände behauptet worden, welche die Strafbarkeit ausschließen, vermindern oder erhöhen, so müssen die Urteilsgründe sich darüber aussprechen, ob diese Umstände für festgestellt oder für nicht festgestellt erachtet werden.
> (3) Die Gründe des Strafurteils müssen ferner das zur Anwendung gebrachte Strafgesetz bezeichnen und die Umstände anführen, die für die Zumessung der Strafe bestimmend gewesen sind. Macht das Strafgesetz Milderungen von dem Vorliegen minder schwerer Fälle abhängig, so müssen die Urteilsgründe ergeben, weshalb diese Umstände angenommen oder einem in der Verhandlung gestellten Antrag entgegen verneint werden; dies gilt entsprechend für die Verhängung einer Freiheitsstrafe in den Fällen des § 47 des Strafgesetzbuches. Die Urteilsgründe müssen auch ergeben, weshalb ein besonders schwerer Fall nicht angenommen wird, wenn die Voraussetzungen erfüllt sind, unter denen nach dem Strafgesetz in der Regel ein solcher Fall vorliegt; liegen diese Voraussetzungen nicht vor, wird aber gleichwohl ein besonders schwerer Fall angenommen, so gilt Satz 2 entsprechend. Die Urteilsgründe müssen ferner ergeben, weshalb die Strafe zur Bewährung ausgesetzt oder einem in der Verhandlung gestellten Antrag entgegen nicht ausgesetzt worden ist; dies gilt entsprechend für die Verwarnung mit Strafvorbehalt und das Absehen von Strafe. Ist dem Urteil eine Verständigung (§ 257c) vorausgegangen, ist auch dies in den Urteilsgründen anzugeben.

Aufbau der Urteilsgründe

Der übliche Aufbau der Urteilsgründe bei einer Verurteilung ist:
- Persönliche Verhältnisse des Angeklagten
- Festgestellter Sachverhalt

- Beweiswürdigung
- Rechtliche Würdigung
- Strafzumessung
- Nebenentscheidungen und
- Kostenentscheidung.

Kommt das Gericht zu einem Freispruch, ergibt sich der notwendige Inhalt der Gründe aus § 267 V StPO:

> **§ 267 V StPO – Urteilsgründe**
> (5) Wird der Angeklagte freigesprochen, so müssen die Urteilsgründe ergeben, ob der Angeklagte für nicht überführt oder ob und aus welchen Gründen die für erwiesen angenommene Tat für nicht strafbar erachtet worden ist. Verzichten alle zur Anfechtung Berechtigten auf Rechtsmittel oder wird innerhalb der Frist kein Rechtsmittel eingelegt, so braucht nur angegeben zu werden, ob die dem Angeklagten zur Last gelegte Straftat aus tatsächlichen oder rechtlichen Gründen nicht festgestellt worden ist. Absatz 4 Satz 3 ist anzuwenden.

Inhalt bei Freispruch

Wichtig ist also hierbei die Unterscheidung, ob der Freispruch aus *rechtlichen* oder *tatsächlichen* Gründen erfolgte.

Wird das erlassene Urteil überhaupt nicht angefochten, so kann es nach § 267 IV 1–3 StPO abgekürzt abgefasst werden.

Unterscheidung: Freispruch aus rechtlichen oder tatsächlichen Gründen

4.9.4 Formelle Rechtskraft

Formelle Rechtskraft tritt bei einem Urteil ein, wenn es von den Verfahrensbeteiligten nicht oder nicht mehr mit einem ordentlichen, insbesondere einem befristeten Rechtsmittel anfechtbar ist. Das ist insbesondere dann der Fall, wenn ein solches innerhalb der Rechtsmittelfrist nicht oder nicht wirksam eingelegt oder ein solches wirksam zurückgenommen (§ 302 StPO) wurde oder das Revisionsgericht in letzter Instanz entschieden hat (§ 354 I StPO).

Formelle Rechtskraft bedeutet Nichtanfechtbarkeit der Entscheidung mit einem ordentlichen Rechtsmittel.

Der formellen Rechtskraft kommen zwei Wirkungen zu: Zum einen kann das Urteil nun nach §§ 449 ff. StPO vollstreckt werden, zum anderen tritt materielle Rechtskraft ein.

Wirkung

Anders verhält es sich bei Beschlüssen: Hierbei können nur solche formell rechtskräftig werden, die entweder mit der sofortigen Beschwerde (vgl. § 311 StPO) oder gar nicht (z. B. solche nach § 349 II StPO) anfechtbar sind.

Einschränkung der formellen Rechtskraft bei Beschlüssen

4.9.5 Materielle Rechtskraft

Materielle Rechtskraft umfasst nur den Tenor, nicht die Gründe der Entscheidung.

Die **materielle** Rechtskraft, welche nur den Tenor einer Entscheidung umfasst, nicht aber die Gründe, setzt die formelle Rechtskraft voraus und bezieht sich auf den Inhalt einer Entscheidung. Sie beinhaltet die gegenwärtige und zukünftige Zulässigkeit der Vollstreckung von verhängten Sanktionen gegen denselben Täter wegen derselben prozessualen Tat i. S. d. § 264 StPO.

Wichtigste Wirkung ist der Verbrauch der Strafklage gemäß Art. 103 III GG. Das bedeutet, dass die Tat, die bereits einmal Gegenstand eines durch Sachurteil abgeschlossenen Verfahrens war, nicht noch einmal Gegenstand eines solchen sein darf („ne bis in idem"). Das frühere Verfahren entwickelt also eine Sperrwirkung mit der Folge eines Verfahrenshindernisses für das spätere. Das gilt sowohl für die Verurteilung als auch für den Freispruch.

Ähnlich verhält es sich bei Beschlüssen, die in formeller Rechtskraft erwachsen können; auch sie können materiell rechtskräftig werden.

4.9.6 Durchbrechung der Rechtskraft

Die materielle Rechtskraft kann – der Rechtssicherheit wegen – nur in sehr engen Ausnahmefällen durchbrochen werden. Bei Urteilen ist dies beispielsweise durch das Wiederaufnahmeverfahren zugunsten (§ 359 StPO) oder zuungunsten (§ 362 StPO) des Verurteilten möglich, welchem allerdings in der Praxis selten Erfolg beschieden ist. Weitere Durchbrechungsfälle der Rechtskraft sind die Aufhebung des Urteils zugunsten eines nicht-revidierenden Mitangeklagten durch das Revisionsgericht nach § 357 StPO oder im Rahmen einer erfolgreichen Verfassungsbeschwerde nach § 95 II BVerfGG.

4.9.7 Nichtige Urteile

Jedes Urteil erwächst in Rechtskraft – auch *nichtige* Urteile. Um dessen grundsätzliche Wirksamkeit zu beseitigen, müssen sie mit den im Rechtszug zur Verfügung stehenden Mitteln angefochten werden. Ausnahmen werden lediglich dort gemacht, wo es aus rechtsstaatlichen Gesichtspunkten unerträglich erscheint, diesem Urteil überhaupt eine Geltung zukommen zu lassen. Dazu gehören

Urteile mit einer gesetzlich nicht vorgesehenen Sanktion (z. B. Todesstrafe, vgl. Art 102 GG), Urteile gegen Strafunmündige (vgl. § 19 StGB) oder tote Personen.

Nichturteile dagegen sind solche Entscheidungen, die von einer vollkommen unzuständigen Person erlassen werden, also z. B. ein „Urteil" eines Staatsanwaltes.

4.10 Wiederholungsfragen

? Fragen
5. In welche Abschnitte gliedert sich das Hauptverfahren? Lösung ▶ Abschn. 4.1
6. Wie wird die prozessuale Tat i. S. d. § 264 StPO definiert? Lösung ▶ Abschn. 4.2
7. Nennen Sie einige Aufgaben des prozessualen Tatbegriffes! Lösung ▶ Abschn. 4.2.1
8. Skizzieren Sie den Ablauf der Hauptverhandlung in seinen wesentlichen Schritten! Lösung ▶ Abschn. 4.3
9. Was versteht man unter Streng- und Freibeweis? Lösung ▶ Abschn. 4.4.2
10. Was besagt der Grundsatz der richterlichen Aufklärungspflicht? Lösung ▶ Abschn. 4.4.3
11. Was bedeutet formelle und materielle Unmittelbarkeit? Nennen Sie dazu Normen aus der StPO! Lösung ▶ Abschn. 4.5
12. In welchen Fällen wird der Grundsatz der persönlichen Vernehmung durchbrochen? Nennen Sie Beispiele! Lösung ▶ Abschn. 4.5.2
13. Was ist der Unterschied zwischen § 251 I und II StPO? Lösung ▶ Abschn. 4.5.2.1
14. Welches Verbot folgt aus § 252 StPO? Gibt es Ausnahmen davon? Lösung ▶ Abschn. 4.5.2.2
15. Welche Arten von Videoaufnahmen gibt es? Worin unterscheiden sie sich? Lösung ▶ Abschn. 4.5.4
16. Wie kann eine aufgezeichnete Videoaussage verwertet werden? Lösung ▶ Abschn. 4.5.4
17. Wie kann das „Ermittlungsergebnis" eines VE in die Hauptverhandlung eingeführt werden? Lösung ▶ Abschn. 4.5.5
18. Was ist der Unterschied zwischen einem Beweis- und einem Beweisermittlungsantrag? Lösung ▶ Abschn. 4.6.2
19. Welche Ablehnungsgründe kennt § 244 StPO? Erläutern Sie einige davon! Lösung ▶ Abschn. 4.6.3.1
20. Welche Arten von Beweisverboten gibt es? Lösung ▶ Abschn. 4.7

21. Nennen Sie Voraussetzungen/Möglichkeiten der Verständigung im Strafprozess! Lösung ▶ Abschn. 4.8
22. Was bedeutet formelle und materielle Rechtskraft? Wie kann diese durchbrochen werden? Lösung ▶ Abschn. 4.9
23. Was bedeutet der Begriff „Aussagenanalyse" im Rahmen des § 261 StPO? Was sind „Realitätskriterien" und „Warnmerkmale"? Lösung ▶ Abschn. 4.9.2

Rechtsmittel und Rechtsbehelfe

Inhaltsverzeichnis

5.1 Allgemeines – 196
5.1.1 Rechtsmittel und Rechtsbehelfe – 196
5.1.2 Generelle Voraussetzungen der Rechtsmittel der StPO – 197

5.2 Berufung – 199
5.2.1 Statthaftigkeit – 199
5.2.2 Zulässigkeit – 199
5.2.3 Begründetheit – 202

5.3 Revision – 205
5.3.1 Statthaftigkeit – 205
5.3.2 Zulässigkeit – 206
5.3.3 Begründetheit – 208

5.4 Beschwerde – 212
5.4.1 Statthaftigkeit – 213
5.4.2 Zulässigkeit – 214
5.4.3 Begründetheit – 215

5.5 Sonderform: Einspruch nach Erlass eines Strafbefehls – 216

5.6 Wiederholungsfragen – 217

© Springer-Verlag GmbH Deutschland, ein Teil von Springer Nature 2020
M. Hussels, *Strafprozessrecht - Schnell erfasst*, Recht - schnell erfasst,
https://doi.org/10.1007/978-3-662-61653-6_5

5.1 Allgemeines

Überprüfungsmöglichkeiten gerichtlicher Entscheidungen sind notwendiger und essentieller Bestandteil unserer Rechtsordnung: Sie dienen der Sicherung einer einheitlichen Rechtsprechung und üben gleichzeitig einen gewissen Druck auf die Eingangs- und Instanzgerichte aus, ihre Entscheidungen sorgfältig und wohl abgewogen zu begründen.

5.1.1 Rechtsmittel und Rechtsbehelfe

Rechtsbehelf ist jedes prozessuale Mittel zur Durchsetzung eines Rechts.
Rechtsmittel führen in die nächste Instanz.

Jedes prozessuale Mittel zur Verwirklichung einer Rechtsposition ist ein Rechtsbehelf (◘ Abb. 5.1).

Darunter fallen zum einen die „ordentlichen" Rechtsbehelfe, auch „Rechtsmittel" genannt, die eine Entscheidung vor ihrer Rechtskraft dem nächst höheren Gericht zur Überprüfung unterbreiten. Dazu gehören in der StPO Berufung, Revision und Beschwerde. Ebenfalls davon umfasst ist der Einspruch gegen einen Strafbefehl; auf die Besonderheiten hierbei und bei der einfachen Beschwerde wird noch eingegangen.

◘ Abb. 5.1   Rechtsbehelf (Reinald Fenke)

5.1 · Allgemeines

Unter den weit gefassten Begriff der Rechtsbehelfe allgemein fallen aber auch die „außerordentlichen", wie z. B. die Verfassungsbeschwerde, das Wiederaufnahmeverfahren und – gesetzlich nicht geregelt – die Dienstaufsichtsbeschwerde.

Rechtsmittel unterscheiden sich von den anderen Rechtsbehelfen durch zwei Wesensmerkmale:
- **Devolutiveffekt**: durch diesen entscheidet eine höhere Instanz über die angefochtene Entscheidung;
- **Suspensiveffekt**: hierdurch wird der Eintritt der formellen Rechtskraft hinausgeschoben, das Urteil darf also nicht vollstreckt werden.

Devolutiveffekt

Suspensiveffekt

Besonderheiten des Jugendstrafrechtes, insbesondere die des § 55 JGG, bleiben in der folgenden Darstellung unberücksichtigt.

5.1.2 Generelle Voraussetzungen der Rechtsmittel der StPO

Um Erfolg zu haben, muss ein Rechtsmittel statthaft, zulässig und begründet sein.

5.1.2.1 Statthaftigkeit

Statthaftigkeit bedeutet, dass das eingelegte Rechtsmittel als solches überhaupt das „richtige" gegen die angefochtene Entscheidung ist. Diese Frage ist strikt von jener der Zulässigkeit zu trennen und auch nicht dort zu prüfen. Denn selbst wenn ein Rechtsmittel „statthaft" ist, bedeutet das noch lange nicht, dass es auch „zulässig" ist. Dies wird leider nicht immer präzise unterschieden; selbst das Gesetz verwendet diese Begriffe teilweise synonym (vgl. §§ 312, 333 StPO).

Statthaftigkeit ist von der Zulässigkeit zu unterscheiden.

5.1.2.2 Zulässigkeit

- **Form** und **Frist:** Soweit bestimmte Formen und Fristen von Gesetzes wegen zu beachten sind, finden sich Ausführungen hierzu bei den einzelnen Rechtsmitteln.
- **Rechtsmittelberechtigte:** Nach § 296 I StPO sind rechtsmittelberechtigt der Beschuldigte (bzw. der gesetzliche Vertreter, § 298 StPO) wie auch die Staatsanwaltschaft, letztere nach Abs. 2 auch zugunsten

Zulässigkeitsvoraussetzungen

des Beschuldigten. § 297 StPO gibt weiterhin dem Verteidiger das Recht, Rechtsmittel einzulegen, jedoch nicht gegen den Willen des Beschuldigten. Privat- und Nebenkläger können kein Rechtsmittel zugunsten des Beschuldigten einlegen, vgl. § 390 I StPO sowie §§ 400 I, 401 I StPO.

— **Beschwer**: Die Zulässigkeit eines jeden Rechtsmittels hat zur Voraussetzung, dass ein Rechtsschutzinteresse besteht. Mithin muss derjenige, der ein solches einlegt, geltend machen, er sei durch die Entscheidung beschwert. Beim Angeklagten ist das immer dann der Fall, wenn eine Entscheidung zu seinem Nachteil ergangen ist, also z. B. durch eine Verurteilung. Die vorgetragene Beschwer muss sich dabei allerdings aus dem Tenor der Entscheidung ergeben, nicht aus den Urteilsgründen. Wenn also beispielsweise der Angeklagte freigesprochen wurde, kann er kein Rechtsmittel mit der Begründung einlegen, die Begründung für den Freispruch missfalle ihm (vgl. den Fall „Mollath", BGH NJW 16, 728).

— Die Staatsanwaltschaft als zur Objektivität verpflichtetes Organ der Rechtspflege ist immer beschwert, wenn sie geltend machen kann, die Entscheidung sei – insbesondere rechtlich – falsch, und zwar zugunsten wie zuungunsten des Angeklagten.

Rechtsschutzinteresse ist an das Vorliegen einer Beschwer geknüpft.

5.1.2.3 Begründetheit

Ein Rechtsmittel ist begründet, wenn die angefochtene Entscheidung materiell fehlerhaft ist. Über die Begründetheit darf nur entschieden werden, wenn das Rechtsmittel statthaft und zulässig ist. Im Rechtsmittelverfahren gilt das Verschlechterungsverbot mit der Folge, dass keine „reformatio in peius", also eine Verschlechterung der Entscheidung zum Nachteil des Angeklagten geben darf (vgl. §§ 331 I, 358 II StPO). Das bedeutet im Ergebnis, dass die neue Entscheidung nicht zum Nachteil des Angeklagten ausfallen darf, wenn nur er, sein Verteidiger oder die Staatsanwaltschaft zu seinen Gunsten das Rechtsmittel eingelegt hat. Eine Verschärfung/Abänderung des Schuldspruches ist allerdings immer möglich, also z. B. von Totschlag in Mord.

Reformatio in peius

Vor der Entscheidung kann das eingelegte Rechtsmittel nach § 302 StPO zurückgenommen werden, nach Beginn der Hauptverhandlung gemäß § 303 StPO aber nur mit Zustimmung des Gegners.

Rücknahme des Rechtsmittels

5.2 Berufung

5.2.1 Statthaftigkeit

> **§ 312 StPO – Zulässigkeit**
> Gegen die Urteile des Strafrichters und des Schöffengerichts ist die Berufung zulässig.

Es wurde bereits dargelegt, dass mit dieser Norm vielmehr die Statthaftigkeit gemeint ist. Die Berufung findet also grundsätzlich gegen die Urteile der beiden verschiedenen Spruchkörper des Amtsgerichtes statt.

5.2.2 Zulässigkeit

5.2.2.1 Annahme der Berufung

Obwohl nach dem Wortlaut des § 312 StPO gegen alle erstinstanzlichen Urteile des Amtsgerichtes die Berufung stattfinden könnte, muss sie in verschiedenen Fällen nach § 313 StPO gesondert angenommen werden; dies stellt nach überwiegender Auffassung eine zusätzliche Zulässigkeitsvoraussetzung dar:

Manche Berufungen bedürfen der gesonderten Abnahme.

> **§ 313 I, II StPO Annahmeberufung bei geringen Geldstrafen und Geldbußen**
> (1) Ist der Angeklagte zu einer Geldstrafe von nicht mehr als 15 Tagessätzen verurteilt worden, beträgt im Falle einer Verwarnung die vorbehaltene Strafe nicht mehr als 15 Tagessätze oder ist eine Verurteilung zu einer Geldbuße erfolgt, so ist die Berufung nur zulässig, wenn sie angenommen wird. Das gleiche gilt, wenn der Angeklagte freigesprochen oder das Verfahren eingestellt worden ist und die Staatsanwaltschaft eine Geldstrafe von nicht mehr als 30 Tagessätzen beantragt hatte.
> (2) Die Berufung wird angenommen, wenn sie nicht offensichtlich unbegründet ist. Andernfalls wird sie als unzulässig verworfen.

Die Annahme geschieht nach § 322a StPO durch unanfechtbaren Beschluss des Berufungsgerichtes ohne Darstellung von Gründen.

§ 322 a StPO Entscheidung über die Annahme der Berufung
Über die Annahme einer Berufung (§ 313) entscheidet das Berufungsgericht durch Beschluß. Die Entscheidung ist unanfechtbar. Der Beschluß, mit dem die Berufung angenommen wird, bedarf keiner Begründung.

Offensichtliche Unbegründetheit i.S.v. § 313 II StPO

Eine „offensichtliche Unbegründetheit" nach § 313 II StPO liegt dann vor, wenn jeder Sachkundige anhand des Akteninhalts, des Hauptverhandlungsprotokolls sowie einer eventuell vorliegenden Berufungsbegründungsschrift ohne längere Prüfung erkennt, dass keine Verfahrensfehler begangen worden sind und das Urteil auch in sachlich-rechtlicher Hinsicht nicht zu beanstanden ist.

▶ **Beispiele**

Der Angeklagte wurde in der Verhandlung vor dem Amtsgericht freigesprochen, die Staatsanwaltschaft hatte eine Geldstrafe von 25 Tagessätzen beantragt. Legt sie nun zum Nachteil des Angeklagten Berufung ein, unterliegt diese nach § 313 I StPO der Annahme. Hätte sie jedoch eine Freiheitsstrafe von sieben Monaten ohne Bewährung beantragt, läge kein Fall der Annahmeberufung vor.

Einschränkung: § 313 I 2 StPO gilt nicht für den Fall, dass die Staatsanwaltschaft in erster Instanz selbst Freispruch beantragt hatte, das Gericht entsprechend entschied, anschließend aber die StA doch Berufung einlegte. Hier ist die überwiegende Meinung mit dem Gesetzeswortlaut, welcher die Annahmefälle abschließend regelt, der Auffassung, dass ein Fall der Annahmeberufung nicht vorliegt. ◀

5.2.2.2 Form und Frist

§ 314 StPO – Form und Frist
(1) Die Berufung muss bei dem Gericht des ersten Rechtszuges binnen einer Woche nach Verkündung des Urteils zu Protokoll der Geschäftsstelle oder schriftlich eingelegt werden.
(2) Hat die Verkündung des Urteils nicht in Anwesenheit des Angeklagten stattgefunden, so beginnt für diesen die Frist mit der Zustellung, sofern nicht in den Fällen der §§ 234, 387 Abs. 1, § 411 Abs. 2 und § 434 Abs. 1 Satz 1 die Verkündung in Anwesenheit des mit schriftlicher Vollmacht versehenen Verteidigers stattgefunden hat.

Die Berufung muss also innerhalb einer Ausschlussfrist von einer Woche bei dem Gericht eingelegt werden, welches das angefochtene Urteil erlassen hat. Wann die Frist zu laufen beginnt, hängt davon ab, ob der Angeklagte bei der Urteilsverkündung anwesend war oder nicht. Abweichungen können sich in den Fällen ergeben, in denen die Verkündung in Anwesenheit eines mit diesbezüglicher ausdrücklicher schriftlicher Vollmacht versehenen Verteidigers stattgefunden hat, so z. B. möglich beim Strafbefehlsverfahren in den Fällen des § 411 II StPO.

Durch das rechtzeitige Einlegen der Berufung wird nach § 316 I StPO die Rechtskraft des angefochtenen Urteils gehemmt. Ist die Einlegungsfrist nicht gewahrt, wird sie nach § 319 I StPO durch das erkennende Gericht als unzulässig verworfen. Darüber hinaus kann das Berufungsgericht nach § 322 I StPO die Berufung als unzulässig verwerfen, wenn es die (weiteren) Zulässigkeitsvoraussetzungen nicht für gegeben erachtet (also insbesondere Form, Beschwer etc.) § 316 StPO

Die Berufung muss nicht von Anfang an als solche bezeichnet werden: es ist zulässig, zunächst nur innerhalb der Wochenfrist allgemein „Rechtsmittel" einzulegen und dieses nach Zustellung des Urteils nach § 316 II StPO innerhalb der Revisionsbegründungsfrist des § 345 StPO genauer zu bezeichnen. Unterbleibt dies, so wird das „Rechtsmittel" wegen des umfassenderen Prüfungsumfanges grundsätzlich als Berufung behandelt.

5.2.2.3 Berufungsbegründung

> **§ 317 StPO – Berufungsbegründung**
> Die Berufung kann binnen einer weiteren Woche nach Ablauf der Frist zur Einlegung des Rechtsmittels, oder, wenn zu dieser Zeit das Urteil noch nicht zugestellt war, bei dem Gericht des ersten Rechtszuges zu Protokoll der Geschäftsstelle oder in einer Beschwerdeschrift gerechtfertigt werden.

Daraus ergibt sich, anders als in der ZPO, dass die Berufungsbegründung keine Zulässigkeitsvoraussetzung ist: Sie kann, sie muss aber nicht zwingend abgegeben werden. Die Staatsanwaltschaft ist aufgrund innerdienstlicher Regelungen jedoch dazu verpflichtet, ihre Gründe und das von ihr verfolgte Berufungsziel darzulegen. Nach Keine Berufungsbegründung notwendig

§ 318 StPO kann die Berufung auf bestimmte Beschwerdepunkte beschränkt werden, also z. B. auf das Strafmaß.

5.2.3 Begründetheit

§ 325 StPO: Einschränkung des Unmittelbarkeitsgrundsatzes

Die Berufungsinstanz ist eine neue Tatsacheninstanz. Es wird in tatsächlicher und rechtlicher Hinsicht neu verhandelt, soweit das erstinstanzliche Urteil angefochten wurde, § 327 StPO. In diesem Rahmen können neue Tatsachen und Beweismittel vorgetragen werden. Für die mündliche Verhandlung gelten größtenteils die Regeln über das erstinstanzliche Verfahren; jedoch gestattet § 325 StPO eine weitgehende Verlesung von Schriftstücken, insbesondere von Protokollen der in 1. Instanz getätigten Zeugenaussagen.

Das Berufungsgericht hat nun in der Sache folgende Entscheidungsmöglichkeiten, wobei die Einstellungsnormen nach §§ 153 ff. StPO sowie §§ 206 a und 260 StPO beim Vorliegen von Verfahrenshindernissen unberührt bleiben:

> **§ 328 StPO – Inhalt des Berufungsurteils**
> (1) Soweit die Berufung für begründet befunden wird, hat das Berufungsgericht unter Aufhebung des Urteils in der Sache selbst zu erkennen.
> (2) Hat das Gericht des ersten Rechtszuges mit Unrecht seine Zuständigkeit angenommen, so hat das Berufungsgericht unter Aufhebung des Urteils die Sache an das zuständige Gericht zu verweisen.

Entscheidungsmöglichkeiten des Berufungsgerichts

Die Entscheidungsmöglichkeit des § 328 I StPO umfasst, obwohl nicht ausdrücklich erwähnt, sowohl die Aufhebung und Neuentscheidung des angefochtenen Urteils wie auch die Verwerfung der Berufung als „unbegründet". Egal, wie die Entscheidung auch lautet: Sie hat keine Bedeutung für andere Mitangeklagte.

Eine zu beachtende Sonderform stellt § 329 StPO dar, auf dessen Folgen der Angeklagte in der Ladung nach § 323 I 2 StPO bereits ausdrücklich hinzuweisen ist:

§ 329 StPO – Ausbleiben des Angeklagten; Vertretung in der Berufungshauptverhandlung

(1) Ist bei Beginn eines Hauptverhandlungstermins weder der Angeklagte noch ein Verteidiger mit nachgewiesener Vertretungsvollmacht erschienen und das Ausbleiben nicht genügend entschuldigt, so hat das Gericht eine Berufung des Angeklagten ohne Verhandlung zur Sache zu verwerfen. Ebenso ist zu verfahren, wenn die Fortführung der Hauptverhandlung in dem Termin dadurch verhindert wird, dass

1. sich der Verteidiger ohne genügende Entschuldigung entfernt hat und eine Abwesenheit des Angeklagten nicht genügend entschuldigt ist oder der Verteidiger den ohne genügende Entschuldigung nicht anwesenden Angeklagten nicht weiter vertritt,

2. sich der Angeklagte ohne genügende Entschuldigung entfernt hat und kein Verteidiger mit nachgewiesener Vertretungsvollmacht anwesend ist oder

3. sich der Angeklagte vorsätzlich und schuldhaft in einen seine Verhandlungsfähigkeit ausschließenden Zustand versetzt hat und kein Verteidiger mit nachgewiesener Vertretungsvollmacht anwesend ist.

Über eine Verwerfung wegen Verhandlungsunfähigkeit nach diesem Absatz entscheidet das Gericht nach Anhörung eines Arztes als Sachverständigen. Die Sätze 1 bis 3 finden keine Anwendung, wenn das Berufungsgericht erneut verhandelt, nachdem die Sache vom Revisionsgericht zurückverwiesen worden ist.

(2) Soweit die Anwesenheit des Angeklagten nicht erforderlich ist, findet die Hauptverhandlung auch ohne ihn statt, wenn er durch einen Verteidiger mit nachgewiesener Vertretungsvollmacht vertreten wird oder seine Abwesenheit im Fall der Verhandlung auf eine Berufung der Staatsanwaltschaft nicht genügend entschuldigt ist ….

(3) Kann die Hauptverhandlung auf eine Berufung der Staatsanwaltschaft hin nicht ohne den Angeklagten abgeschlossen werden oder ist eine Verwerfung der Berufung nach Absatz 1 Satz 4 nicht zulässig, ist die Vorführung oder Verhaftung des Angeklagten anzuordnen, soweit dies zur Durchführung der Hauptverhandlung geboten ist.

(4) Ist die Anwesenheit des Angeklagten in der auf seine Berufung hin durchgeführten Hauptverhandlung trotz der Vertretung durch einen Verteidiger erforderlich, hat das Gericht den Angeklagten zur Fortsetzung der Hauptverhandlung zu laden und sein persönliches Erscheinen anzuordnen. Erscheint der Angeklagte zu diesem Fortsetzungstermin ohne genügende Entschuldigung nicht und bleibt seine Anwesenheit weiterhin erforderlich, hat das Gericht die Berufung zu verwerfen. Über die Möglichkeit der Verwerfung ist der Angeklagte mit der Ladung zu belehren.
(5)–(6) ...
(7) Der Angeklagte kann binnen einer Woche nach der Zustellung des Urteils die Wiedereinsetzung in den vorigen Stand unter den in den §§ 44 und 45 bezeichneten Voraussetzungen beanspruchen. Hierüber ist er bei der Zustellung des Urteils zu belehren.

Sonderform:
§ 329 StPO

Liegen die Voraussetzungen des Abs. 1 vor, so hat das Gericht ohne weitere Prüfung – insbesondere ohne Befugnis zur Sachüberprüfung – die Berufung mit einem Prozessurteil zu verwerfen, unabhängig davon, ob das angefochtene Urteil der – materiellen – Richtigkeit entspricht oder nicht. Nach Abs. 2 kann die Hauptverhandlung unter den dort genannten Voraussetzungen stattfinden. Dazu bedarf es zum einen einer *ausdrücklichen* Vertretungsvollmacht, die vom Beschuldigten unterschrieben werden muss; zum anderen darf seine Anwesenheit nicht erforderlich sein. Wann das genau der Fall ist, wird kontrovers diskutiert; es wird teilweise sehr weitgehend vertreten, dass auf die Anwesenheit nur dann verzichtet werden kann, wenn sich keine Fragen von Schuld und Strafe mehr stellen.

Grundsätzlich ist jedoch bei dieser Vorschrift zu beachten, wer (StA oder Angeklagter) Berufung eingelegt hat; danach richten sich dann die Verwerfungsvoraussetzungen.

▶ **Beispiel**

A wurde in erster Instanz vom Amtsgericht zu einer Freiheitsstrafe von drei Monaten ohne Bewährung verurteilt. Gegen dieses Urteil legt er form- und fristgerecht Berufung ein; einen Verteidiger hat er nicht. Der Vorsitzende der Berufungskammer terminiert die Hauptverhandlung auf den 4.10., 8.30 Uhr, zu dem der Angeklagte ordnungsgemäß geladen wird. Zum Termin erscheint er nicht, ein Verteidiger hat sich zwischenzeitlich nicht legitimiert, eine Entschuldigung für das Ausbleiben liegt dem Gericht nicht vor. Nach Abwarten der üblichen 15 Minuten „Karenzzeit" hat die Berufungskammer die Berufung nach § 329 I 1 StPO ohne Sachprüfung zu verwerfen, auch wenn sie aufgrund der Aktenlage zur Überzeugung gelangt, das erstinstanzliche Urteil sei sachlich falsch. ◄

5.3 Revision

5.3.1 Statthaftigkeit

Die Statthaftigkeit einer Revision kann sich aus zwei verschiedenen Normen ergeben:

> **§ 333 StPO – Zulässigkeit**
> Gegen die Urteile der Strafkammern und der Schwurgerichte sowie gegen die im ersten Rechtszug ergangenen Urteile der Oberlandesgerichte ist die Revision zulässig.

> **§ 335 StPO – Sprungrevision**
> (1) Ein Urteil, gegen das Berufung zulässig ist, kann statt mit Berufung mit Revision angefochten werden.
> (2) Über die Revision entscheidet das Gericht, das zur Entscheidung berufen wäre, wenn die Revision nach durchgeführter Berufung eingelegt worden wäre.
> (3) Legt gegen das Urteil ein Beteiligter Revision und ein anderer Berufung ein, so wird, solange die Berufung nicht zurückgenommen oder als unzulässig verworfen ist, die rechtzeitig und in der vorgeschriebenen Form eingelegte Revision als Berufung behandelt. ...

Daraus ergibt sich, dass es gegen Urteile des Amtsgerichtes zwei Rechtsmittel, gegen solche des LG und OLG aber nur eines gibt, nämlich die Revision, welche lediglich eine Überprüfung des Urteils in rechtlicher, aber nicht mehr in tatsächlicher Hinsicht ermöglicht. Die Statthaftigkeit einer Sprungrevision wird im Übrigen nicht von § 313 StPO berührt, d. h. Rechtsfragen können immer sofort geklärt werden und bedürfen niemals einer Annahmeentscheidung.

Einschränkung der Rechtsmittelmöglichkeiten bei erstinstanzlichen Urteilen von LG und OLG

5.3.2 Zulässigkeit

5.3.2.1 Form und Frist der Revisionseinlegung

> **§ 341 StPO – Form und Frist**
> (1) Die Revision muss bei dem Gericht, dessen Urteil angefochten wird, binnen einer Woche nach Verkündung des Urteils zu Protokoll der Geschäftsstelle oder schriftlich eingelegt werden.
> (2) Hat die Verkündung des Urteils nicht in Anwesenheit des Angeklagten stattgefunden, so beginnt für diesen die Frist mit der Zustellung, sofern nicht in den Fällen der §§ 234, 387 Abs. 1, § 411 Abs. 2 und § 434 Abs. 1 Satz 1 die Verkündung in Anwesenheit des mit schriftlicher Vollmacht versehenen Verteidigers stattgefunden hat.

Diese Vorschriften entsprechen somit denen der Berufung. Auch bei der Revision wird der Vollzug des Urteils, soweit es angefochten wurde, nach § 343 I StPO gehemmt (Suspensiveffekt).

5.3.2.2 Revisionsbegründung

> **§ 344 StPO – Revisionsbegründung**
> (1) Der Beschwerdeführer hat die Erklärung abzugeben, inwieweit er das Urteil anfechte und dessen Aufhebung beantrage (Revisionsanträge), und die Anträge zu begründen.
> (2) Aus der Begründung muss hervorgehen, ob das Urteil wegen Verletzung einer Rechtsnorm über das Verfahren oder wegen Verletzung einer anderen Rechtsnorm angefochten wird. Ersterenfalls müssen die den Mangel enthaltenen Tatsachen angegeben werden.

Revision muss begründet werden.

Im Gegensatz zur Berufung ist bei der Revision eine Begründung Zulässigkeitsvoraussetzung, wobei expressis verbis angegeben werden muss, ob ein Verfahrensmangel oder ein sachlich-rechtlicher Mangel im angegriffenen Urteil vorliegen soll. Während also bei der Sachrüge der Satz reicht: „Es wird die Verletzung materiellen Rechts gerügt!", müssen bei der Verfahrensrüge die den Mangel enthaltenden Tatsachen so vollständig angegeben werden,

5.3 · Revision

dass das Revisionsgericht allein aufgrund der Revisionsbegründung überprüfen kann, ob ein Verfahrensfehler vorliegt, wenn sich die behaupteten Tatsachen als wahr erweisen sollten. Dieser Nachweis ist einzig und allein durch das Protokoll möglich, § 274 StPO. Sollte nachträglich das Protokoll berichtigt werden und dadurch der (zulässigen) Verfahrensrüge der Boden entzogen worden sein, so ist dies vom Revisionsgericht zu berücksichtigen (vgl. BGHSt (GrS) 51,298; s. oben unter 4.3.2).

5.3.2.3 Form und Frist der Revisionsbegründung

> **§ 345 StPO – Revisionsbegründungsfrist**
> (1) Die Revisionsanträge und ihre Begründung sind spätestens binnen eines Monats nach Ablauf der Frist zur Einlegung des Rechtsmittels bei dem Gericht, dessen Urteil angefochten wird, anzubringen. War zu dieser Zeit das Urteil noch nicht zugestellt, so beginnt die Frist mit der Zustellung.
> (2) Seitens des Angeklagten kann dies nur in einer von dem Verteidiger oder einem Rechtsanwalt unterzeichneten Schrift oder zu Protokoll der Geschäftsstelle geschehen.

Hier ist wichtig, dass genau differenziert wird zwischen Revisionseinlegungs- und -begründungsfrist: Sie sind unterschiedlich lang und laufen nacheinander, nicht gleichzeitig.

Beachte: Revisionseinlegungs- und Revisionsbegründungsfrist

> ▶ **Beispiel**
> A wurde wegen Mordes am 1.6. in Anwesenheit zu lebenslanger Freiheitsstrafe verurteilt. Die Revisionseinlegungsfrist läuft eine Woche ab diesem Tag und endet daher am 8.6. Ab diesem Tag läuft dann die Revisionsbegründungsfrist bis zum 8.7, es sei denn, das Urteil wird erst später zugestellt – was in der Praxis den Regelfall darstellt. Dann kommt es auf den Tag der Zustellung an, ab dem die Monatsfrist dann anfängt zu laufen. ◀

Sind die Vorschriften der §§ 341 und 345 StPO nicht beachtet worden, so hat nach § 346 I StPO das Gericht des angefochtenen Urteils (iudex a quo) die Revision als „unzulässig" zu verwerfen.

5.3.3 Begründetheit

Revision ist keine neue Tatsacheninstanz, sondern erlaubt nur eine Rechtsüberprüfung.

Die Revision ist begründet, wenn eine formelle oder materielle Rechtsverletzung vorliegt und grundsätzlich das angefochtene Urteil auf dieser beruht (§ 337 I StPO), also ein Kausalzusammenhang besteht. Das Gesetz unterscheidet zwischen „absoluten" und „relativen" Revisionsgründen.

5.3.3.1 Absolute Revisionsgründe

Absoluter Revisionsgrund: keine Beruhensprüfung erforderlich

Absolute Revisionsgründe werden in § 338 StPO enumerativ und abschließend aufgeführt; liegt ein solcher Grund vor, so wird regelmäßig vermutet, dass das Urteil auf dieser Gesetzesverletzung beruht, ohne dass zwingend dargelegt werden muss, ob ein Kausalzusammenhang zwischen Urteil und Gesetzesverletzung besteht.

Absolute Revisionsgründe sind:

> **§ 338 StPO – Absolute Revisionsgründe**
> Ein Urteil ist stets als auf einer Verletzung des Gesetzes beruhend anzusehen,
> 1. wenn das erkennende Gericht nicht vorschriftsmäßig besetzt war; war nach § 222a die Mitteilung der Besetzung vorgeschrieben, so kann die Revision auf die vorschriftswidrige Besetzung nur gestützt werden, wenn
>   a) das Gericht in einer Besetzung entschieden hat, deren Vorschriftswidrigkeit nach § 222b Absatz 2 Satz 2 oder Absatz 3 Satz 4 festgestellt worden ist, oder
>   b) das Rechtsmittelgericht nicht nach § 222b Absatz 3 entschieden hat und
>   aa) die Vorschriften über die Mitteilung verletzt worden sind,
>   bb) der rechtzeitig und in der vorgeschriebenen Form geltend gemachte Einwand der vorschriftswidrigen Besetzung übergangen oder zurückgewiesen worden ist oder
>   cc) die Besetzung nach § 222b Absatz 1 Satz 1 nicht mindestens eine Woche geprüft werden konnte, obwohl ein Antrag nach § 222a Absatz 2 gestellt wurde;
> 2. wenn bei dem Urteil ein Richter oder Schöffe mitgewirkt hat, der von der Ausübung des Richteramtes kraft Gesetzes ausgeschlossen war;
> 3. wenn bei dem Urteil ein Richter oder Schöffe mitgewirkt hat, nachdem er wegen Besorgnis der Befan-

5.3 · Revision

> genheit abgelehnt war und das Ablehnungsgesuch entweder für begründet erklärt war oder mit Unrecht verworfen worden ist;
> 4. wenn das Gericht seine Zuständigkeit mit Unrecht angenommen hat;
> 5. wenn die Hauptverhandlung in Abwesenheit der Staatsanwaltschaft oder einer Person, deren Anwesenheit das Gesetz vorschreibt, stattgefunden hat;
> 6. wenn das Urteil auf Grund einer mündlichen Verhandlung ergangen ist, bei der die Vorschriften über die Öffentlichkeit des Verfahrens verletzt sind;
> 7. wenn das Urteil keine Entscheidungsgründe enthält oder diese nicht innerhalb des sich aus § 275 Abs. 1 Satz 2 und 4 ergebenden Zeitraums zu den Akten gebracht worden sind;
> 8. wenn die Verteidigung in einem für die Entscheidung wesentlichen Punkt durch einen Beschluss des Gerichts unzulässig beschränkt worden ist.

Die Gründe der Nrn. 1 bis 7 erklären sich von selbst. In der Rechtsprechung ist jedoch die Tendenz zu einer weitergehenden Aufweichung dieser „absoluten" Revisionsgründe zu beobachten: Bei der Nr. 5 soll das Fehlen in *wesentlichen* Teilen der Verhandlung vorliegen müssen, bei der Nr. 6 muss die Öffentlichkeitsbeschränkung in den Einflussbereich des Gerichtes fallen.

Einer weitergehenden Erläuterung bedarf auch die Nr. 8: Zwar ist die Beschränkung der Verteidigung in einem wichtigen Punkt formal den absoluten Revisionsgründen zugeordnet; der Sache nach liegt aber tatsächlich ein relativer Revisionsgrund vor, da mit der Voraussetzung der Verteidigerbeschränkung „in einem für die Entscheidung wesentlichen Punkt" nur das Beruhen des Urteils auf dem Verfahrensverstoß umschrieben wird. In aller Regel wird es sich bei der „Einschränkung" um einen Gerichtsbeschluss nach §§ 238 II oder 244 VI StPO handeln.

Beachte: § 338 Nr. 8 StPO ist der Natur nach ein relativer Revisionsgrund.

5.3.3.2 Relative Revisionsgründe

> **§ 337 StPO – Revisionsgründe**
> (1) Die Revision kann nur darauf gestützt werden, dass das Urteil auf einer Verletzung des Gesetzes beruhe.

(2) Das Gesetz ist verletzt, wenn eine Rechtsnorm nicht oder nicht richtig angewendet wurde.

Relative Revisionsgründe: Beruhensprüfung ist erforderlich.

Um der Revision zum Erfolg zu verhelfen, genügt es bei den relativen Revisionsgründen nicht darzulegen, dass ein Gesetzesverstoß vorliegt. Vielmehr muss begründet werden, dass die unrichtige Anwendung des Gesetzes, also jeder Rechtsnorm (§ 7 EGStPO), für den Inhalt des Urteils zum Nachteil des Angeklagten *kausal* geworden ist. Tatsachenfragen werden nicht mehr überprüft; es besteht in der Revisionsinstanz das Verbot der Rekonstruktion der Beweisaufnahme.

Jedoch genügt für die Annahme des Beruhens die nicht fernliegende Möglichkeit, dass das Urteil ohne den Fehler anders ausgefallen wäre bzw. dies nicht auszuschließen ist. Ein „voller" Kausalitätsnachweis ist daher nicht zu erbringen. Wurde das sachliche Recht verletzt, ergibt sich das Beruhen in aller Regel ohne weiteres aus diesem Mangel.

5.3.3.3 Entscheidungsmöglichkeiten des Revisionsgerichtes

Das Revisionsgericht hat die Möglichkeit, mit oder ohne Hauptverhandlung zu entscheiden.

> **§ 349 StPO – Entscheidung ohne Hauptverhandlung durch Beschluss**
> (1) Erachtet das Revisionsgericht die Vorschriften über die Einlegung der Revision oder die über die Anbringung der Revisionsanträge nicht für beobachtet, so kann es das Rechtsmittel durch Beschluss als unzulässig verwerfen.
> (2) Das Revisionsgericht kann auf Antrag der Staatsanwaltschaft, der zu begründen ist, auch dann durch Beschluss entscheiden, wenn es die Revision einstimmig für offensichtlich unbegründet erachtet.
> (3) ...
> (4) Erachtet das Revisionsgericht die zugunsten des Angeklagten eingelegte Revision einstimmig für begründet, so kann es das angefochtene Urteil durch Beschluss aufheben.
> (5) Wendet das Revisionsgericht Absatz 1, 2 oder 4 nicht an, so entscheidet es über das Rechtsmittel durch Urteil.

5.3 · Revision

Liegt mithin ein Fall des § 349 V StPO vor, so muss das Revisionsgericht eine Hauptverhandlung durchführen, deren Ablauf sich aus §§ 350, 351 StPO ergibt. Nach Abschluss derselben hat es folgende Entscheidungsmöglichkeiten:

§ 349 V StPO erfordert eine Hauptverhandlung.

> **§ 353 StPO – Aufhebung des Urteils und der Feststellungen**
> (1) Soweit die Revision für begründet erachtet wird, ist das angefochtene Urteil aufzuheben.
> (2) Gleichzeitig sind die dem Urteil zugrunde liegenden Feststellungen aufzuheben, sofern sie durch die Gesetzesverletzung betroffen werden, wegen deren das Urteil aufgehoben wird.

> **§ 354 I–II StPO – Eigene Entscheidung in der Sache; Zurückverweisung**
> (1) Erfolgt die Aufhebung des Urteils nur wegen Gesetzesverletzung bei Anwendung des Gesetzes auf die dem Urteil zugrunde liegenden Feststellungen, so hat das Revisionsgericht in der Sache selbst zu entscheiden, sofern ohne weitere tatsächliche Erörterungen nur auf Freisprechung oder auf Einstellung oder auf eine absolut bestimmte Strafe zu erkennen ist oder das Revisionsgericht in Übereinstimmung mit dem Antrag der Staatsanwaltschaft die niedrigste Strafe oder das Absehen von Strafe für angemessen erachtet.
> (1a) Wegen einer Gesetzesverletzung nur bei Zumessung der Rechtsfolgen kann das Revisionsgericht von der Aufhebung des angefochtenen Urteils absehen, sofern die verhängte Rechtsfolge angemessen ist. Auf Antrag der Staatsanwaltschaft kann es die Rechtsfolgen angemessen herabsetzen.
> (1b) Hebt das Revisionsgericht das Urteil nur wegen Gesetzesverletzung bei Bildung einer Gesamtstrafe (§§ 53, 54, 55 des Strafgesetzbuches) auf, kann dies mit der Maßgabe geschehen, dass eine nachträgliche gerichtliche Entscheidung über die Gesamtstrafe nach den §§ 460, 462 StPO zu treffen ist. …
> (2) In anderen Fällen ist die Sache an eine andere Abteilung oder Kammer des Gerichtes, dessen Urteil aufgehoben wird, oder an ein zu demselben Land gehörendes Gericht anderer Ordnung zurückzuverweisen. …

§ 354 II StPO

Im Falle der Aufhebung des Urteils verweist das Revisionsgericht also nach § 354 II StPO das Verfahren an eine andere Kammer oder Abteilung des gleichen Gerichtes, dessen Urteil aufgehoben wurde, zurück. Dieses Gericht ist dann nach § 358 I StPO an die geäußerte Rechtsauffassung gebunden.

Bei Fehlern im Rahmen der Strafzumessung erlaubt das Gesetz dem Revisionsgericht ausnahmsweise aus prozessökonomischen Gründen, nach den Absätzen 1a und 1b selbst zu entscheiden und eine entsprechende angemessene (Gesamt-)Strafe festzusetzen.

Durchentscheid

In einzelnen, seltenen Fällen kann es auch in der Sache selbst entscheiden (sog. „Durchentscheid"), vgl. § 354 I a.E. StPO:

> **Beispiel**
>
> Das Landgericht verurteilte den A wegen Totschlags zu einer Freiheitsstrafe von 12 Jahren. Dagegen legte nur die Staatsanwaltschaft zuungunsten des Angeklagten Revision ein. Der BGH als Revisionsgericht kommt nach Aktenstudium nun zu dem Schluss, dass aufgrund der zutreffenden Feststellungen des Landgerichtes im Urteil das Mordmerkmal der Heimtücke zweifelsfrei erfüllt ist. Anstatt nun nach §§ 353, 354 II StPO das Urteil aufzuheben und zurückzuverweisen, kann, da Mord eine absolut bestimmte Strafe nach sich zieht, der BGH durchentscheiden und wegen Mordes die lebenslange Freiheitsstrafe verhängen. ◄

Aus der Unbegründetheit der Revision folgt deren Verwerfung.

Sollte das Revisionsgericht nach durchgeführter Hauptverhandlung zur Unbegründetheit der Revision gelangen, so hat sie diese entsprechend zu verwerfen – eine Selbstverständlichkeit, welche die StPO nicht gesondert erwähnt. Daneben bleiben auch hier die Einstellungsmöglichkeiten nach §§ 153 ff. StPO sowie nach §§ 206 a und 260 StPO beim Vorliegen von Verfahrenshindernissen unberührt.

5.4 Beschwerde

Beschwerde hat keinen Suspensiveffekt.

Die Beschwerde (§§ 304 ff. StPO) ist ein Rechtsmittel eigener Art und dient zur selbstständigen Anfechtung von besonders im Gesetz genannten Entscheidungen. Ihr kommt nach § 307 I StPO grundsätzlich kein Suspensiveffekt zu, jedoch kann das Gericht nach Absatz 2 eine Vollzugshemmung anordnen.

5.4 · Beschwerde

Einen Devolutiveffekt besitzt nur die sofortige Beschwerde nach § 311 III 1 StPO. Mangels gesetzlicher Regelung gilt das Verbot der „reformatio in peius" bei der Beschwerde nicht; die Entscheidung darf den Beschwerdeführer im Ergebnis also auch schlechter stellen.

Devolutiveffekt nur bei sofortiger Beschwerde

Zuständiges Beschwerdegericht bei Entscheidungen der Amtsgerichte ist übrigens nach § 73 I GVG das LG, und dort die *große* Strafkammer, § 76 I GVG, ansonsten das OLG nach §§ 120 III, IV, 121 I Nr. 2 GVG oder der BGH nach § 135 II GVG.

5.4.1 Statthaftigkeit

Die Beschwerde ist in folgenden Fällen statthaft:

> **§ 304 I–III StPO – Zulässigkeit**
> (1) Die Beschwerde ist gegen alle von den Gerichten im ersten Rechtszug oder im Berufungsverfahren erlassenen Beschlüsse und gegen die Verfügungen des Vorsitzenden, des Richters im Vorverfahren und eines beauftragten oder ersuchten Richters zulässig, soweit das Gesetz sie nicht ausdrücklich einer Anfechtung entzieht.
> (2) Auch Zeugen, Sachverständige und andere Personen können gegen Beschlüsse und Verfügungen, durch die sie betroffen werden, Beschwerde erheben.
> (3) Gegen Entscheidungen über Kosten oder notwendige Auslagen ist die Beschwerde nur zulässig, wenn der Wert des Beschwerdegegenstands 200 Euro übersteigt.

Die Beschwerde ist demnach gegen richterliche Beschlüsse und Verfügungen statthaft, und zwar nicht nur seitens des Angeklagten, sondern jeder Person, die durch die Entscheidung beschwert ist. Gegen einige Verfügungen/Beschlüsse ist die Beschwerde dagegen von Gesetzes wegen unstatthaft:

umfassendes Beschwerderecht

> **§ 304 IV–V StPO – [Ausschluss der Beschwerde]**
> (4) Gegen Beschlüsse und Verfügungen des Bundesgerichtshofes ist keine Beschwerde zulässig. Dasselbe gilt für Beschlüsse und Verfügungen der Oberlandesgerichte; in Sachen, in denen die Oberlandesgerichte im ersten Rechtszug zuständig sind, ist jedoch die Beschwerde zulässig gegen Beschlüsse und Verfügungen, welche

1. die Verhaftung, einstweilige Unterbringung, Unterbringung zur Beobachtung, Bestellung eines Pflichtverteidigers oder deren Aufhebung, Beschlagnahme, Durchsuchung oder die in § 101 Abs. 1 oder § 101a Absatz 1 bezeichneten Maßnahmen betreffen,
2. die Eröffnung des Hauptverfahrens ablehnen oder das Verfahren wegen eines Verfahrenshindernisses einstellen,
3. ...
4. die Akteneinsicht betreffen oder
5. ...
§ 138d Abs. 6 bleibt unberührt.
(5) Gegen Verfügungen des Ermittlungsrichters des Bundesgerichtshofes und des Oberlandesgerichts (§ 169 Abs. 1) ist die Beschwerde nur zulässig, wenn sie die Verhaftung, einstweilige Unterbringung, Bestellung eines Pflichtverteidigers oder deren Aufhebung, Beschlagnahme, Durchsuchung oder die in § 101 Abs. 1 bezeichneten Maßnahmen betreffen.

§ 305 StPO – Nicht der Beschwerde unterliegende Entscheidungen
Entscheidungen der erkennenden Gerichte, die der Urteilsfällung vorausgehen, unterliegen nicht der Beschwerde. Ausgenommen sind Entscheidungen über Verhaftungen, die einstweilige Unterbringung, Beschlagnahmen, die vorläufige Entziehung der Fahrerlaubnis, das vorläufige Berufsverbot oder die Festsetzung von Ordnungs- oder Zwangsmitteln sowie alle Entscheidungen, durch die dritte Personen betroffen werden.

Diese Ausschlussregelungen scheinen zwar auf den ersten Blick unverständlich, sind aber aus Gründen der Prozessökonomie geboten, da die der Beschwerde entzogenen Entscheidungen inzidenter dann überprüft werden können, wenn die die Instanz beendende Entscheidung angefochten wird.

5.4.2 Zulässigkeit

Zulässigkeitsvoraussetzungen

Für die Zulässigkeit einer Beschwerde werden nur wenige Voraussetzungen erhoben:

- **Form**: Nach § 306 I StPO muss die Beschwerde schriftlich oder zu Protokoll der Geschäftsstelle des Gerichtes der angefochtenen Entscheidung eingelegt werden.
- **Frist**: Grundsätzlich schreibt das Gesetz keine Frist vor. Eine Ausnahme ist für die sofortige Beschwerde nach § 311 II StPO vorgesehen, die nur in den gesetzlich angeordneten Fällen (z. B. bei § 210 II StPO) zur Anwendung kommt: hier gilt die Wochenfrist nach Bekanntmachung der Entscheidung gemäß § 35 StPO.
- **Begründung**: Eine solche ist nicht vorgeschrieben, empfiehlt sich aber gerade im Hinblick auf die Abhilfemöglichkeit des Ausgangsgerichtes bei der einfachen Beschwerde nach § 306 II StPO.

5.4.3 Begründetheit

Hier ergeben sich folgende Entscheidungsmöglichkeiten, wobei zwischen der einfachen und sofortigen Beschwerde unterschieden werden muss:

5.4.3.1 Einfache Beschwerde (§§ 306– 309 StPO)

Hält das Gericht der angefochtenen Entscheidung die Beschwerde für begründet, so hilft es dieser nach § 306 II 1. HS StPO – u. U. auch nur teilweise – ab und ändert die Ausgangsentscheidung entsprechend. Ist das nicht der Fall, so werden die Akten dem Beschwerdegericht vorgelegt – bei einer Teilabhilfe natürlich nur, insoweit noch eine Beschwer vorliegt; erst damit tritt also der Devolutiveffekt ein. Ist nun nach dessen Ansicht die Beschwerde erfolgreich, erlässt dieses Gericht unter Aufhebung der Entscheidung der Vorinstanz die in der Sache erforderliche Entscheidung; anderenfalls wird die Beschwerde als „unbegründet" verworfen (§ 309 StPO):

> Abhilfemöglichkeit nach § 306 II StPO des Gerichts der angefochtenen Entscheidung

§ 309 StPO – Entscheidung
(1) Die Entscheidung über die Beschwerde ergeht ohne mündliche Verhandlung, in geeigneten Fällen nach Anhörung der Staatsanwaltschaft.
(2) Wird die Beschwerde für begründet erachtet, so erläßt das Beschwerdegericht zugleich die in der Sache erforderliche Entscheidung.

5.4.3.2 Sofortige Beschwerde (§ 311 StPO)

keine Abhilfemöglichkeit bei sofortiger Beschwerde

Im Gegensatz zur einfachen Beschwerde existiert hier ein wichtiger Unterschied: Nach § 311 III 1 StPO ist das Gericht der angefochtenen Entscheidung zu einer Abänderung derselben nicht befugt. Es hat daher nach Eingang der Beschwerde die Akten unverzüglich dem Beschwerdegericht zur Entscheidung vorzulegen. Eine Ausnahme – als Ausdruck der Verletzung rechtlichen Gehörs – statuiert Satz 2 dieser Vorschrift, wonach eine Abhilfe möglich ist. Das Beschwerdegericht selbst entscheidet wiederum nach Maßgabe des § 309 StPO.

> **§ 311 III StPO – Sofortige Beschwerde**
> (3) Das Gericht ist zu einer Abänderung seiner durch Beschwerde angefochtenen Entscheidung nicht befugt. Es hilft jedoch der Beschwerde ab, wenn es zum Nachteil des Beschwerdeführers Tatsachen oder Beweisergebnisse verwertet hat, zu denen dieser noch nicht gehört worden ist, und es auf Grund des nachträglichen Vorbringens die Beschwerde für begründet erachtet.

5.4.3.3 Weitere Beschwerde (§ 310 StPO)

eingeschränkte „weitere Beschwerde"

In wenigen gravierenden Fällen (z. B. bei der Untersuchungshaft) ist gegen die Beschwerdeentscheidung eine sog. „weitere Beschwerde" statthaft. Nach § 310 I StPO sind das Beschlüsse von LG und OLG, betreffend die Verhaftung, die einstweilige Unterbringung sowie Entscheidungen im Rahmen der Vermögensabschöpfung nach §§ 111 e StPO bei einem Betrag von mehr als 20.000 €. Alle anderen Beschwerdeentscheidungen sind nach Abs. 2 unanfechtbar.

5.5 Sonderform: Einspruch nach Erlass eines Strafbefehls

Wenn nach § 408 III 1 StPO der beantragte Strafbefehl seitens des Gerichtes erlassen wurde, so steht dem davon Betroffenen nach § 410 I StPO das Recht zu, dagegen binnen zwei Wochen nach Zustellung Einspruch einzulegen. Unterlässt er dies, steht der Strafbefehl nach § 410 III StPO einem rechtskräftigen Urteil gleich. Durch den Einspruch tritt zwar ein Suspensiveffekt, jedoch *kein* Devolutiveffekt

5.6 · Wiederholungsfragen

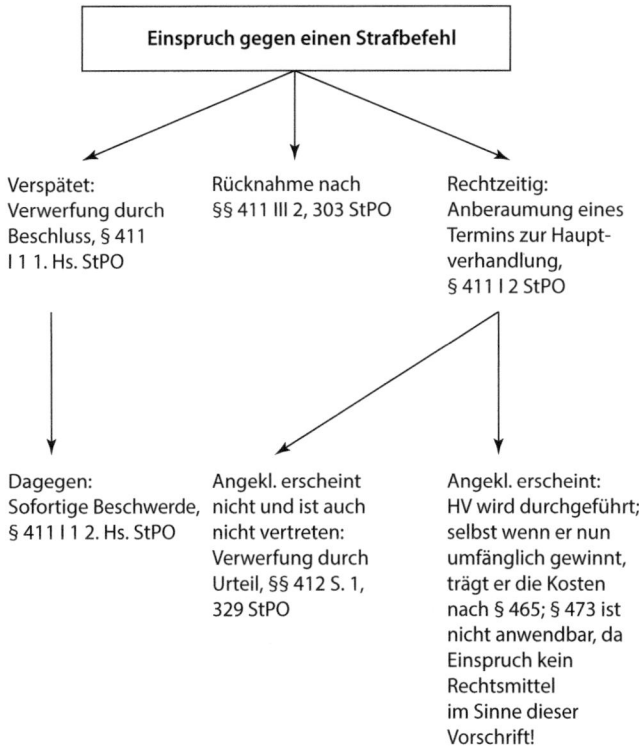

◘ Abb. 5.2 Einspruch gegen einen Strafbefehl

ein, da der Fall nun vor dem Richter verhandelt wird, der den Strafbefehl erlassen hat. Mangels entgegenstehender gesetzlicher Vorschriften ist eine „reformatio in peius" zudem möglich. Die Entscheidungsmöglichkeiten nach Einlegung des Einspruchs sind in ◘ Abb. 5.2 dargestellt.

5.6 Wiederholungsfragen

❓ Fragen
1. Welcher Unterschied besteht zwischen Rechtsmitteln und Rechtsbehelfen? Lösung ▶ Abschn. 5.1.1
2. Welche Rechtsmittel sieht die StPO vor? Lösung ▶ Abschn. 5.1.1
3. Was besagt der Begriff „reformatio in peius"? Lösung ▶ Abschn. 5.1.2.3
4. Ist die Berufung gegen Urteile des AG in jedem Falle statthaft? Lösung ▶ Abschn. 5.3.1

5. Was geschieht beim Ausbleiben des Angeklagten in der Berufungshauptverhandlung? Lösung ▶ Abschn. 5.2.3
6. Was wird in der Revision überprüft? Lösung ▶ Abschn. 5.3.3
7. Was ist der Unterschied zwischen „absoluten" und „relativen" Revisionsgründen? Lösung ▶ Abschn. 5.3.3
8. Welche Arten der Beschwerde gibt es? Lösung ▶ Abschn. 5.4.3
9. Welche Entscheidungsmöglichkeiten hat das Gericht, gegen dessen Entscheidung Beschwerde eingelegt wurde? Lösung ▶ Abschn. 5.4.3
10. Welche Entscheidungsmöglichkeiten hat der Richter nach erfolgtem Einspruch gegen einen Strafbefehl? Lösung ▶ Abschn. 5.5

Anhang: Vollstreckung des Urteils und Kosten des Verfahrens

Inhaltsverzeichnis

6.1 Vollstreckung des Urteils – 220

6.2 Kosten des Verfahrens – 223

© Springer-Verlag GmbH Deutschland, ein Teil von Springer Nature 2020
M. Hussels, *Strafprozessrecht - Schnell erfasst*, Recht - schnell erfasst,
https://doi.org/10.1007/978-3-662-61653-6_6

6.1 Vollstreckung des Urteils

Das *Strafvollstreckungsrecht* regelt alle Maßnahmen, die zur Einleitung und Überwachung des Vollzuges eines rechtskräftigen Strafurteils erforderlich sind, unabhängig davon, ob es auf Geld- oder Freiheitsstrafe, möglicherweise kombiniert mit Nebensanktionen wie Maßregelvollzug, Fahrverbot oder Fahrerlaubnisentziehung, lautet. Rechtsgrundlagen dafür sind maßgeblich die §§ 449 ff. StPO (◘ Abb. 6.1).

Streng davon zu unterscheiden ist das *Strafvollzugsrecht*, welches alle Normen enthält, die die Art und Weise der Durchführung einer freiheitsentziehenden Sanktion zum Inhalt haben. Die rechtlichen Grundlagen finden sich hier im Strafvollzugsgesetz (StVollzG), daneben die für Gerichte nicht bindende Verwaltungsrichtlinie der Strafvollstreckungsordnung; für Jugendliche und nach Jugendrecht verurteilte Heranwachsende sind die §§ 82 ff. JGG zu beachten, für Bundeswehrsoldaten existieren ebenfalls Sondervorschriften. Es kann daher vereinfacht gesagt werden, dass die Strafvollstreckung den Bereich von der Rechtskraft des Urteils bis zur Bezahlung des Geldstrafe bzw. bis zum Strafantritt (bei einer zu verbüßenden Freiheitsstrafe) umfasst, der Strafvollzug dagegen den Ab-

◘ Abb. 6.1   Strafvollstreckung (Reinald Fenke)

schnitt von der Aufnahme des Verurteilten in die Justizvollzugsanstalt (JVA) bis hin zu seiner – möglicherweise bedingten – Entlassung.

Strafvollstreckungsbehörde ist die Staatsanwaltschaft – auch gegenüber Gerichten außerhalb ihres Bezirkes, bei Jugendlichen und nach Jugendrecht verurteilten Heranwachsenden der Jugendrichter nach § 82 JGG.

> **§ 451 I, III StPO – Vollstreckungsbehörde**
> (1) Die Strafvollstreckung erfolgt durch die Staatsanwaltschaft als Vollstreckungsbehörde auf Grund einer von dem Urkundsbeamten der Geschäftsstelle zu erteilenden, mit der Bescheinigung der Vollstreckbarkeit versehenen, beglaubigten Abschrift der Urteilsformel.
> (2)....
> (3) Die Staatsanwaltschaft, die Vollstreckungsbehörde ist, nimmt auch gegenüber der Strafvollstreckungskammer bei einem anderen Landgericht die staatsanwaltschaftlichen Aufgaben wahr. Sie kann ihre Aufgaben der für dieses Gericht zuständigen Staatsanwaltschaft übertragen, wenn dies im Interesse des Verurteilten geboten erscheint und die Staatsanwaltschaft am Ort der Strafvollstreckungskammer zustimmt.

Vollstreckt werden dürfen – selbstredend – nach § 449 StPO nur rechtskräftige Strafurteile.

> **§ 449 StPO – Vollstreckbarkeit**
> Strafurteile sind nicht vollstreckbar, bevor sie rechtskräftig geworden sind.

Eigenverantwortlich für den Vollzug einer freiheitsentziehenden Maßnahme dagegen sind die Justizvollzugsanstalten – mit den oben genannten Besonderheiten –, wie sich aus § 1 StVollzG ergibt:

> **§ 1 StVollzG – [Anwendungsbereich]**
> Dieses Gesetz regelt den Vollzug der Freiheitsstrafe in Justizvollzugsanstalten und der freiheitsentziehenden Maßregeln der Besserung und Sicherung.

Welche JVA im konkreten Einzelfall zuständig ist, ergibt sich aus einem gesonderten Vollzugsplan, zu dessen Aufstellung nach § 152 I StVollzG die Landesjustizverwaltungen verpflichtet sind.

Sollten während des Vollzuges einer Freiheitsstrafe nachträgliche gerichtliche Entscheidungen notwendig werden, so entscheidet darüber – von wenigen Ausnahmen abgesehen, wozu im Übrigen auch die nachträgliche Gesamtstrafenbildung nach § 460 StPO zählt – nicht das erkennende Gericht, sondern die nach §§ 78 a GVG, 462 a StPO zuständige Strafvollstreckungskammer beim Landgericht:

> **§ 462 a I-III StPO – Zuständigkeit der Strafvollstreckungskammer und des erstinstanzlichen Gerichts**
> (1) Wird gegen den Verurteilten eine Freiheitsstrafe vollstreckt, so ist für die nach den §§ 453, 454, 454 a und 462 zu treffenden Entscheidungen die Strafvollstreckungskammer zuständig, in deren Bezirk die Strafanstalt liegt, in die der Verurteilte zu dem Zeitpunkt, in dem das Gericht mit der Sache befasst wird, aufgenommen wird. ...
> (2) In anderen als den in Absatz 1 genannten Fällen ist das Gericht des ersten Rechtszuges zuständig. Das Gericht kann die nach § 453 zu treffenden Entscheidungen ganz oder zum Teil an das Amtsgericht abgeben, in dessen Bezirk der Verurteilte seinen Wohnsitz oder in Ermangelung eines Wohnsitzes seinen gewöhnlichen Aufenthaltsort hat; die Abgabe ist bindend. ....
> (3) In den Fällen des § 460 entscheidet das Gericht des ersten Rechtszuges. ...

Die nachträglichen Entscheidungen im Vollstreckungsverfahren ergehen regelmäßig durch Beschluss, vor dessen Erlass die Staatsanwaltschaft und der Verurteilte zu hören sind. Anfechtbar ist die jeweilige Entscheidung mit der sofortigen Beschwerde nach § 462 III 1 StPO.

> **§ 462 StPO – Verfahren bei gerichtlichen Entscheidungen; sofortige Beschwerde**
> (1) Die nach § 450a Abs. 3 Satz 1 und den §§ 458 bis 461 notwendig werdenden gerichtlichen Entscheidungen

> trifft das Gericht ohne mündliche Verhandlung durch Beschluss....
> (2) Vor der Entscheidung sind die Staatsanwaltschaft und der Verurteilte zu hören....
> (3) Der Beschluss ist mit sofortiger Beschwerde anfechtbar. Die sofortige Beschwerde der Staatsanwaltschaft gegen den Beschluss, der die Unterbrechung der Vollstreckung anordnet, hat aufschiebende Wirkung.

Neben der eigentlichen Vollstreckung einer Geld- oder Freiheitsstrafe sind auf die Vollstreckungsbehörden seit dem 01.07.2017 in §§ 459 h ff. StPO neue Aufgaben zugekommen, nämlich die der strafrechtlichen Vermögensabschöpfung. Nach der Neuregelung spricht das erkennende Gericht nur noch eine Einziehungsentscheidung hinsichtlich des Taterlangten nach §§ 73 ff. StGB aus. Ob dieser allerdings beispielsweise Rechte Dritter entgegen stehen, ob eine „Entreicherung" beim Verurteilten stattgefunden hat oder ob die Durchsetzung der Einziehungsentscheidung beim Verurteilten eine unbillige Härte für diesen wegen eingetretener Vermögenslosigkeit darstellen würde, ist nun im Rahmen der Strafvollstreckung zu entscheiden.

Die Strafvollstreckung endet mit der umfänglich durchgeführten Durchsetzung der verhängten gerichtlichen Kriminalsanktion, also z. B. der vollständigen Verbüßung der Freiheitsstrafe oder der kompletten Bezahlung der Geldstrafe, im Fall einer Strafrestaussetzung zur Bewährung (vgl. §§ 57, 57 a StGB) allerdings erst mit dem endgültigen Erlass der Strafe oder dem Ende einer Führungsaufsicht nach §§ 68 ff. StGB.

6.2 Kosten des Verfahrens

Jede die Instanz abschließende Entscheidung muss nach § 464 StPO einen Ausspruch über die Kosten des Verfahrens enthalten, wobei nach § 464 a I StPO die Kosten legaldefiniert sind als „die Gebühren und Auslagen der Staatskasse". Dazu gehören auch die Kosten des Ermittlungs- wie Vollstreckungsverfahrens. Nicht zu den Kosten des Verfahrens zählen die notwendigen Auslagen eines Beteiligten; sofern das Gesetz nichts anderes bestimmt, trägt sie derjenige, bei dem sie angefallen sind. Die Kostenentscheidung kann nach § 464 III StPO mit der sofortigen Beschwerde angegriffen werden.

> **§ 464 StPO – Kosten- und Auslagenentscheidung; sofortige Beschwerde**
> (1) Jedes Urteil, jeder Strafbefehl und jede eine Untersuchung einstellende Entscheidung muß darüber Bestimmung treffen, von wem die Kosten des Verfahrens zu tragen sind.
> (2) Die Entscheidung darüber, wer die notwendigen Auslagen trägt, trifft das Gericht in dem Urteil oder in dem Beschluss, der das Verfahren abschließt.
> (3) Gegen die Entscheidung über die Kosten und die notwendigen Auslagen ist sofortige Beschwerde zulässig; sie ist unzulässig, wenn eine Anfechtung der in Absatz 1 genannten Hauptentscheidung durch den Beschwerdeführer nicht statthaft ist. ...

Wer Kostenträger ist, hängt maßgeblich vom Inhalt der gerichtlichen Entscheidung ab: Nach § 465 I StPO trägt der Angeklagte grundsätzlich die Kosten des Verfahrens; wird er freigesprochen oder das Verfahren nicht eröffnet oder eingestellt, so ist Kostenschuldner die Staatskasse – auch für die notwendigen Auslagen des Angeklagten, vgl. § 467 I StPO. Eine *zwingende* Ausnahme davon statuiert § 467 V StPO bei der Einstellung nach § 153 a StPO, eine *fakultative* § 467 IV StPO bei der Einstellung nach § 153 StPO.

> **§ 467 StPO – Kosten und notwendige Auslagen bei Freispruch, Nichteröffnung und Einstellung**
> (1) Soweit der Angeschuldigte freigesprochen, die Eröffnung des Hauptverfahrens gegen ihn abgelehnt oder das Verfahren gegen ihn eingestellt wird, fallen die Auslagen der Staatskasse und die notwendigen Auslagen des Angeschuldigten der Staatskasse zur Last.
> (2)–(3) ...
> (4) Stellt das Gericht das Verfahren nach einer Vorschrift ein, die dies nach seinem Ermessen zuläßt, so kann es davon absehen, die notwendigen Auslagen des Angeschuldigten der Staatskasse aufzuerlegen.
> (5) Die notwendigen Auslagen des Angeschuldigten werden der Staatskasse nicht auferlegt, wenn das Verfahren nach vorangegangener vorläufiger Einstellung (§ 153a) endgültig eingestellt wird.

Die Kosten eines zurückgenommen oder erfolglosen Rechtsmittels trägt nach § 473 I StPO derjenige, der es eingelegt hat. „Erfolglos" ist ein Rechtsmittel dann, wenn es als unzulässig oder unbegründet verworfen wurde oder zu einem allenfalls marginalen Erfolg des Rechtsmittelführers geführt hat. Bei einem Teilerfolg des Rechtsmittels hat das Gericht die Kosten und Auslagen zu quoteln, es sei denn, dass das Rechtsmittel von Anfang an auf Teilaspekte beschränkt wurde und diesbezüglich umfassend Erfolg hatte, vgl. § 473 III, IV StPO.

> **§ 473 StPO – Kosten bei zurückgenommenem oder erfolglos eingelegtem Rechtsmittel; Kosten der Wiedereinsetzung**
> (1) Die Kosten eines zurückgenommenen oder erfolglos eingelegten Rechtsmittels treffen den, der es eingelegt hat. Hat der Beschuldigte das Rechtsmittel erfolglos eingelegt oder zurückgenommen, so sind ihm die dadurch dem Nebenkläger oder dem zum Anschluß als Nebenkläger Berechtigten in Wahrnehmung seiner Befugnisse nach § 406 h erwachsenen notwendigen Auslagen aufzuerlegen. Hat im Falle des Satzes 1 allein der Nebenkläger ein Rechtsmittel eingelegt oder durchgeführt, so sind ihm die dadurch erwachsenen notwendigen Auslagen des Beschuldigten aufzuerlegen. ...
> (2) ...
> (3) Hat der Beschuldigte oder ein anderer Beteiligter das Rechtsmittel auf bestimmte Beschwerdepunkte beschränkt und hat ein solches Rechtsmittel Erfolg, so sind die notwendigen Auslagen des Beteiligten der Staatskasse aufzuerlegen.
> (4) Hat das Rechtsmittel teilweise Erfolg, so hat das Gericht die Gebühr zu ermäßigen und die entstandenen Auslagen teilweise oder auch ganz der Staatskasse aufzuerlegen, soweit es unbillig wäre, die Beteiligten damit zu belasten. Dies gilt entsprechend für die notwendigen Auslagen der Beteiligten

Klausurfälle

Inhaltsverzeichnis

7.1 Tipps für Klausuren – 228

7.2 Tipps für Hausarbeiten – 232

7.3 Ein Fall aus dem Strafprozessrecht – 234
7.3.1 Sachverhalt – 234
7.3.2 Lösungsvorschlag – 235

7.4 Ein Fall aus dem Straf- und Strafprozessrecht – 239
7.4.1 Sachverhalt – 239
7.4.2 Lösungsvorschlag – 241

7.5 Eine Klausur aus dem Strafprozessrecht – 247
7.5.1 Sachverhalt – 247
7.5.2 Lösungsvorschlag – 250

7.6 Eine „typische" Zusatzfrage aus dem Strafprozessrecht – 256
7.6.1 Sachverhalt – 256
7.6.2 Lösungshinweise – 257

© Springer-Verlag GmbH Deutschland, ein Teil von Springer Nature 2020
M. Hussels, *Strafprozessrecht - Schnell erfasst*, Recht - schnell erfasst,
https://doi.org/10.1007/978-3-662-61653-6_7

7.1 Tipps für Klausuren

Bereits im Verlauf dieses Buches wurden wichtige Schritte zur erfolgreichen Fallbearbeitung dargestellt. In einer Klausur oder Hausarbeit kommen aber noch weitere Schwierigkeiten hinzu. Folgende Prämisse ist dabei unbedingt zu beachten: Treffende Antworten ordentlich und in der knappen vorgegebenen Zeit zu Papier zu bringen.

— Treffende Antworten: Um eine erfreuliche Note zu erlangen, ist die Fähigkeit erforderlich, den vorhandenen juristischen Sachverstand in geeigneter Weise umzusetzen. Auch enzyklopädisches und auswendig gelerntes Wissen garantiert keinen Erfolg; vielmehr wird die Transferleistung honoriert. Die Honorarausschüttung übernimmt der Korrektor. Infolge dessen sollte man das zu Papier bringen, was er vermutlich positiv bewerten wird – nicht mehr und nicht weniger! Positiv bewerten wird er nur das juristische Know-how, welches aufgrund des vorgegebenen Falles gefordert ist, nicht dagegen ungefragtes Lehrbuchwissen. Es gilt also, kein Wissen „an den Mann zu bringen", was häufig beobachtet werden kann.

— Ordentliche Form: Der Korrektor wird immer – zumindest unterschwellig – von der äußeren Form beeinflusst. Dem sollte hinreichend Rechnung getragen und ein Mindestmaß an leserlicher Schrift dargebracht werden.

— Tempo: Gerade in Klausuren herrscht erheblicher Zeitdruck. Damit ist präzises, aber auch schnelles Arbeiten gefordert. Jeder wird im Laufe der Zeit seine eigenen Methoden entwickeln. Die folgenden Hinweise sind als erste Orientierung gedacht.

— Erfassen des Sachverhaltes: Der Schlüssel zur guten Klausur ist die wirkliche Durchdringung des Sachverhaltes, die nur durch mehrfaches, analytisches Lesen möglich ist. Gehen Sie davon aus, dass alle Sachverhaltsangaben erforderlich sind, auch wenn sie auf den ersten Blick unbedeutend oder nebensächlich erscheinen.

— Bearbeitervermerk: Jetzt kann zur Lösung des Falles geschritten werden, wobei der Befolgung des Bearbeitervermerks höchste Priorität einzuräumen ist. Beantworten Sie wirklich nur das, was auch gefragt ist. Manchmal gibt der Bearbeitervermerk Hilfestellungen, in dem die einzelnen Fragen schon eine Grobgliederung vorzeichnen. Deshalb sollte auch nicht von der

Reihenfolge der Beantwortung der Fragen abgewichen werden, außer, es ist zugelassen oder es besteht offensichtlich kein Zusammenhang zwischen den Fragen.

- Lösungsskizze: Reine strafprozessuale Klausuren sind selten, aber auch relativ unproblematisch: Es wird meistens ein Sachverhalt vorgegeben und zu diesem werden verfahrensrechtliche Fragen gestellt, so dass schnell erkennbar ist, worauf der Aufgabensteller hinaus will. Der „Normalfall" dagegen schaut anders aus: Entweder wird innerhalb eines Sachverhaltes nach der Strafbarkeit von bestimmten Personen gefragt, und es wird eine strafprozessuale Zusatzfrage angehängt, oder im Rahmen eines strafprozessualen Geschehens wird ein strafrechtlich relevanter Sachverhalt dargestellt, wobei als Aufgabe nach der Strafbarkeit einzelner Personen unter Berücksichtigung der prozessualen Rechtslage gefragt wird. Dieser Klausurentyp hat es in sich; hierbei muss sehr genau zwischen den einzelnen Personen, ihrer prozessualen Stellung und der sich daraus ergebenden möglichen Strafbarkeit unterschieden werden. Als Beispiel dient dazu die unten (▶ Abschn. 7.4) abgedruckte Aufgabe. Nachdem Sie sich die Fragestellung verinnerlicht haben, suchen Sie nach den Normen, welche Sie zur Lösung führen könnten, auch wenn Sie diese anfangs für nicht allzu relevant halten mögen; das „Aussortieren" folgt später.
- Danach folgt das Kernstück einer jeden juristischen Arbeit: die Subsumtion. Sie prüfen, ob sich alle gesetzlichen Voraussetzungen der von Ihnen angewandten Norm im Sachverhalt wiederfinden. Nur wenn das der Fall ist, dürfen Sie die Rechtsfolge annehmen. Das Hin- und Herblättern in der StPO ist zeitintensiv; schnelles Arbeiten ist daher ein Schlüssel zum Erfolg. Ein gewisser Zeitdruck für die Falllösung ist von den Prüfungsstellern beabsichtigt, um die Spreu vom Weizen zu trennen. Deshalb sollte das Blättern möglichst überflüssig werden. Markieren Sie sich die wichtigsten Paragrafen der StPO-Textausgabe vorab durch Registeretiketten und „beschildern" Sie die in der konkreten Klausur immer wieder benötigten Stellen mit Klebezetteln. Diese „Hilfsmaßnahmen" sind erlaubt.
- Kontrolllesen: Bevor Sie mit der Niederschrift starten, sollten Sie mit der Lösungsskizze im Hinterkopf noch einmal den Sachverhalt durchlesen. Denn nun, nach der juristischen Aufbereitung des Falles, wird so manches klarer, oder es zeigt sich, dass vermeintliche

Nebensächlichkeiten doch eine tiefere Bedeutung haben. Möglich ist auch, dass Sie Probleme übersehen haben und bisher mit Ihrer Lösung „auf dem Holzweg" waren. Das jetzige Durchlesen dient außerdem der Kontrolle, ob Sie jede Sachverhaltsinformation in der Lösungsskizze untergebracht haben. Vergegenwärtigen Sie sich, dass der Klausurensteller alles mit Hintersinn konstruiert hat. Es gilt das „Echoprinzip" – jedes Stück des Sachverhalts muss juristisch Sinn machen und sich in der Lösung wiederfinden.

— Gliederung: Hat man den Fall gedanklich gelöst, kann die Gliederung erstellt werden, die essentiell für die Qualität der Arbeit ist. Alles, was später aufs Papier gebracht wird, kann nur so gut sein, wie die Gliederung es vorgibt. Die Gliederung ist zwingende Voraussetzung für ein strukturiertes Vorgehen, das in der Rechtswissenschaft so unerlässlich ist. Die Gliederung in juristischen Arbeiten richtet sich im Allgemeinen nach folgendem Muster, welches jedoch nicht zwingend ist:

1. Teil
A
1.
a)
aa)
(1)
(a)
(aa)
(aaa)
(bbb) ... etc.

Merke: Wer „a" sagt, muss auch „b" sagen!

— Niederschrift: In strafrechtlichen Klausuren wird die Zeit sehr schnell knapp: Spätestens nach einem Drittel der Arbeitszeit sollten Lösungsskizze und Gliederung stehen. Jetzt empfiehlt es sich, mit der Niederschrift zu beginnen. Peilen Sie auf alle Fälle diese Zeiteinteilung an! Abstriche in Richtung auf einen späteren „Schreibstart" stellen sich meist von ganz alleine ein. Zu vermeiden ist jedenfalls das Ärgernis, die Klausur vorzüglich gelöst und durchdacht zu haben, aber dann nur die Hälfte hinschreiben zu können. Wenn Sie an irgendeinem Problem nicht weiterkommen, das nicht unabdingbar für die Gesamtlösung ist, schieben Sie es lieber auf und bringen Sie es später ein. Wenn Sie die Niederschrift des Restes beendet und noch Zeit übrig haben, können Sie sich noch immer näher damit befassen.

Der Zeitdruck sollte auch bei der Ausführlichkeit der Niederschrift im Hinterkopf bleiben. Natürlich muss der Subsumtionsvorgang wiedergegeben werden, doch darf das nicht dazu führen, jede Selbstverständlichkeit auszubreiten. Wenn der Sachverhalt beispielsweise die Tatsache mitteilt, dass ein Mensch getötet worden ist und der mutmaßliche Täter nun in Untersuchungshaft sitzt, darf an diesem Fakt nicht herumspekuliert werden; er ist vielmehr als gegeben hinzunehmen. In diesen Fällen liegen die Probleme mit Gewissheit ganz woanders. Das Echoprinzip schlägt sich insoweit bei der Benotung nieder; nur die sachgemäße Gewichtung in der Klausurlösung führt zum Bestehen bzw. zu guten Noten. Darüber hinaus führt die falsche Schwerpunktbildung unweigerlich zu neuen Zeitzwängen und zu Punkt- bzw. Notenabzügen, die sich empfindlich bemerkbar machen können.

Von Vorbemerkungen oder einleitenden Worten, welcher Art auch immer, ist grundsätzlich abzusehen. Aufbau und System einer Arbeit müssen aus sich heraus verständlich sein. Vorbemerkungen sind oftmals ein Zeichen dafür, dass der Verfasser die Arbeit ungenügend strukturiert hat oder sich selbst in einem Erklärungsnotstand sieht.

„Adeln" Sie Ihre Klausur durch die Verwendung der gebotenen juristischen Terminologie und vermeiden Sie allzu umgangssprachliche Ausdrücke. Formulieren Sie knapp und präzise!

Es kann nicht deutlich genug hervorgehoben werden: Unverzichtbar ist der Gutachtenstil! Das wird oft in Examensklausuren nicht beherrscht und wirkt sich negativ aus. Es darf nie das Ergebnis vorweggenommen, sondern es muss im Konjunktiv darauf hingeführt werden. Andererseits sollte bei Selbstverständlichkeiten die Subsumtion auf ein Minimum reduziert bzw. der Fakt schlicht konstatiert werden.

Alle Behauptungen, Zwischen- und Endergebnisse müssen mit den einschlägigen Paragrafenzitaten versehen werden. Die beste Argumentation taugt nichts, wenn sie „in der Luft hängt". Außerdem geben Sie dem Korrektor die Gelegenheit, hinter die so untermauerten Ergebnisse ein Häkchen zu machen, was den – äußerlichen – positiven Eindruck bei der Festlegung der Gesamtnote nur verstärkt.

- Formalien: Bemühen Sie sich um eine leserliche Schrift. Die Bedeutung der äußeren Form bei Klausuren wird bisweilen unterschätzt, doch kann man ihren Stellenwert nicht hoch genug ansetzen. Denn ein Korrektor, der mitunter Dutzende von Klausuren auf dem Schreibtisch hat, wird durchaus unterbewusst von der Form beeinflusst. Versuchen Sie also, Ihre Schrift gegen Ende der Klausur aufgrund des Zeitdrucks nicht zu sehr „abgleiten" zu lassen.

Achten Sie stets auf Übersichtlichkeit der Falllösung und stellen Sie Gliederungspunkte deutlich als Überschriften heraus. So merkt auch der Korrektor, dass die Linie stimmt und dass die Schlüsselbegriffe vorhanden sind.

Geizen Sie nicht mit den Absätzen – kein Korrektor mag 10 oder 20 Seiten Fließtext lesen. Beschreiben Sie das Papier nur einseitig und lassen Sie ein Drittel Rand. So können Sie auf der Rückseite noch Zusätze oder Ergänzungen anfügen.

Nummerieren Sie die Seiten, damit der Korrektor auch beim Auseinanderfallen der Klausur die Reihenfolge nachvollziehen kann, und benutzen Sie einen Schnellhefter oder eine Büroklammer.

7.2 Tipps für Hausarbeiten

Der große Unterschied der Hausarbeit zur Klausur ist, dass der Zeitdruck nicht in diesem Maße auf dem Bearbeiter lastet, da Sie regelmäßig mehrere Wochen Zeit für die Erstellung haben. Dem müssen Sie in der Weise Rechnung tragen, dass Sie umso sorgfältiger bei der Ausarbeitung vorgehen. Von Ihnen wird – wenn auch in kleinerem Rahmen – eine wissenschaftliche Arbeit verlangt
− Literatur: Es genügt nicht die nackte – wenn auch richtige – Lösung des Falles; gefordert sind Quellennachweise. Das bedeutet zum einen, dass auch relativ eindeutige juristische Beurteilungen mit Verweisen auf Lehrbücher (z. B. Hellmann: Strafprozessrecht), Kommentare (z. B. Schönke/Schröder: StPO) oder Zeitschriften (z. B. Neue Juristische Wochenschrift – NJW) untermauert werden. Dabei ersetzt jedoch ein Zitat keine Begründung – ein Fehler, der häufig gemacht wird. Zum anderen wird man auf Probleme stoßen, die ohne Literaturstudium überhaupt nicht lösbar sind. Diese rechtlichen Klippen sind dann meistens zwischen den juristischen Fachautoren sowie der

Rechtsprechung umstritten und führen – bisweilen – zu unterschiedlichen Lösungen. Allerdings kann es einem auch die Sicht verbauen, wenn nach dem ersten Lesen des Bearbeitervermerks in die Bibliothek gestürzt wird, um Berge von Entscheidungen und Aufsätzen zu kopieren, die meistens überhaupt nichts mit dem Thema zu tun haben oder letztendlich gar nicht gelesen werden.

Beginnen Sie daher die Recherche nur mit dem Gesetz, eventuell zusätzlich mit einem Standardkommentar oder grundlegenden Lehrbüchern. In diesem Stadium werden häufig brauchbare Ideen entwickelt. Prüfen Sie stets, ob eine Literaturstelle den zu lösenden Fall konkret betrifft. Auch von „heißen" Ideen der Studienkollegen sollten Sie vorsichtig Gebrauch und sich vor allem nicht verrückt machen lassen.

- Formalien: Dass Hausarbeiten mit Computer angefertigt werden, ist inzwischen üblich. Außerdem ermöglichen Textverarbeitungssysteme eine ansprechende Formatierung, Seitenaufteilung, Fehlerkorrektur u.v.m.

Jeder Hausarbeit sind das Deckblatt, die Gliederung, und das Literaturverzeichnis voranzustellen. Das Deckblatt enthält zumindest Namen, Vornamen und Anschrift des Verfassers. Es folgt das Semester, die Matrikelnummer, die Bezeichnung der Übung, der Name des Dozenten sowie die Bezeichnung der Art der Arbeit.

Nach dem Deckblatt kommt die Gliederung. Sie muss knapp sein, enthält keine ausformulierten Sätze, aber aussagekräftige Überschriften. Der Korrektor sollte schon aus der Gliederung die Lösung in groben Zügen entnehmen können. Am rechten Rand sind die Seitenzahlen der einzelnen Gliederungspunkte anzugeben.

Auf die Gliederung folgt das Literaturverzeichnis. Es muss sämtliche, vom Autor benutzte Quellen enthalten. Lehrbücher und Kommentare müssen mit Autor, Titel, Auflage, Erscheinungsort und -datum sowie Zitierweise angegeben werden. Beispiel: Schönke-Schröder, Kommentar zum Strafgesetzbuch, 30. Auflage, München 2019 (zit.: Sch/Sch-Bearbeiter). Bei Zitaten aus Zeitschriften sind die gebräuchlichen Abkürzungen als bekannt vorauszusetzen. Beispiel: Amelung, Knut, Noch einmal: Notwehr gegen sog. Chantage, NStZ 1998, S. 70 f.

- Im eigentlichen Gutachten werden die dargestellten Auffassungen mit Fußnoten, die auf die Literaturquellen verweisen, belegt. Der Verfasser muss diese Meinungen diskutieren und sich mit entsprechender Begründung für eine entscheiden.
- Wie die fertige Hausarbeit dann abzugeben ist (elektronisch, per eingeschriebener Post etc.) entscheidet der Aufgabensteller.

7.3 Ein Fall aus dem Strafprozessrecht

7.3.1 Sachverhalt

Am Montag, den 21.5., gegen 10.00 h, kommt Kriminalkommissar Kleinlich (K) zu Staatsanwalt Scharf (S) bei der StA Ravensburg, legt ihm eine Akte vor und berichtet folgendes:

„Gestern Abend, gegen 23.30 h, kam es vor dem Polizeirevier Ravensburg zwischen dem seit drei Wochen arbeitslosen italienischen Staatsangehörigen Luigi (L) und seiner deutschen Ehefrau Britta (B) zu einer verbalen Auseinandersetzung, in deren Verlauf L seiner Frau einen Stich mit einem Küchenmesser – Klingenlänge ca. 15 cm – in die linke Brustgegend versetzte, wo es stecken blieb. Durch den Schrei von B rannten zwei diensthabende Polizisten nach draußen, hörten L rufen: „Ich hab's nicht gewollt!" und sahen ihn in seinem Fahrzeug mit italienischem Kennzeichen davonrasen. Sie bemerkten B in einer Blutlache liegend und alarmierten einen Rettungswagen, welcher B kurze Zeit später in ein Krankenhaus brachte, wo sie nach einer Notoperation gerettet werden konnte. Ohne ärztliche Hilfe wäre B binnen kurzer Zeit aufgrund des Stiches, der die linke Herzkammer nur knapp verfehlte, verblutet. Nach dem flüchtigen L wurde eine großräumige Fahndung eingeleitet. Er konnte gegen 2.00 h heute Morgen von Konstanzer Kollegen bei der Ausreise in die Schweiz vorläufig festgenommen und nach Ravensburg überstellt werden.

In seiner ersten Vernehmung machte L keine Angaben zur Sache, erklärte aber weiterhin zur Person, dass er inzwischen von B rechtskräftig geschieden sei und nun beabsichtige, Deutschland in Richtung Italien zu verlassen. Eine eigene Wohnung habe er hier in letzter Zeit nicht mehr gehabt; vielmehr sei er über seine Frau erreichbar gewesen. B selbst konnte zum Vorfall noch nicht vernommen werden."

7.3 · Ein Fall aus dem Strafprozessrecht

Angesichts dieser Sachlage regt K bei S an, gegen L beim zuständigen AG einen Haftbefehl zu beantragen. Außerdem möchte er wegen „Gefahr im Verzuge" die Wohnung des neuen Lebensgefährten der B durchsuchen, da es Hinweise darauf gebe, dass L der B gegenüber die Tat brieflich angekündigt habe und sich das Schreiben dort befinde.

Wie werden die Entschließungen von S lauten?

7.3.2 Lösungsvorschlag

I. Haftbefehlsantrag

S wird beim zuständigen AG Ravensburg – Ermittlungsrichter – (§§ 162 I, 125 I StPO) den Erlass eines Haftbefehls beantragen, wenn die Voraussetzungen der Untersuchungshaft nach §§ 112 ff. StPO vorliegen; ansonsten ist L freizulassen (vgl. Art. 104 II 3 GG).

1. Dringender Tatverdacht, § 112 I 1 StPO

Zunächst muss ein „dringender Tatverdacht" bejaht werden. Das bedeutet, dass eine entsprechend große Wahrscheinlichkeit dafür vorliegt, dass der Beschuldigte Täter oder Teilnehmer einer Straftat ist; diese muss aus bestimmten Tatsachen geschlossen werden. Zweifelsfragen dürfen bei dieser Entscheidung – wenn möglich – nicht offen bleiben, insb. müssen Rechtsfragen von Richter/StA gelöst werden. Die Wahrscheinlichkeit des Vorliegens von Rechtfertigungs- oder Entschuldigungsgründen beseitigt den dringenden Tatverdacht. Im geschilderten Fall ist L aufgrund der Beobachtungen der Polizisten sowie der Fundlage des Opfers (Messer in der Brust!) auf jeden Fall einer gefährlichen Körperverletzung nach § 224 I Nr. 2 und Nr. 5 StGB, möglicherweise auch eines versuchten Tötungsdeliktes nach §§ 211, 212, 22, 23 StGB dringend verdächtig.

2. Haftgrund, § 112 I 1 StPO

Weiterhin muss ein Haftgrund vorliegen. Zu prüfen ist zunächst jener der Schwerkriminalität nach § 112 III StPO, wenn L für eine der dort aufgeführten Straftaten in Betracht kommt, wobei diese lediglich versucht, nicht vollendet sein müssen. Dem äußeren Anschein nach liegt ein versuchter Totschlag nach §§ 212, 22, 23 StGB nahe. Fraglich ist jedoch, ob der Ausruf des L (welcher als Spontanäußerung auch ohne Belehrung nach

§§ 163 a IV, 136 I StPO verwertbar ist), „er habe es nicht gewollt", so auszulegen ist, als hätte er den Tod seiner Frau nicht mit Eventualvorsatz billigend in Kauf genommen. Jedoch wird man sagen müssen, dass einem durchschnittlich intelligenten Menschen die Folgen eines Stiches in den Oberkörper bewusst sind; ein Vorsatzausschluss wird prima facie jedenfalls nicht anzunehmen sein. Folgendes ist aber problematisch: In Abs. III wird für Straftaten der Schwerkriminalität ein „Haftgrund" geschaffen, ohne dass die Voraussetzungen nach Abs. II vorliegen müssten. Das ist ein offensichtlicher Verstoß gegen den Verhältnismäßigkeitsgrundsatz. Nach BVerfGE 19, 342, 350 muss diese Norm daher verfassungskonform wie folgt ausgelegt werden: ein Haftbefehl darf danach nur dann erlassen werden, wenn Umstände vorliegen, welche die Gefahr begründen, dass ohne Festnahme des Beschuldigten die alsbaldige Aufklärung und Ahndung der Tat gefährdet sein könnte; ausreichend kann die zwar noch nicht mit Tatsachen belegbare, aber nach den Umständen des Falles doch nicht auszuschließende Flucht-, Verdunkelungs- oder Wiederholungsgefahr sein. L wurde bei seiner Ausreise in die Schweiz festgenommen; eine Fluchtgefahr ist daher – trotz etwaiger Auslieferungsmöglichkeiten – nicht ganz auszuschließen, sie liegt sogar nahe. Der Haftgrund des § 112 III StPO besteht daher.

Sollte der Tötungsvorsatz verneint werden, so ist weiter zu prüfen, ob ein anderer Haftgrund in Betracht zu ziehen ist. Ein solcher wäre der der Fluchtgefahr nach Abs. 2 Nr. 2. Das bedeutet, dass die Würdigung der gesamten Umstände des Falles es wahrscheinlicher machen, dass sich der Beschuldigte dem Verfahren entzieht als dass er sich zur Verfügung hält. L hat in Deutschland kaum noch soziale Bindungen, seine Ehe ist geschieden, ein Arbeitsplatz ist nicht mehr vorhanden, ebenso wie eine Wohnung. All dies lässt es wahrscheinlicher erscheinen, wie auch sein „Fluchtversuch" zeigt, dass er sich dem Verfahren nicht freiwillig stellen wird. Die Straferwartung für sich allein reicht entgegen einer langläufigen Meinung nicht aus; es müssen zusätzliche Anhaltspunkte vorliegen, die umso weniger Gewicht haben müssen, je höher die Straferwartung ist. Auf die Ausländereigenschaft darf wegen Art. 3 III GG nicht abgestellt werden. Bei Abwägung dieser Argumente wird man selbst bei der Annahme lediglich einer gefährlichen Körperverletzung zur Bejahung eines Haftgrundes, nämlich dem der Fluchtgefahr, kommen.

3. Verhältnismäßigkeitsgrundsatz, § 112 I 2 StPO

Es ist umstritten, welche Bedeutung hierbei der Verhältnismäßigkeitsgrundsatz hat. Nach überwiegender Auffassung ist er keine positive Voraussetzung für die U-Haft, sondern die Unverhältnismäßigkeit ist ein Haftausschließungsgrund. Nach BVerfGE 20, 144, 147 ist die U-Haft nur zulässig, wenn oder soweit die vollständige Dataufklärung oder die rasche Durchführung des Verfahrens einschließlich Urteilsverkündung und -vollstreckung nicht anders gesichert werden kann. L vorliegend in U-Haft zu nehmen, ist, auch wenn nur von gefährlicher Körperverletzung ausgegangen werden sollte (Höchststrafe immerhin 10 Jahre), unter den angeführten Umständen nicht unverhältnismäßig.

II. Durchsuchung wegen „Gefahr im Verzuge"

Die Prüfung der Rechtmäßigkeit von Zwangsmaßnahmen im Rahmen der StPO ist zweistufig: Zuerst muss untersucht werden, auf welche Grundlage der Eingriff gestützt werden kann; danach stellt sich die Frage der Anordnungskompetenz.

1. Rechtsgrundlage

Zunächst muss geklärt werden, ob der Adressat der (Durchsuchungs-)Maßnahme der Beschuldigte selbst (§ 102 StPO) oder eine andere Person (dann § 103 StPO) ist. Hier soll beim neuen Lebensgefährten der B durchsucht werden, so dass § 103 StPO zur Anwendung kommt. Danach darf dort nur durchsucht werden, wenn – wie hier vorliegend – bestimmte Gegenstände i.S.v. §§ 94 ff. StPO beschlagnahmt werden sollen und wenn Tatsachen vorliegen, die belegen, dass der Gegenstand sich in dem zu durchsuchenden Objekt befindet. Dass dem so ist, ergibt sich aus den Angaben des K. Zu beachten ist aber, dass nur nach solchen Gegenständen durchsucht werden darf, die überhaupt beschlagnahmefähig sind. Das könnte hier im Hinblick auf § 97 I Nr. 1 StPO fraglich sein, da nach einem Brief von L gesucht wird, den er an B geschrieben hat. Da B nach § 52 I Nr. 2 StPO auch nach geschiedener Ehe noch ein Zeugnisverweigerungsrecht hat, unterliegt der Brief dem genannten Beschlagnahmeverbot. Dies gilt nach § 97 II 1 StPO aber nur dann, wenn sich der zu beschlagnahmende Gegenstand in Gewahrsam desjenigen befindet, der zeugnisverweigerungsberechtigt ist. Der Brief wird aber nicht bei B, sondern ihrem neuen Lebensgefährten vermutet, weswegen das Beschlagnahme- und somit auch das Durchsuchungsverbot nicht einschlägig sind. Eine Rechtsgrundlage für die beabsichtigte Durchsuchung besteht demnach.

2. Anordnungskompetenz

Die Befugnis zur Anordnung einer Durchsuchung ist in § 105 I StPO geregelt: danach ist grundsätzlich der (Ermittlungs-)Richter (§ 162 StPO) zuständig, nur bei „Gefahr im Verzuge" der Staatsanwalt bzw. seine Ermittlungspersonen. Eine solche liegt dann vor, wenn die richterliche Anordnung nicht eingeholt werden kann, ohne dass der Zweck der Maßnahme gefährdet wäre. Dies wurde jahrelang seitens der Ermittlungsbehörden extensiv gehandhabt, bis das BVerfG in seiner grundlegenden Entscheidung (NStZ 2001, 382 ff.) wegen des hohen Schutzgutes der betroffenen Art. 13 I und II GG dieser Praxis einen Riegel vorschob. Danach ist „Gefahr im Verzuge" als Ausnahmeregelung nur noch dann anzunehmen, wenn seitens der Ermittler versucht wurde, einen Richter zu erreichen, der in der Lage gewesen wäre, zumindest eine mündliche – eine schriftliche ist nicht(!) vorgeschrieben – Anordnung zu geben. Das dürfte zumindest tagsüber kein Problem sein, bei Einrichtung eines richterlichen Bereitschaftsdienstes auch länger. Wird schuldhaft so lange mit dem Antrag gewartet, bis dermaßen große Eile geboten ist, dass die Einschaltung des Richters die Erlangung des gesuchten Beweismittels in Frage stellt, geht dies zu Lasten der Ermittlungsbehörden. Die Annahme von „Gefahr im Verzuge", bei der der entscheidenden Behörde kein Ermessensspielraum zusteht, ist unter Angabe konkreter Tatsachen aktenkundig zu begründen, damit eine nachträgliche gerichtliche Überprüfung möglich ist. Anhand der dargelegten Erfordernisse ist im vorliegenden Fall festzustellen, dass die Voraussetzungen von „Gefahr im Verzuge" nicht vorliegen: Zum einen wurde noch gar nicht versucht, einen Richter zu erreichen, was um diese Tageszeit an einem Werktag nicht von Anfang an aussichtslos erscheint; zum anderen ist nicht erkennbar, worin der Beweismittelverlust bei Nichteinschaltung eines Richters begründet sein soll. S wird also „Gefahr im Verzuge" im Lichte der inzwischen gefestigten Rspr. des BVerfG nicht annehmen, sondern vielmehr einen – gegebenenfalls mündlichen – Durchsuchungsbeschluss beim zuständigen Ermittlungsrichter einholen.

7.4 Ein Fall aus dem Straf- und Strafprozessrecht

7.4.1 Sachverhalt

A befindet sich wegen des Verdachts der Beteiligung an einem Bankraub in Untersuchungshaft. Er lehnt es im Ermittlungsverfahren ab, zur Sache auszusagen. Kriminalkommissar K gibt daher die Weisung, in A's Zelle den B zu verlegen, der wegen einer anderen Sache ebenfalls in Untersuchungshaft sitzt. K hofft, dadurch A überführen und ein Geständnis erlangen zu können. Dafür verspricht er B Vorteile für dessen Verfahren.

B versucht in den nächsten Tagen, A vorsichtig auf den Banküberfall anzusprechen, und schließlich gelingt es ihm, den misstrauischen A zum Reden zu bewegen. A erzählt:

„Mein Freund C und ich haben gemeinsam den Überfall geplant. C ist mit einer ungeladenen Gaspistole in die Bank gestürmt, während ich draußen im Auto gewartet habe. C hat mir erzählt, dass in der Bank nur eine Angestellte, die Kassiererin X, anwesend war und sie ihm 50.000 € herausgab. Gerade als C wieder nach draußen gekommen war, tauchte ein Passant (P) auf, der C festhalten wollte. C schlug ihn mit dem Pistolenknauf nieder. Wir hatten vereinbart, dass C Verfolger abschütteln sollte, und ich wusste wohl, dass C leicht erregbar und gewalttätig war. Wir sind dann zwei Straßen weit gefahren und – plangemäß – ausgestiegen, um ein anderes Fahrzeug zu kapern. Wir sind in ein Taxi gesprungen. C zwang mit seiner Pistole den Fahrer zum Aussteigen. Ich habe den Wagen dann gefahren. Auf einem Autobahnrastplatz haben wir das Taxi abgestellt. Ich wusste nicht, dass P tot ist. Aber ich habe es eventuell für möglich gehalten, dass er sterben könnte, so wie der geblutet hat. Aber das war mir egal, ich wollte einfach nur weg."

B berichtet dies sogleich K. K kann dadurch C ermitteln, der bis dahin nicht bekannt war.

Weil gegen A die Ermittlungen zügig abgeschlossen werden konnten, kommt es zu einer getrennten Hauptverhandlung gegen ihn, während gegen C weiter ermittelt wird. C soll in dieser Verhandlung als Zeuge vernommen werden. Er macht jedoch wegen des gegen ihn laufenden Verfahrens keine Aussagen. Das Gericht lässt daraufhin eine von C in der Untersuchungshaft handschriftlich verfasste und unterzeichnete Erklärung verlesen, die mit

„Geständnis" bezeichnet ist. Darin schildert C den Tathergang so:

„Ich bin in die Bank gestürmt und habe von der alleine anwesenden Kassiererin 50.000 € erhalten, wohl weil sie Angst vor meiner ungeladenen Gaspistole hatte. Als ich aus der Bank herauskam, hielt mich ein Passant (P) fest. A, der wie verabredet im Auto gesessen hatte, sprang heraus, riss mir die Pistole aus der Hand und schlug damit P nieder. P blutete stark, und ich rechnete mit seinem Tod. Das war überhaupt nicht so abgesprochen und ich war entsetzt. Aber ich bin dann doch mit A weggefahren."

Es folgt eine Schilderung der weiteren Ereignisse, die sich mit der von A dem B erzählten deckt. C schweigt in der Verhandlung weiter, bestätigt aber, dass die Erklärung von ihm selbst geschrieben worden sei.

Daraufhin wird die Kassiererin X als Zeugin vernommen. Sie sagt aus, dass sie das Geld dem C nicht aus Angst vor der Waffe gegeben habe. Sie habe nur so gehandelt, weil eine bankinterne Weisung für diese Fälle bestehe, Geld herauszugeben, um Kunden nicht zu gefährden. Sie hatte zutreffend erkannt, dass sie durch die Trennscheibe an der Kasse ausreichend geschützt war, hatte aber damit gerechnet, dass jederzeit Kunden auftauchen können.

Das Gericht vernimmt nunmehr B als Zeugen, der wiederholt, was er von A in der Zelle erfahren hat. Außerdem wird ein Polizeiprotokoll einer Vernehmung von V verlesen, die seinerzeit mit A verlobt, aber nicht über ihre Rechte belehrt worden war. Sie hat das Verlöbnis inzwischen gelöst und ist unbekannt verzogen. Damals bestätigte sie, dass A ihr erzählt hatte, was B in der Verhandlung ausgesagt hat.

Nachdem das Urteil gegen A rechtskräftig geworden ist, findet die Hauptverhandlung gegen C statt. Dabei sagt A als Zeuge das aus, was er bereits B in der Zelle erzählt hat, während C seine Version aus dem als „Geständnis" bezeichneten Schriftstück vorträgt.

Bearbeitervermerk: In einem Gutachten ist zu untersuchen, wie das Gericht – unter Berücksichtigung der Verwertbarkeit der erlangten Beweismittel – A und C verurteilt hat. Dabei ist davon auszugehen, dass alle Aussagen, auch soweit sie sich widersprechen, gleichwertig sind und dass eine weitere Sachaufklärung nicht möglich ist. Soweit in dem Gutachten nicht auf alle aufgeworfenen Rechtsfragen eingegangen wird, sind diese in einem Hilfsgutachten zu erörtern.

Eine mögliche Strafbarkeit von K und S ist nicht zu prüfen.

7.4.2 Lösungsvorschlag

Vorbemerkung
Da nach der Strafbarkeit von einzelnen Beteiligten unter Verwertbarkeit bestimmter Beweismittel gefragt ist, empfiehlt es sich, diese als gesonderte Prüfung voranzustellen. Bei der Lösungsskizze wurde – gemäß der Intention des Buches – gesteigerterer Wert auf den prozessualen als auf den materiellen Teil gelegt, dieser daher teilweise nur problematisierend angerissen. Der Schwierigkeitsgrad entspricht dem einer Klausur im 1. Staatsexamen bzw. einer Hausarbeit in der Fortgeschrittenenübung.

A. Verwertbarkeit der einzelnen Aussagen

I. Verwertbarkeit der Aussage A gegenüber B im Gefängnis

1. B wurde von K als „Spitzel" eingesetzt. Dieser Einsatz ist nicht grundsätzlich rechtswidrig, wie die gesetzliche Wertung der StPO an anderer Stelle ergibt (z. B. § 110a StPO); heimliche Ermittlungen sind zulässig. Es müssen nur gewisse Grundsätze des Rechtsstaatsprinzips (Zuständigkeit der anordnenden Behörde etc.) beachtet werden, die vorliegend jedenfalls nicht tangiert sind.

2. Der Verwertbarkeit der durch B gewonnenen Erkenntnisse könnte aber § 136a I 1 StPO entgegenstehen. Er gilt ebenfalls über § 163a III und IV StPO für Vernehmungen von StA und Polizei, jedoch nur für Vernehmungen. Eine solche liegt dann vor (neben der „klassischen" Situation: Staatsanwalt/Polizist befragt den Verdächtigen), wenn auf polizeiliche Veranlassung ein Mithäftling auf einen anderen angesetzt wird, um diesen auszuhorchen, vor allem dann, wenn dieser bekanntlich keine Angaben zur Sache machen will. § 136a StPO ist – aufgrund seines Rechtsgedankens – in dieser Konstellation zumindest analog anwendbar (vgl. Beulke/Swoboda, StPO, 15. A., RN. 131, 138; Meyer-Goßner/Schmitt, StPO, 61. A., § 136a RN. 4/4a; BGHSt 34, 362ff; die Entscheidung BGH GrS NStZ 96, 502 betraf einen anderen Sachverhalt – Stichwort: „Hörfalle").

Es ist also nun zu unterscheiden in der Aussage des A bzgl. des Inhaltes hinsichtlich seiner Person und bzgl. C:

a) Gegen die Verwertbarkeit der Aussage gegen sich selbst könnte § 136a I 1 StPO wegen des Merkmals

„Täuschung" sprechen. A sagte bislang nicht aus und hatte keine Anhaltspunkte dafür, dass ihm ein Spitzel auf die Zelle gelegt wurde. Er wird also über diese „Eigenschaft" des B sowie über den Grund der Zusammenlegung getäuscht. Ein Verstoß gegen § 136a I 1 StPO liegt daher vor mit der Folge der Unverwertbarkeit der Aussage in diesem Punkt, also inhaltlich der ausgesprochenen Selbstbelastung.

b) Anschließend stellt sich die Frage, ob die weiteren Erkenntnisse im Hinblick auf C, die durch diese unverwertbare Aussage gewonnen wurden, ebenfalls unverwertbar sind (Problem der sog. Fernwirkung). Jedoch gilt diese „fruit-of-the-poisonous-tree"-Doktrin des anglo-amerikanischen Rechtskreises nach h.M. nicht im hiesigen Rechtsraum, da sie dort als Regulativ und Kontrollmechanismus hinsichtlich der Arbeit der Ermittlungsbehörden verstanden wird, in Deutschland aber diesbezüglich § 160 II StPO zur Anwendung kommt. Eine Fernwirkung bzgl. der Ergebnisse der weiteren Ermittlungen im Hinblick auf C ist daher abzulehnen (M-G/Schmitt, StPO, aaO, § 136a RN. 31 m. w. N.; die gegenteilige Entscheidung BGHSt 29, 244 betraf nur das G-10-Gesetz und ist – als Ausnahmeentscheidung – hier nicht einschlägig und darf nicht verallgemeinert werden).

II. Verwertbarkeit der Verlesung von C' s Geständnis

Grundsätzlich steht dem C ein – in diesem Fall ein ausnahmsweise umfassendes – Auskunftsverweigerungsrecht nach § 55 StPO wegen der gegen ihn laufenden Ermittlungen zu. Das „Geständnis" kann jedoch im Rahmen des § 244 II StPO über den Weg des Verlesens nach § 249 I StPO eingeführt werden. § 250 S. 2 StPO steht dem nicht entgegen; der Unmittelbarkeitsgrundsatz ist nicht tangiert, da das in Frage stehende „Geständnis" nicht zu Beweiszwecken erstellt wurde. § 254 StPO ist nicht einschlägig, da das Geständnis nicht in einem richterlichen Protokoll enthalten ist.

III. Verwertbarkeit des Protokolls der V

Der V stand damals ein Zeugnisverweigerungsrecht nach § 52 I Nr. 1 StPO zu; eine Belehrung nach § 52 III 1 StPO unterblieb jedoch. Somit bestünde auch grundsätzlich keine Verlesungsmöglichkeit, vgl. § 252 StPO. Die Verlobung wurde aber inzwischen gelöst; somit existiert das Zeugnisverweigerungsrecht nicht mehr, wie ein Vergleich mit § 52 I Nr. 2 StPO zeigt, der auf diesen Fall nach h. M. im Hinblick auf den eindeutigen Wortlaut nicht analog anwendbar ist. Da V nicht mehr auffindbar ist, kann das Protokoll nach § 251 I Nr. 3 StPO durch Verlesen und ergänzend durch Einvernahme des Vernehmungsbeamten eingeführt werden.

IV. Verwertbarkeit der Aussage des A im Prozess gegen C
Vorliegend sagt A freiwillig als Zeuge aus. Nachdem er rechtskräftig verurteilt wurde, steht ihm ein Auskunftsverweigerungsrecht nach § 55 StPO nicht zu, zumal auch die Abtrennung der Verfahren aus Beschleunigungsgrundsätzen nicht willkürlich erscheint. Auch die Gefahr einer neuerlichen Verfolgung, die eine Anwendung dieser Norm rechtfertigen könnte, ist aufgrund des Sachverhaltes nicht gegeben.

V. Ergebnis
Als einzige Aussage darf also inhaltlich das nicht verwertet werden, was dem A in der U-Haft von B über sich selbst entlockt wurde; eine Fernwirkung bzgl. C ist – wie oben gezeigt – nicht anzunehmen.

B. Strafbarkeiten der einzelnen Beteiligten
I. In der Bank
 1. Strafbarkeit des C
 a) §§ 253, 255, 249 ff. StGB bzgl. X

Fraglich ist im objektiven Tatbestand, welches Zwangsmittel vorliegt: „Gewalt" lässt sich kaum begründen, zumal auch X keine Gewalt empfindet, da sie durch die Trennscheibe geschützt war. Gleiches gilt für eine „unmittelbare Drohung" gegen sie. Zu prüfen ist daher, ob nicht eine „mittelbare Drohung" in der Form vorliegt, dass potentielle Kunden der Bank bei Betreten möglicherweise gefährdet werden. Die Rspr. (vgl. BGHSt 41, 123) lässt solche „Dreieckserpressungen" unter folgenden Voraussetzungen zu:
— die Bedrohungsmöglichkeit muss potentiell vorhanden sein und sich jederzeit verwirklichen können („Gegenwärtigkeit"!),
— es muss ein Näheverhältnis zwischen Bedrohtem und Drittem vorliegen und
— die Bedrohung des anderen muss beim letztendlich Genötigten ein Übel empfinden lassen.

Alle diese Voraussetzungen sind hier gegeben; auch mangelt es nicht an der Gegenwärtigkeit, da der Überfall zu Banköffnungszeiten geschah, Kunden also jederzeit hätten die Bank betreten können. Dass X Anweisung hat, das Geld aufgrund einer internen Direktive herauszugeben, entlastet den Täter nicht.

Darüber hinaus ist fraglich, welche Tathandlung („Wegnahme", dann § 249 StGB; „Vermögensverfügung", dann §§ 255 StGB) in Betracht kommt: Egal, ob man der Rechtsprechung (maßgebend ist das äußere Erscheinungsbild) oder der Literatur (eine Verfügung darf nicht von „vis absoluta" gekennzeichnet sein) folgt, ergibt sich vorliegend das gleiche Ergebnis: der „Vermögensnachteil" liegt in der Weggabe des Geldes, so dass nach beiden Auffassungen eine Strafbarkeit nach §§ 253, 255 StGB anzunehmen ist.

b) § 250 StGB bzgl. X

Zu prüfen ist die Qualifikation: § 250 I Nr. 1 a StGB liegt nicht vor, da die Waffe ungeladen war; als „Schlagzeug" und somit gefährliches Werkzeug sollte sie nach Tatplan nicht verwendet werden. Die ungeladene Gaspistole ist aber als sog. „Scheinwaffe" unter § 250 I Nr. 1 b StGB zu fassen. § 250 II Nr. 1 StGB ist nicht einschlägig, da es sich nicht um eine objektiv gefährliche Waffe handelte.

c) § 251 StGB bzgl. P

Nach dieser Norm muss der Tod durch die räuberische Erpressung eingetreten sein, und zwar durch eine den Tatbestand verwirklichende Handlung zwischen dem Beginn des Versuches bis zur Beendigung der Tat, wobei beim bewaffneten Bankraub wegen seiner spezifischen Gefährlichkeit auch die anschließende Flucht mit Beutesicherung einzubeziehen ist. Der Schlag geschah jedoch außerhalb der Bank und „en passant" gegenüber einem unbeteiligten Dritten. Es lässt sich nun argumentieren, dass die Drohung aus § 255 StGB noch fortdauerte, der Schlag nur Ausfluss dessen war und der Ursächlichkeitszusammenhang somit noch besteht (BGHSt 38, 295 ff), die Tat also mithin noch nicht beendet war. Die Gegenauffassung (z. B. Rengier, NStZ 1992, 590) lasst sich mit entsprechender Begründung vertreten. Die geforderte Leichtfertigkeit liegt nach der eigenen Aussage des C vor.

d) § 240 StGB ist regelmäßig in § 255 StGB enthalten.

2. Strafbarkeit des A

a) §§ 253, 255, 249 ff., 25 ff. StGB bzgl. X

Zu prüfen ist die Beteiligung des A an den Taten des C. Nach allen verwertbaren Aussagen (s. oben) hatten beide einen gemeinsamen Tatplan, Täterwille und führten die Taten mit unterschiedlichem Tatbeitrag durch. Die einzelnen Beteiligungen im Rahmen des § 255 StGB sind also gegenseitig nach § 25 II StGB im Rahmen der Mittäterschaft zurechenbar. Das gilt auch für § 250 StGB.

Fraglich ist jedoch, ob A ebenfalls § 251 StGB verwirklicht hat. Zwar muss auch ihm als Mittäter nur Leichtfertigkeit zur Last gelegt werden, die nach beiden Versionen vorliegt. A muss als Mittäter die zum Tod führende Handlung allerdings billigend in Kauf genommen, sie also bedingt gewollt haben; davon kann nach der Beweislage, insbesondere der verwertbaren Aussage des C, ausgegangen werden.

II. Auf der Straße

1. Strafbarkeit des C

a) § 212 StGB

P ist tot. Fraglich ist, ob C der Täter ist. Nach der Aussage des A ist das der Fall, nach seinem „Geständnis" nicht. Da keine weitere Sachverhaltsaufklärung möglich ist, greift nun der Zweifelssatz („in dubio pro reo") als Entscheidungsregel ein, mit der Folge, dass eine Strafbarkeit nicht nachweisbar ist.

b) §§ 212, 13 StGB

Problematisch ist hier beim unechten Unterlassungsdelikt die Garantenstellung. Man könnte eine solche aus Ingerenz („vorangegangenes, pflichtwidriges Tun") aufgrund des Pistolenschlages herleiten, wobei das Problem ist, dass diese Handlung selbst eine Straftat (zumindest eine gefährliche Körperverletzung nach § 224 I Nr. 2 StGB) darstellt, der Täter aber demnach teilweise zur Selbstaufdeckung seines eigenen strafrechtlichen Handelns verpflichtet wäre. Daher wird in solchen Fällen nur eine Strafbarkeit aus § 323 c StGB angenommen, weil sonst ein Verstoß gegen den „nemo-tenetur"-Grundsatz vorliegen würde. Mit entsprechender Begründung kann jedoch auch die gegenteilige Auffassung vertreten werden. Am bedingten (Tötungs-)Vorsatz gibt es nach der eigenen Aussage des C keine Zweifel.

c) § 211 StGB

Wer §§ 212, 13 StGB bejaht, muss zu § 211 StGB kommen und das Merkmal „Verdeckungsabsicht" anprüfen. Nach beiden Versionen kommt man letztendlich zum Schluss, dass dieses nicht vorliegt, da es C (wie auch A) lediglich darauf ankam, die Beute zu sichern und schnellstmöglich zu fliehen, aber nicht, einen Menschen zu töten, um den Überfall zu vertuschen.

d) § 323 c StGB

Diese Norm ist, wie gerade dargelegt, auf jeden Fall verwirklicht, und zwar unabhängig von der Antwort der Frage zu §§ 212, 13 StGB, da die Gefahr der Strafverfolgung eine Hilfeleistung nicht obsolet/unzumutbar macht. Vertritt man jedoch eine Strafbarkeit aus § 212, 13 StGB, so scheidet § 323 c StGB nach h. M. (BGHSt 14, 282) aus.

e) § 240 StGB

Mit dem Hinauswurf des Taxifahrers ist dieser Tatbestand unproblematisch gegeben.

f) § 249 StGB bzgl. des Taxis

Fraglich ist, ob eine Wegnahme vorliegt. Nach beiden verwertbaren Aussagen von A und C war es so, dass der Fahrer gezwungen wurde, aus dem Wagen auszusteigen und ihn zu übergeben. Von einer Wegnahme kann daher nicht gesprochen werden. Es liegt daher näher, § 255 StGB anzunehmen.

g) § 316a StGB

Das Fahrzeug wurde „gekapert", damit A und C nach dem Überfall schnell und unerkannt entkommen konnten. Fraglich ist, ob dieses Verhalten unter das Merkmal der „besonderen Verhältnisse des Straßenverkehrs" zu subsumieren ist, wie es der Tatbestand verlangt. Dies liegt – nach der restriktiven neueren Rechtsprechung – auch dann vor, wenn der Täter eine sich aus dem fließenden Straßenverkehr ergebende, ihm eigentümliche Gefahrenlage für den Kfz-Verkehrsteilnehmer ausnutzt. A und C hielten ein fahrendes Taxi an, zwangen den Fahrer auszusteigen und ihnen das Fahrzeug zu überlassen (§ 249 oder § 255 StGB). Diese Handlung erfüllt den Tatbestand; eine Strafbarkeit daher liegt vor.

2. Strafbarkeit des A

a) § 212 bzw. §§ 212, 13 StGB

Der P ist tot; fraglich ist, ob A der Täter ist bzw. ihm das nachweisbar ist. Nach der Aussage von C war A Alleintäter. Nach der Aussage des A, eingeführt über V, war es C. Geht man „in dubio pro reo" – es geht um die Strafbarkeit von A! – von C als Täter aus, so wird man A über § 25 II StGB die Handlung des C zurechnen müssen (s. oben), so dass sich hier nach beiden Versionen eine (Mit)-Täterschaft des A ergibt. Sehr viel problematischer ist dann jedoch der Vorsatz, da der subjektive Tatbestand über § 25 II StGB nicht zugerechnet werden kann und bei jedem Täter gesondert festgestellt werden muss: Nach der Version von C hat A Vorsatz; nach der Version von A, der nur weg wollte und dem der Tod des P egal war, könnte man danach den Eventualvorsatz als nicht sicher nachweisbar erachten, so dass eine Strafbarkeit hiernach entfiele. Man kann aber auch gegenteilig argumentieren, dass das „Für-möglich-halten" im Sachverhalt als bedingter Vorsatz ausreicht. Entscheidet man sich für die Bejahung des Vorsatzes, gilt für eine Garantenstellung oben Gesagtes, ebenso für die Ausführungen zu § 323c StGB.

b) § 211 StGB

Hier gilt das bzgl. C Gesagte entsprechend.

c) §§ 223, 224 I Nr. 2 StGB

Diese Vorschriften sind als Durchgangsstadium mitverwirklicht, wenn man zum Totschlag gelangt, bzw. sind einzig verwirklicht, wenn der Tötungsvorsatz verneint wird.

d) §§ 240, 249/255 und 316a, 25 II StGB

Diese Delikte hat auch A mittäterschaftlich verwirklicht (s. oben), da insofern die verwertbaren Aussagen nicht differieren.

III. Konkurrenzen

Diese hängen von den vertretenen Ergebnissen ab. Jedenfalls: Wird §§ 212, 13 StGB bejaht, so ist § 323c StGB verdrängt; gleiches gilt für die Körperverletzungsdelikte. Die Taten in den beiden Tatkomplexen stehen in Tatmehrheit.

7.5 Eine Klausur aus dem Strafprozessrecht

7.5.1 Sachverhalt

Die Staatsanwaltschaft Konstanz führt ein Ermittlungsverfahren gegen die Brüder Archie (A), Benny (B), Charlie (C) und Harry (H) – vier Gauner alten Schlages –, weil sie im Verdacht stehen, als Bande fortlaufend Einbruchdiebstähle aus Wohnungen zu begehen und dabei wertvolle Elektronikgeräte zu entwenden. Es liegen Anhaltspunkte dafür vor, dass bereits 15 solcher Taten auf ihr Konto gehen. Da die Ermittlungen ins Stocken geraten, möchte die

Staatsanwaltschaft die Mobiltelefone von A, B und C abhören, die Gespräche aufzeichnen sowie alle vier längere Zeit „geheim" aus dem Hintergrund heraus beobachten.

Aufgabe 1
Wären solche Maßnahmen – bejahendenfalls: unter welchen Voraussetzungen – möglich?

Aufgrund der Erkenntnisse aus den obigen Maßnahmen verdichtet sich der Verdacht gegen A, C und H. Allerdings lässt sich der Bandenvorwurf nicht aufrechterhalten, so dass die Ermittlungen gegen diese nur noch wegen des Verdachts gewerbsmäßiger gemeinschaftlicher Wohnungseinbruchsdiebstähle geführt werden. Aus den Gesprächen zwischen A, B, C und H ergibt sich weiter, dass B zwar nicht an den Diebstählen beteiligt ist, dass es sich bei ihm jedoch offensichtlich um denjenigen, bisher unbekannten Täter handelt, der vor einigen Wochen einen tödlichen Verkehrsunfall unter Alkoholeinfluss verursacht und sich anschließend von der Unfallstelle entfernt hat (§§ 316, 222, 142 Abs. 1 StGB).

Aufgabe 2
Dürfen diese Erkenntnisse in einem späteren gerichtlichen Verfahren zum Beweis
– eines gewerbsmäßigen Wohnungseinbruchsdiebstahls bei A, C und H und
– einer fahrlässigen Tötung, Trunkenheitsfahrt und Unfallflucht bei B verwertet werden?

Aufgrund der Erkenntnisse aus der Telefonüberwachung wird durch den Richter bei B eine Wohnungsdurchsuchung zum Zwecke des Auffindens bestimmter Beweismittel hinsichtlich seiner Unfallbeteiligung angeordnet. Bei der Ausführung des Beschlusses findet die Polizei den B, der eine größere Menge Schlaftabletten eingenommen hat, bewusstlos in seinem Bett vor. Auf dem Wohnzimmertisch der ehelichen Wohnung befindet sich ein von B verfasster und an seine Ehefrau gerichteter Abschiedsbrief, aus dem sich ergibt, dass B „einen Menschen auf dem Gewissen" habe und deshalb „aus dem Leben scheiden" wolle. Die Polizei beschlagnahmt diesen Brief. Der Verteidiger Vinzenz (V) des (später geretteten) B meint, eine Verwendung des Briefes als Beweismittel komme nicht in Betracht. Der Brief enthalte ganz persönliche Dinge und sei auch nur für B's Ehefrau bestimmt gewesen; man bediene sich hier einer „Frucht des verbotenen Baumes".

7.5 · Eine Klausur aus dem Strafprozessrecht

Aufgabe 3
Darf der Brief als Beweismittel gegen B hinsichtlich der Unfallverursachung unter Berücksichtigung der Verteidigerargumente verwertet werden? Welche Arten von Beweisverboten gibt es allgemein?

A, C und H werden nach vorläufiger Festnahme von der Polizei getrennt als Beschuldigte vernommen. A wünscht nach Belehrung die Hinzuziehung eines Verteidigers. Der Vernehmungsbeamte, POM Fritz (F), erklärt A, erst werde die Vernehmung durchgeführt, anschließend dürfe er gerne mit einem Verteidiger Kontakt aufnehmen. A legt daraufhin ein Geständnis ab. Anschließend wird C vernommen. Nach Belehrung weist F den C darauf hin, A habe ein „glasklares" Geständnis abgelegt. Daraufhin gesteht auch C.

Aufgabe 4
Können die Geständnisse von A und C in der späteren Hauptverhandlung verwertet werden? Falls sie fehlerhaft zustande gekommen sein sollten, wäre eine Heilung des Fehlers möglich?

Die Staatsanwaltschaft möchte gegen A, C und H wegen gewerbsmäßigen gemeinschaftlichen Wohnungseinbruchsdiebstahls in 20 Fällen und wegen versuchten Diebstahls in 5 Fällen Anklage erheben. Sie erwartet bei A eine 3-jährige, bei dem einschlägig vorbestraften C eine 4 1/2-jährige Freiheitsstrafe, bei H wegen mehrerer sonstiger Vorverurteilungen eine solche von 5 Jahren.

Aufgabe 5
Welches Gericht wäre für A, C und H gemeinsam sachlich zuständig? Wie ist das Gericht besetzt? Müssen Verteidiger mitwirken?

In der Hauptverhandlung gegen A und C stellt sich heraus, dass es sich bei einem der Diebstahlsopfer um den Ehemann der Staatsanwältin Sauber (S) handelt, welche die Anklage in der Hauptverhandlung vertritt.

Aufgabe 6
Prüfen Sie, ob und ggf. welche Schritte vom Gericht zu veranlassen sind.

Im Rahmen der Beweisaufnahme soll die Ehefrau Tanja (T) des Angeklagten A, welche im Ermittlungsverfahren von einem Richter vernommen wurde, als Zeugin gehört werden. Nach Angaben zur Person und anschließender Belehrung macht sie von ihrem Zeugnisverweigerungsrecht Gebrauch und verweigert die Aussage. Außerdem erscheint der Zeuge Eberhard (E), der zuvor von der Polizei vernommen worden war, nicht zur Hauptverhandlung. Auf Nachforschung des Gerichtes stellt sich heraus, dass er sich zurzeit auf unbestimmte Dauer in Australien oder Neuseeland auf irgendeiner nicht näher bekannten Schaffarm aufhält; ob und wann er zurückkehrt, ist ungewiss.

Aufgabe 7
Ist eine Protokollverlesung der beiden Aussagen oder eine andere Art der Einführung in die Hauptverhandlung möglich? Wenn ja, unter welchen Voraussetzungen?

7.5.2 Lösungsvorschlag

- **Anmerkung**

Die Klausur war – vom Autor gestellt – Gegenstand der Zwischenprüfung im Fach „Strafprozessrecht" an der Universität Konstanz. Die Lösungshinweise sind aktualisiert.

Aufgabe 1
— Die Zulässigkeit einer Telefonüberwachungsmaßnahme richtet sich nach § 100a I, II Nr. 1 j), StPO. Voraussetzungen sind: Bestimmte Tatsachen rechtfertigen den Verdacht einer Katalogtat nach § 100a Abs. 2 StPO (hier: zumindest bandenmäßiger Wohnungseinbruchsdiebstahl §§ 244a, 244 I Nr. 3 StGB), die Tat wiegt auch im Einzelfall schwer und die Erforschung des Sachverhaltes wäre sonst aussichtslos/wesentlich erschwert, was hier vorliegt. Ebenso ist gegeben, dass sich der Eingriff nach § 100a III StPO in erster Linie nur gegen den Beschuldigten richten darf. Die Anordnungskompetenz ergibt sich aus § 100e I 1 StPO, also grundsätzlich der Richter (Ermittlungsrichter nach § 162 StPO); nur bei Gefahr im Verzug ist die StA nach S. 2 und 3 befugt, eine Anordnung bis zu maximal drei Werktagen Dauer zu treffen.
— Eine „geheime Beobachtung für längere Zeit" ist prozessual eine „längerfristige Observation" nach § 163 f I StPO. Die Voraussetzungen nach Abs. 1 und 2 lie-

7.5 · Eine Klausur aus dem Strafprozessrecht

gen vor; sie soll sich auch nur gegen die Täter richten und nicht gegen Dritte. Die Anordnungskompetenz ergibt sich aus Abs. 3 S. 1: Auch hier ist der Ermittlungsrichter (§ 162 StPO) zuständig; die StA und ihre Ermittlungsbeamten dürfen bei Gefahr im Verzug die Maßnahme selbst anordnen, allerdings, wie sich aus S. 2 ergibt, tritt sie nach drei Werktagen ohne richterliche Bestätigung außer Kraft.

Aufgabe 2
Es geht darum, ob bei Zufallsfunden ein Verwertungsverbot besteht. Hier gibt es – neben der hier nicht einschlägigen Sonderregelung des § 100d II 1 StPO – die ausdrückliche Regelung in § 477 II 2 StPO (§ 108 I 1 StPO gilt nicht analog!):

Ein Verwertungsverbot besteht demnach bei B, weil §§ 316, 222 und 142 StGB keine Katalogtaten darstellen, derentwegen eine Maßnahme nach § 100 a StPO angeordnet werden dürfte. Da aber keine Fernwirkung („fruit-of-the-poisonous-tree") existiert, können die gewonnenen Erkenntnisse als Grundlage für weitere Ermittlungen dienen, also zumindest mittelbar verwertet werden.

Bei A, C und H ist die Antwort umstritten: Nach h. M. sind die Erkenntnisse hier verwertbar, da es um keine andere Tat im prozessualen Sinne, sondern lediglich um eine andere rechtliche Beurteilung (§§ 243 I Nr. 3, 244 I Nr. 3 statt § 244 a StGB) derselben prozessualen Tat geht. Nach der Rspr. reicht es aus, wenn ein objektiver Bezug zur Katalogtat (§ 244 a StGB) im Zeitpunkt der Anordnung bestanden hat. Das ist hier zu bejahen, da damals ein diesbezüglicher Verdacht bestand; die Gegenauffassung in der Lit. ist bei entsprechender Begründung vertretbar.

Aufgabe 3
a) Der Einwand der „verbotenen Frucht" greift nach h. M. nicht, da den Beweisverwertungsverboten (§ 477 Abs. 2 StPO) eine Fernwirkung mit Ausnahme der gesetzlichen Regelung in § 100d II 1 StPO nicht zukommt, jedenfalls dann nicht, wenn die Beweismittel möglicher-

weise auf rechtmäßigem Weg hätten erlangt werden können (was man selten ausschließen kann); die gegenteilige Entscheidung BGHSt 29, 244 betraf nur die Telefonüberwachung nach dem G-10-Gesetz, und die vorliegende Rechtsauffassung wurde von BGHSt 51, 1 ausdrücklich bestätigt. Das heißt, die (nicht unmittelbar verwertbaren) Erkenntnisse aus der Telefonüberwachung durften zur Grundlage weiterer Ermittlungen (Durchsuchung/Beschlagnahme) und zum Auffinden verwertbarer Beweismittel gemacht werden (die Gegenauffassung kann mit entsprechender nachvollziehbarer Begründung vertreten werden; vgl. zum Streitstand: Meyer-Goßner/Schmitt, StPO, 61. A., § 100a Rn. 29 ff.).

Fraglich ist aber, ob aus anderen Gründen ein Beschlagnahmeverbot nach § 97 StPO besteht. Hier kommt es auf die Begründung an. Nach § 97 I Nr. 1, 52 I Nr. 2 StPO kann man dies bejahen, sofern man es für ausreichend erachtet, dass sich der Brief nach § 97 II 1 StPO im Mitgewahrsam der Ehefrau (eheliche Wohnung!) befindet. Mitteilungen an Angehörige, die sich (noch) im Gewahrsam des Beschuldigten befinden und (noch) nicht abgeschickt wurden, können allerdings grundsätzlich nach §§ 94, 98 StPO beschlagnahmt werden. Hält man jedoch dagegen § 97 StPO für einschlägig, besteht insoweit auch ein Verwertungsverbot (nach der Abwägungslehre des BGH hat der Familienschutz Vorrang gegenüber den Allgemeininteressen hinsichtlich der Wahrheitsfindung).

Ein Verwertungsverbot könnte sich aber direkt aus der Verfassung (Art. 2 I GG) ergeben, sofern die Beschlagnahme eines Abschiedsbriefes den Kernbereich privater Lebensgestaltung, mithin also des Persönlichkeitsrechtes tangiert (so das BVerfG bei intimen Tagebuchaufzeichnungen; vgl. auch § 100d I StPO). Selbst wenn der Kernbereich nicht betroffen sein sollte, ist gleichwohl eine Abwägung vorzunehmen. Hier lässt sich jedes Ergebnis bei entsprechend nachvollziehbarer Begründung vertreten. Wichtig ist das Erkennen der Problematik und das Herausarbeiten der Unterschiede zu den bekannten Tagebuch-Fällen (weitere Einzelheiten: BVerfGE 80, 367; Meyer-Goßner/Schmitt, aaO, Einl. Rn. 56a).

b) Beweisverbote unterscheiden sich in Beweiserhebungsverbote und Beweisverwertungsverbote.

Innerhalb der Beweiserhebungsverbote werden drei Gruppen unterschieden:

- Beweisthemaverbote: Durch sie wird untersagt, einen bestimmten Sachverhalt aufzuklären, wie etwa durch § 51 I BZRG getilgte Vorstrafen und die darauf bezogenen Verurteilungen.
- Beweismittelverbote: Sie untersagen die Aufklärung des Sachverhaltes mit bestimmten Beweismitteln, erlauben aber die Verwendung von anderen Beweismitteln. Hierher gehören die nach §§ 52, 53, 54 und 81c III StPO zeugnisverweigerungsberechtigten Personen, die von diesem Recht Gebrauch gemacht haben.
- Beweismethodenverbote: Durch sie wird eine bestimmte Art der Beweisgewinnung untersagt, wie beispielsweise der Einsatz verbotener Vernehmungsmethoden nach § 136a I StPO.

Bei den Beweisverwertungsverboten wird wie folgt unterschieden:

- **Selbstständige** Beweisverwertungsverbote: In einigen wenigen Fällen ordnet das Gesetz an, dass der Beweis nicht verwertet werden darf, obwohl die Beweisgewinnung nicht fehlerhaft war, die Informationen also auf rechtmäßigem Wege erlangt wurden, wie z. B. bei § 252 StPO.
- **Unselbständige** Beweisverwertungsverbote: Unselbständige Beweisverwertungsverbote folgen aus einem Beweiserhebungsverbot: Wenn schon die Beweisgewinnung unzulässig war, so muss dies auch erst recht für die Verwertung gelten. Einige wenige dieser Art sind im Gesetz selbst geregelt, wie beispielsweise § 136a III 2 StPO, wonach eine unter Anwendung von verbotenen Vernehmungsmethoden erlangte Aussage immer unverwertbar ist, auch wenn der Beschuldigte zustimmt, oder die unterlassene Zeugenbelehrung im Hinblick auf §§ 52 bis 55 StPO.

Aufgabe 4
Es liegt bei ein A Verstoß gegen §§ 136 I 2, 3, 137 StPO vor. Die Vernehmung hätte zur Herstellung des Verteidigerkontaktes unterbrochen werden müssen. Ein solcher Verstoß gegen elementare Verfahrensvorschriften führt nach einhelliger Meinung grundsätzlich zu einem Verwertungsverbot. Bei Verstößen wie hier gegen disponible Verfahrensvorschriften vertritt der BGH (vgl. NJW 96,

1547 ff – vom BVerfG gebilligt, vgl. NJW 12, 907 ff; wichtige Entscheidung!) die sog. „Widerspruchslösung": Das Geständnis ist demnach verwertbar, solange A (oder sein Verteidiger) nicht widerspricht; der Widerspruch muss spätestens jedoch bis zu dem in § 257 II StPO genannten Zeitpunkt erfolgen. Ungeklärt dagegen ist, ob ein etwaiger Widerspruch auch zu einem Verwertungsverbot gegenüber den Mitbeschuldigten C und H führt. Die Rspr. und überwiegende Meinung in der Literatur würden dies wohl unter Hinweis auf den Rechtskreisgedanken verneinen (s. a. Meyer-Goßner/Schmitt, aaO, § 136 Rn 25 mwN).

Ein Verstoß gegen § 136a StPO ist bei A nicht erkennbar, wohl aber gegenüber C (Täuschung!); es liegt ein fehlerhaft zustande gekommenes und gerade kein „glasklares" Geständnis vor. Die Folge ist ein Verwertungsverbot nach § 136a III StPO. Dieses Verbot gilt aber ebenfalls für den nicht-betroffenen Beschuldigten, erstreckt sich also auf alle anderen Beteiligten, so dass eine mittelbare wie unmittelbare Verwertung der Aussage ausgeschlossen ist. Die Folge ist daher auch für sie ein Verwertungsverbot nach § 136a III StPO.

Aufgabe 5
Nach §§ 74 I 2 GVG i.V.m. §§ 2, 3 StPO, 24 I Nr. 2 GVG ist das Landgericht (die „Große Strafkammer") in 1. Instanz zuständig. Das Gericht kann mit 2 oder 3 Berufsrichtern und muss mit 2 Schöffen besetzt sein, was im Eröffnungsbeschluss zu bestimmen ist, § 76 II GVG.

Verteidiger müssen allen drei Angeklagten wegen § 140 I Nr. 1 StPO bestellt werden.

Aufgabe 6
Aufgrund der persönlichen Nähe könnte S als "befangen" anzusehen sein. Eine gesetzliche Regelung hinsichtlich eines „befangenen" Staatsanwaltes fehlt; §§ 22 ff. StPO gelten, wie sich aus § 31 StPO ergibt, nicht entsprechend. Es allerdings besteht Einigkeit, dass auch ein Staatsanwalt im Hinblick auf seine – objektive und von Gericht unabhängige (vgl. § 150 GVG) – Verfahrensrolle und Be-

deutung für die Wahrheitsfindung eine Gewähr für Objektivität geben muss, was vorliegend aufgrund der engen persönlichen Beziehung zu einem Opfer nicht der Fall zu sein scheint, so dass S als „befangen" anzusehen ist.

Die Lösung dieses Problems ist sehr umstritten (vgl. Meyer-Goßner/Schmitt, aaO, Vorb. zu § 22 Rn. 3 ff.): Teilweise behilft man sich mit einer analogen Anwendung des § 22 Nr. 2 StPO, teilweise mit dem „fair-trial"-Gedanken. S dürfte also demnach nicht mitwirken. Gerade wegen § 150 GVG wendet die h. M. aber die §§ 25 ff. (insbesondere § 27) StPO über § 31 StPO nicht analog an. Die Möglichkeiten des Richters beschränken sich daher darauf, den vorgesetzten Beamten der S (der Leitende Oberstaatsanwalt der StA) über den Sachverhalt zu informieren, ihn zu bitten, von seinem Weisungsrecht Gebrauch zu machen und die S abzulösen (sog. Substitutionsrecht, § 145 GVG). Die Prozessbeteiligten haben hingegen kein Ablehnungsrecht eines „befangenen" Staatsanwaltes.

Aufgabe 7
Eine Aussage der T darf unter den nach § 252 StPO beschriebenen Umständen nicht verlesen werden. Der Anwendungsbereich gilt nur für die §§ 52–54 StPO, nicht aber für § 55 StPO, da hier nur „Zeugnis"- und nicht „Auskunfts"-Verweigerungsrechte gemeint sind (vgl. den Gesetzeswortlaut!). Einschlägig ist hier § 52 I Nr. 2 StPO. Nach allg. Auffassung begründet § 252 StPO nicht nur ein Verlesungs-, sondern auch ein umfassendes Verwertungsverbot (st. Rspr. seit BGHSt 2, 99). Die Quintessenz daraus: ein berechtigtes Schweigen in der Hauptverhandlung verbietet jegliche Verlesung eines entsprechendes Protokolls, außerdem sind daraus keine Vorhalte zulässig, die Vernehmung von Verhörspersonen (Staatsanwalt wie Polizist oder sonstige Ermittlungsbeamte) ist ausgeschlossen.

Ausnahme: Der vernehmende Richter (gegebenenfalls auch die Schöffen!) darf als Verhörsperson zeugenschaftlich über den Inhalt der früher gemachten Aussage vernommen werden, wenn
— eine ordnungsgemäße Belehrung stattgefunden und der Zeuge diese auch verstanden hat und

— die Verhörsperson eine eigene Erinnerung an den Inhalt der Aussage hat, wobei jedoch Vorhalte aus dem Protokoll der Vernehmung zulässig sind.

Beachte: § 252 StPO gilt auch dann, wenn das Zeugnisverweigerungsrecht erst nach der Vernehmung entstanden ist, aber der Zeuge sich in der Hauptverhandlung darauf beruft. Das bedeutet vorliegend, dass über den Ermittlungsrichter unter den o. g. Voraussetzungen die Aussage der Ehefrau T eingeführt werden kann. Ob das für eine etwaige Verurteilung ausreicht, wenn keine anderen Beweismittel vorliegen (der Richter ist nur Zeuge vom Hörensagen!), ist eine andere Frage.

Bzgl. des Zeugen E ist folgendes zu beachten: Grundsätzlich gilt nach § 250 StPO der Unmittelbarkeitsgrundsatz mit der Folge einer persönlichen Vernehmung. Jedoch kann E, da unbekannten Aufenthaltes, auf absehbare Zeit nicht vernommen werden; dies ist ein Fall des § 251 I Nr. 3 StPO, so dass ausnahmsweise das polizeiliche Protokoll verlesen werden kann. Um eine mögliche Aufklärungsrüge (§ 244 II StPO) zu vermeiden, sollte in diesen Fällen darüber hinaus aber regelmäßig der Vernehmungsbeamte geladen und vernommen werden.

7.6 Eine „typische" Zusatzfrage aus dem Strafprozessrecht

7.6.1 Sachverhalt

Die Kunstlehrerin Braun (B) ist bei einem Überfall von Max (M) schwer verletzt worden; dabei hat sie u. a. einen Schuss in die rechte Hand erlitten, welche zukünftig gelähmt bleiben wird. Die Staatsanwaltschaft erhebt Anklage gegen den M. Monate später wird B antragsgemäß als Nebenklägerin vom Gericht zugelassen und bekommt zur Hauptverhandlung eine Ladung als Zeugin. Einige Zeit vor diesem Termin sucht sie ihren Anwalt auf und bittet ihn, alle rechtlichen Möglichkeiten auszuschöpfen, da sie ihre Aussage über den Vorfall im Rahmen der Gerichtsverhandlung nur vor den Personen machen will, die unbedingt „dabei sein" müssen; insbesondere will sie dem Angeklagten, der „ihr Leben verpfuscht" hat, nie mehr begegnen. Sie sei seit dem Vorfall in psychologischer Behandlung und auf dem Wege der Besserung; eine Aussage, insbesondere in Gegenwart des Angeklagten, würde – ärztlich belegt – ihren Zustand erheblich verschlechtern und schwere Depressionen hervorrufen.

Aufgabe: Welche Anträge wird ihr Anwalt prüfen und gegebenenfalls noch vor oder in der Hauptverhandlung stellen?

7.6.2 Lösungshinweise

Anmerkung
Dies ist eine typische prozessuale Zusatzfrage, wie sie in einem Klausurenexamen zu erwarten ist und vom Verfasser in diesem Rahmen zusammen mit einer Klausur beim Justizprüfungsamt Baden-Württemberg eingereicht wurde.

Intention der Zeugin Braun (B) ist es, vor so wenig Anwesenden im Gerichtssaal wie möglich aussagen zu müssen. Folgende Optionen wird ihr Anwalt in Betracht ziehen müssen:

1. Ausschluss der Öffentlichkeit (§§ 169 ff. GVG)

Grundsätzlich sind Strafverhandlungen vor einem Strafgericht nach § 169 GVG öffentlich. Unter engen, gesetzlich definierten Ausnahmen kann diese jedoch ausgeschlossen werden:

– In Betracht kommt hier zunächst § 171b I GVG. Bei diesem Ausschließungsgrund müssten also Umstände aus dem persönlichen Lebensbereich zur Sprache kommen. Da es hier bei der Zeugin B nicht nur um die Tat als solche, sondern auch um ihre gesundheitlichen Folgen geht, ist dieses Merkmal erfüllt. Die Erörterung solcher Tatsachen muss außerdem schutzwürdige Interessen des Zeugen verletzen. Das ist dann der Fall, wenn sie sich für ihn in irgendeiner Weise nachteilig auswirken kann, wobei jedoch eine Abwägung stattzufinden hat, ob nicht doch das Interesse an der öffentlichen Erörterung überwiegt. Es gilt der Grundsatz, dass das Öffentlichkeitsprinzip umso weiter zurücktreten muss, je stärker es um den Schutz des inneren Kerns der Persönlichkeitssphäre geht. Bei der zu erfolgenden Abwägung können vorliegend m. E. beide Meinungen vertreten werden: Angesichts der schweren Tat und der Folgen (psychologische Behandlung) erscheint vertretbar, dass eine „öffentliche" Aussage der Zeugin nicht zumutbar ist. Es ist andererseits aber auch fraglich, ob bereits der innere Kern der Persönlichkeitssphäre bei Wiedergabe und Inhalt ihrer Aussage betroffen ist. Welche Meinung vertreten wird, ist zweitrangig; entscheidend kommt es auf die Argumentation und anzustellende Abwägung an.

- § 172 Nr. 1a GVG ist nicht einschlägig, da hier die Lebensgefährdung von außen von einer dritten Person stammen muss; eine solche durch die Aussage allein reicht nicht aus.

2. Entfernung des Angeklagten aus der Hauptverhandlung (§ 247 StPO)

Die Voraussetzungen dieser Vorschrift liegen nach § 247 S. 2 2. Alt. StPO vor, da hier ein schwerwiegender Gesundheitsnachteil besteht; lt. Sachverhalt würde sich der psychologische Zustand der Zeugin erheblich verschlechtern, was zur Bejahung der Norm ausreicht. Zu beachten sind die nachträglichen Mitteilungspflichten gegenüber dem Angeklagten nach S. 4, nachdem seine Anwesenheit wieder hergestellt worden ist.

3. Videosimultanübertragung (§ 247a S. 1–3 StPO)

Die Videotechnologie – als Einschränkung des Unmittelbarkeitsgrundsatzes nach § 250 StPO – wurde 1998 durch das Zeugenschutzgesetz eingeführt.

Das Gesetz unterscheidet die „Videosimultanübertragung" und die „Videokonserve"; vorliegend ist nur erstere auf Grundlage des § 247a S. 1–3 StPO einschlägig. Die Entscheidung des Gerichtes, welche nach S. 2 nicht anfechtbar ist, ist nach S. 1 an zwei alternative Voraussetzungen geknüpft, wobei für vorliegenden Fall nur die erste der beiden zu erörtern ist, nämlich „die dringende Gefahr eines schwerwiegenden Nachteils für das Wohl des Zeugen" (1. HS). Die „dringende Gefahr" wird man aufgrund der zu erwartenden psychologischen Probleme bei der Zeugin bejahen können, so dass die Voraussetzungen dieser Norm vorliegen. Weitere Einschränkungen bestehen nicht. Lediglich bei der 2. Alternative ist die Maßnahme nur Erforschung der Wahrheit statthaft.

Je nach gefundenem Ergebnis wird der Anwalt also die entsprechenden Anträge bei Gericht stellen.

Serviceteil

Glossar – 260

© Springer-Verlag GmbH Deutschland, ein Teil von Springer Nature 2020
M. Hussels, *Strafprozessrecht - Schnell erfasst*, Recht - schnell erfasst,
https://doi.org/10.1007/978-3-662-61653-6

Glossar

Abschlussverfügung Entscheidung der Staatsanwaltschaft, das Verfahren nach Abschluss der Ermittlungen zu beenden, z. B. durch Erhebung einer Anklage

Absprache im Strafprozess („Deal") Im Gesetz geregelte Verständigung zwischen den Verfahrensbeteiligten im Strafprozess; Inhalt: i. d. R. Abgabe eines (Teil-) Geständnisses gegen Zusage einer Strafmilderung oder eines bestimmten Prozessverhaltens (§ 257 c StPO)

Abwesenheitsurteil Möglichkeit, gegen den Angeklagten unter Durchbrechung des Anwesenheitsgrundsatzes in der Hauptverhandlung ein Urteil zu erlassen, geregelt z. B. in § 231 II StPO oder § 329 StPO

Akkusationsprinzip Verfahrensgrundsatz; die Eröffnung einer gerichtlichen Untersuchung des Vorwurfes hängt von der vorhergehenden Anklage ab (§ 151 StPO)

Amtsermittlungsgrundsatz Pflicht der Strafverfolgungsbehörden, den Sachverhalt von Amts wegen zu erforschen (§§ 160 II, 244 II StPO)

Amtsgericht Unterste Instanz der ordentliche Gerichtsbarkeit, bestehend aus zwei Abteilungen (Strafrichter und Schöffengericht); Zuständigkeit abhängig von der Straferwartung und dem begangenen Delikt; s.a. Instanzenzug

Analogie Füllen einer ungeplanten Gesetzeslücke mit Hilfe der entsprechenden Anwendung einer gleichgelagerten Norm

Angeklagter Angeschuldigter, gegen den die Eröffnung des Hauptverfahrens beschlossen wurde (§ 157 StPO)

Angeschuldigter Beschuldigter, gegen den eine Anklage erhoben wurde (§ 157 StPO)

Anklage Der im Eröffnungsbeschluss zugelassene Anklagesatz (§ 200 I 1 StPO)

Anhängigkeit Tritt ein durch Einreichung einer Anklageschrift oder eines Strafbefehlsantrages bei Gericht

Glossar

Anklageschrift Möglichkeit der Abschlussverfügung der Staatsanwaltschaft; s.a. „Muster einer Anklageschrift"

Aufgaben der Staatsanwaltschaft Sie hat drei Hauptaufgaben: sie ist Herrin des Ermittlungsverfahrens, Anklagevertreterin in der Hauptverhandlung und Strafvollstreckungsbehörde

Augenschein Formelles Beweismittel in der StPO, nur sporadisch in einzelnen Vorschriften geregelt, z. B. §§ 87, 225 StPO

Auskunftsverweigerungsrecht Recht eines Zeugen, auf bestimmte Fragen die Antwort, die ihn selbst belasten könnte, zu verweigern (§ 55 StPO)

Auslagen Von der Staatskasse vorgestreckte Ausgaben im Strafverfahren, z. B. Gutachterkosten; gehören nach § 464 a StPO neben den Gebühren zu den Kosten des Verfahrens

Aussagenanalyse Beurteilung der Zuverlässigkeit einer Aussage anhand der Realitätskriterien/Glaubhaftigkeitsmerkmale

Aussageverweigerungsrecht Recht des Beschuldigten/Angeklagten, nach Belehrung über selbiges keine Angaben zur Sache zu machen (§ 136 I StPO)

Außervollzugsetzung Möglichkeit, einen bestehenden Haftbefehl gegen Auflagen nicht mehr zu vollstrecken (§ 116 StPO)

Befangenheit Gesetzliche Gründe, bei deren Vorliegen der mit der Sache befasste Richter von der weiteren Fallbehandlung ausgeschlossen ist; Vorschriften gelten analog auch für Sachverständige, Schöffen und Protokollführer, aber nach h. M. nicht für Staatsanwälte (vgl. §§ 22 ff., 74 StPO)

Behörden- und Ärzteerklärung Bestimmte Atteste und Erklärungen dürfen in Durchbrechung des Unmittelbarkeitsgrundsatzes in der Hauptverhandlung verlesen werden (§ 256 StPO)

Berufung Rechtsmittel gegen Urteile der 1. Instanz, bei dem Rechts- und Tatsachenfragen überprüft werden können (§§ 312 ff. StPO)

Beschlagnahme Sicherstellung von Beweismittel, die nicht freiwillig herausgegeben werden (§ 94 II StPO)

Beschlagnahmeverbote Betrifft solche Gegenstände, die nicht beschlagnahmt werden dürfen (§§ 96, 97 StPO)

Beschleunigungsgebot Der Angeklagte muss in angemessener Zeit von Gericht, dass über seinen Vorwurf zu entscheiden hat, gehört werden

Beschleunigtes Verfahren Besondere Verfahrensart, die in einfach gelagerten Verfahren eine schnelle Hauptverhandlung und Aburteilung ermöglichen soll (§§ 417 ff. StPO)

Beschluss Entscheidung des Gerichts ohne vorherige mündliche Hauptverhandlung mit i. d. R. prozessbeendendem Charakter

Beschuldigter Derjenige, gegen den ein staatliches Ermittlungsverfahren geführt wird; Voraussetzung ist der Anfangsverdacht einer Straftat

Beschuldigtenbelehrung Beschuldigte ist vor seiner Vernehmung über seine Rechte zu belehren (§ 136 StPO); Unterlassung hat i. d. R. die Nichtverwertbarkeit zur Folge

Beschuldigtenaussage Wenn der Beschuldigte nach Belehrung Angaben zur Sache macht, darf er in gewissen Grenzen lügen.

Beschwerde Rechtsmittel der StPO zur selbstständigen Anfechtung von gerichtlichen Entscheidungen; zu unterscheiden ist die einfache (§§ 304 ff. StPO), die sofortige (§ 311 StPO) und die weitere Beschwerde (§ 310 StPO)

Bestandsdaten Daten, die nach §§ 95, 111 TelekommunikationsG beim Anbieter zu Abrechnungszwecken hinterlegt sind (z. B. Name, Anschrift des Anschlussinhabers); sie können nach § 110 j StPO herausverlangt werden

Beweisanregung Anregung der Verfahrensbeteiligten an das Gericht, in eine bestimmte Richtung zu ermitteln

Beweisantrag Unbedingtes Verlangen an das Gericht seitens eines Prozessbeteiligten, eine bestimmte Beweiserhebung durchzuführen; der Antrag muss die zu beweisende Tatsache und ein bestimmtes Beweismittel enthalten (vgl. § 244 III 1 StPO) und darf nur aufgrund bestimmter Gründe abgelehnt werden (§ 244 III 2–VI 1 StPO)

Beweisaufnahme Kernstück des Hauptverhandlung; durch Erhebung von Beweisen muss über Schuld oder Unschuld des Angeklagten entschieden werden (§§ 244–257 StPO)

Beweiserhebungsverbot Es wird dem Gericht/der Staatsanwaltschaft untersagt, einen bestimmten Beweis zu erheben; es wird in selbstständige und unselbstständige Beweiserhebungsverbote unterschieden

Beweisermittlungsantrag Verlangen an das Gericht, eine bestimmte Beweiserhebung durchzuführen, jedoch fehlt es hier an einer Tatsachenbehauptung und/oder an einem bestimmten Beweismittel

Beweismittel Zugelassene, förmliche Beweismittel der StPO sind: Augenschein, Sachverständige, Zeugen und Urkunden

Beweisverwertungsverbot Verbote, welche dem Gericht/ der Staatsanwaltschaft nicht gestatten, einen bereits erhobenen Beweis zu verwerten

Bindung an Präjudizien Verpflichtung der Staatsanwaltschaft, bestimmte entscheidungserhebliche Rechtsfragen im Sinne einer bereits erfolgten Rechtsauffassung zu entscheiden; s.a. Legalitätsprinzip

Blutprobe Körperlicher Eingriff, der zwangsweise durchgesetzt werden darf, zur Feststellung von berauschenden Mitteln in Blut, vor allem bei Straßenverkehrsdelikten (§ 81 a StPO)

Bundesanwaltschaft Staatsanwaltschaft auf Bundesebene, die Straftaten verfolgt, welche gegen den Staat gerichtet sind (§§ 142, 142 a GVG)

Bundesgerichtshof Oberstes Gericht des Bundes in der ordentlichen Gerichtsbarkeit; s.a. Instanzenzug

Deal Absprache im Strafprozess, vgl. § 257 c StPO

Devolutionsrecht Möglichkeit der übergeordneten Staatsanwaltschaft, einen Fall an sich zu ziehen

Devolutiveffekt Durch diesen wird die angefochtene Entscheidung in die nächsthöhere Instanz gebracht

Durchsuchung Suche beim Beschuldigten oder Dritten nach Personen, Sachen als Beweismittel sowie Gegenstände, die als Einziehungs- und Verfallsobjekte in Betracht kommen; Durchsuchungsobjekte sind bewegliche wie unbewegliche (§§ 102 ff. StPO)

E-Mail-Abfrage Zugriff bzw. Überwachung des E-Mail-Verkehrs bzgl. eines Beschuldigten; gesetzlich expressiv verbis nicht geregelt, es kommen – je nach Konstellation – unterschiedlichen Normen analog zur Anwendung

Einspruch Rechtsmittel im Strafbefehlsverfahren; hat Suspensiv-, aber keinen Devolutiveffekt (§ 410 StPO); s. Übersichtsschema

Einstellung des Ermittlungsverfahrens Art der Abschlussverfügung der Staatsanwaltschaft; Einstellung kann erfolgen mangels Tatverdachtes (§ 170 II StPO) oder wegen eines Verfahrenshindernisses (ebenfalls § 170 II StPO) oder aus Opportunitätsgründen (§§ 153 ff. StPO)

Einstellung des gerichtlichen Verfahrens Bei Vorliegen eines Verfahrenshindernisses; im Zwischenverfahren durch Beschluss nach § 205 StPO, im Hauptverfahren durch Urteil nach § 260 III StPO

Erkennungsdienstliche Maßnahmen Aufnahme von Lichtbildern und Abnahme von insb. Fingerabdrücken vom Beschuldigten (§ 81 b StPO)

Erkenntnisverfahren Besteht aus Ermittlungs-, Zwischen- und Hauptverfahren und soll Schuld oder Unschuld des Täters in einem rechtsstaatlichen Verfahren feststellen

Ermittlungspersonen der Staatsanwaltschaft Unterstützungskräfte der Staatsanwaltschaft bei der Ermittlungstätigkeit (§ 152 GVG)

Ermittlungsrichter Wird im Ermittlungsverfahren nur auf Antrag der Staatsanwaltschaft bei bestimmten Verrichtungen tätig (§ 162 StPO)

Ermittlungsverfahren Teil des Erkenntnisverfahrens; Voraussetzung für die Einleitung ist ein Anfangsverdacht, also das Vorliegen von konkreten Tatsachen bzgl. einer Straftat

Eröffnungsbeschluss Beendet das Zwischenverfahren und lässt die eingereichte Anklage zum Hauptverfahren zu (§§ 203, 207 StPO)

Europäische Menschrechtskonvention (EMRK) Statuiert auf europäischer Ebene ein Mindestmaß an strafrechtlichen Grund- und Verfahrensrechten; hat innerstaatlich den Rang eines einfachen Gesetzes

Europäischer Haftbefehl Kein Haftbefehl „sui generis", sondern nur ein Umsetzungsinstrument eines nationalen Haftbefehls (s. dort) auf europäischer Ebene

Fair-Trial-Prinzip Stellt klar, dass der Angeklagte Subjekt und nicht Objekt des Strafverfahrens ist (Art. 6 EMRK)

Fernwirkung Betrifft die nach h.M. zu verneinende Frage, ob Ermittlungsergebnisse, die auf unverwertbaren Beweismitteln beruhen, ebenfalls ein Beweisverwertungsverbot nach sich ziehen („fruit-of-the-poisonous-tree"-Doktrin)

Formelles Recht Verfahrensrecht (StPO, JGG, GG etc.)

Fortwirkung Betrifft die Frage, ob eine einmal rechtswidrig durchgeführte Ermittlungsmaßnahme erneut, dann aber rechtmäßig, durchgeführt werden darf, was überwiegend bejaht wird

Freibeweis Erforschung von Tatsachen ohne die in der StPO genannten Beweismittel, z. B. Telefonauskünfte

Freie Beweiswürdigung Das Gericht entscheidet nach der Hauptverhandlung aufgrund der dort geschöpften Überzeugung ohne Bindung an Beweisregeln (§ 261 StPO); es muss jedoch die objektiven Grundlagen für seine subjektive Überzeugung im Urteil darlegen

Freispruch Die im Strafverfahren erfolgte gerichtliche Feststellung durch Urteil, dass der Angeklagte der ihm zur Last gelegten Tat nicht überführt wurde und eine Verurteilung daher nicht erfolgen kann

Generalstaatsanwaltschaft Höchste Staatsanwaltschaft eines Landes; eingerichtet beim OLG

Gesetzlicher Richter Verfassungsrechtlicher Grundsatz, der besagt, dass die Zuständigkeit eines einzelnen Richters für jedes Verfahren vorweg abstrakt-generell geregelt sein muss (Art. 101 I GG)

Geständnis Einräumung des Tatvorwurfes durch den Angeklagten

Gutachtenstil Formulierungsstil, bei dem das Ergebnis einer rechtlichen Bewertung erst am Ende festgestellt wird

Haftbefehl Richterliche Anordnung zur Inhaftierung einer Person (§§ 114, 230 II StPO); s. Muster

Haftgrund Neben dem dringenden Tatverdacht Voraussetzung für die Untersuchungshaft; die Haftgründe ergeben sich aus §§ 112 II, III, 112 a StPO (i.V.m. § 113 StPO) und sind Flucht, Flucht-, Verdunkelungsgefahr, jener der Haftgrund der Schwerkriminalität sowie Wiederholungsgefahr

Haftprüfungstermin Gesetzlich vorgeschriebene Frist, nach deren Ablauf die Haftfortdauer eines in Untersuchungshaft Inhaftierten durch ein Gericht geprüft werden muss (§§ 117 IV, V, 121, 122 a StPO)

Haupttatsache Eine solche, die sich direkt unter eine materiell-rechtliche Norm subsumieren lässt

Hauptverhandlung Das Kernstück des Strafprozesses, wobei zwischen der Vorbereitung (§§ 213 ff. StPO) und der Durchführung (§§ 226 ff. StPO) zu unterscheiden ist

Hauptverhandlungshaft Inhaftierungsmöglichkeit zur Sicherung des beschleunigten Verfahrens (§ 127 b StPO)

Heranwachsender Wer zur Zeit der Tat 18, aber noch nicht 21 Jahre alt ist (§ 1 II JGG)

Hilfstatsache Tatsachen, welche die Beweiskraft von Beweismitteln zum Gegenstand haben

IMSI-Catcher Technische Vorrichtung zur Ermittlung des Standortes und der Geräte- und Kartennummer eines eingeschalteten Mobilfunkgerätes (§ 100 i StPO)

Indiztatsachen Tatsachen, die allein oder im Zusammenhang mit anderen Umständen Rückschlüsse auf Haupttatsachen zulassen

In dubio pro reo „Im Zweifel für den Angeklagten"; materielle Entscheidungsregel, die besagt, dass das Gericht vom Vorhandensein einer nachteiligen Tatsache für den Angeklagten überzeugt sein muss, bevor es diese einer Entscheidung zugrunde legt

Informatorische Befragung Befragungen von Personen seitens der Ermittlungsorgane, Ermittlungen, insb. Befragungen, seitens der Ermittlungsorgane, die sich nicht gegen einen bestimmten Beschuldigten richten

Instanzenzug Aufbau und Zuständigkeit der Gerichte; s. Übersichtsschema

Irrtum Mögliche Fehlerquelle im Rahmen von Zeugenbekundungen; sie können entstehen bei der Wahrnehmung, Speicherung und Wiedergabe von Ereignissen

Jugendlicher Wer zur Zeit der Tat 14, aber noch nicht 18 Jahre alt ist (§ 1 II JGG)

Justizgewährleistungsanspruch Verfassungsrechtlicher Anspruch des Einzelnen gegen den Staat, eine funktionstüchtige Strafrechtspflege zur Verfügung zu stellen (Verbot der Selbstjustiz)

Kind Wer zur Zeit der Tat noch keine 14 Jahre und daher strafunmündig ist (§ 19 StGB)

Klageerzwingungsverfahren Möglichkeit des durch eine Straftat Verletzten, der den Vorfall zur Anzeige gebracht hat, bei Einstellung des Ermittlungsverfahrens durch die Staatsanwaltschaft diesbezüglich eine gerichtliche Entscheidung herbeizuführen (§§ 172 ff. StPO)

Körperliche Untersuchung Maßnahmen zu Feststellungen von Tatsachen am Körper des Beschuldigten, wie Größe, Gewicht etc. (vgl. § 81 b StPO)

Kosten Bestehend aus Gebühren und Auslagen (§ 464 a StPO); eine Kostenentscheidung muss in jedem Urteil enthalten sein

Längerfristige Observation Verdeckte Ermittlungsmaßnahme, um einen Beschuldigten oder Dritten länger als 24 Stunden durchgehend zu observieren (§ 163 f StPO)

Ladung Aufforderung an eine Person, zu einem bestimmten gerichtlichen Termin zu erscheinen (der Zeugen § 214 StPO, des Angeklagten § 216 StPO, des Verteidigers § 218 StPO)

Ladungsfrist Mindestzeitraum zwischen Mitteilung zum und dem anberaumten Gerichtstermin (§ 217 StPO)

Landgericht Ordentliches Gericht mit erst- und zweitinstanzlicher Zuständigkeit; im Aufbau zwischen Amts- und Oberlandesgericht; s.a. Instanzenzug

Legalitätsprinzip Verpflichtung der Staatsanwaltschaft, bei Vorliegen eines entsprechenden Anfangsverdachtes Ermittlungen aufzunehmen (§ 152 II StPO)

Materielles Recht Normen, welche die rechtlichen Beziehungen, insbesondere die Frage der Strafbarkeit, zwischen den Rechtssubjekten regeln, unabhängig von einem gerichtlichen Verfahren

Mithörfälle („Hörfalle") Bezeichnung für Konstellationen, in denen sich die Ermittlungsbehörden der Dienste privater Dritter bedienen, welche auf deren Veranlassung hin Gespräche mit den Tatverdächtigen über den Tatvorwurf führen und anschließend den Ermittlungsbehörden ihre Kenntnisse weitergeben

Mündlichkeitsprinzip Grundsatz, der besagt, dass sämtlicher Prozessstoff in der mündlichen Verhandlung angesprochen werden muss, um in der abschließenden Entscheidung verwertet werden zu können

Nachtragsanklage Erstreckung der Anklage in der Hauptverhandlung auf weitere Straftaten des Angeklagten (§ 266 StPO)

Nichteröffnungsbeschluss Entscheidung des Gerichtes im Zwischenverfahren, das Hauptverfahren nicht zu eröffnen (§ 204 StPO)

Nichtiges Urteil Entscheidungen, die unter Recht- oder Gerechtigkeitsgesichtspunkten ex tunc keinen Bestand haben

Notwendige Verteidigung Verfahren, in denen immer ein (Pflicht-)Verteidiger bestellt werden muss (§ 140 StPO)

Oberlandesgericht Ordentliches Gericht mit erst- und drittinstanzlicher Zuständigkeit, in der Stellung zwischen Landgericht und Bundesgerichtshof

Öffentlichkeitsgrundsatz Im Rahmen der tatsächlichen Möglichkeiten ist der Öffentlichkeit Zugang zu den Gerichtsverhandlungen zu gewähren (§ 169 GVG)

Offizialmaxime Besagt, dass die Staatsanwaltschaft zur Erhebung der öffentlichen Klage befugt ist und nicht der einzelnen Bürger (§ 152 I StPO)

Online-Durchsuchung Ausspähen eines fremden Computers durch die Ermittlungsbehörden mittels Aufspielen eines Trojaners; nach geltender Rechtslage zulässig nach § 100 b StPO und streng zu unterscheiden vom „Fernzugriff" nach § 110 III StPO

Opportunitätsprinzip Gegensatz zum Legalitätsprinzip; StA und Gericht steht hierbei ein Ermessensspielraum offen (z. B. §§ 153 ff. StPO; § 47 OWiG; § 45 JGG)

Ordentliche Gerichtsbarkeit Gerichtszweig der Zivil- und Strafgerichtsbarkeit, in Abgrenzung zur Verwaltungs-, Finanz- und Sozialgerichtsbarkeit

Ordnungsmittel Ahndungsmöglichkeiten (Ordnungsgeld, Ordnungshaft) gegen Personen im Gerichtssaal, welche sich dort ungebührlich verhalten (§ 178 GVG)

Ordnungswidrigkeit Vorwerfbare, mit Geldbuße bedrohte Handlung ohne kriminelles Unrecht (sog. Verwaltungsunrecht)

Persönliche Vernehmung Hat eine Person eine Wahrnehmung gemacht, so ist diese zu vernehmen; diese Vernehmung darf i. d. R. nicht durch Verlesen einer Urkunde ersetzt werden (§ 250 StPO); s.a. Unmittelbarkeitsgrundsatz

Persönliche Unabhängigkeit Grundsatz, nachdem die hauptamtlichen und auf Lebenszeit ernannten Richter grundsätzlich unabsetzbar und unversetzbar sind (Art. 97 II GG)

Plädoyer Schlussworte des Staatsanwaltes und des Verteidigers nach der Hauptverhandlung (§ 258 I StPO); das des Angeklagten wird „Letztes Wort" genannt (§ 258 II StPO)

Präsente Beweismittel Nur solche Zeugen, die geladen und auch erschienen sind sowie dem Gericht vorliegende Urkunden und Augenscheinsobjekte (§ 245 StPO)

Privatklage Möglichkeit des Verletzten einer weniger gravierenden Straftat, ohne Mitwirkung der Staatsanwaltschaft ein Strafverfahren gegen den Täter zu betreiben (§§ 374 ff. StPO)

Protokoll Niederschrift über eine mündliche Verhandlung, Beweisaufnahme oder sonstige Vernehmung; in vielen Fällen vom Gesetz vorgeschrieben (§§ 168–168 b, 271 ff. StPO)

Protokollverlesung In Durchbrechung des Grundsatzes der persönlichen Vernehmung sind Protokollverlesungen statthaft, wenn sonst Feststellungen nicht möglich oder zumindest wesentlich erschwert wären (§§ 251, 253, 254, 256 StPO), in anderen Fällen sind sie grundsätzlich unstatthaft (§ 252 StPO)

Prozessvoraussetzungen Bedingungen für die Zulässigkeit von bestimmten Verfahren oder -sarten; ihr Fehlen bedingt ein Verfahrenshindernis und die Einstellung des Verfahrens

Prozessuale Tat Ist der Bezeichnet den einheitlichen geschichtlichen Vorgang, der sich von anderen gleichartigen oder ähnlichen unterscheidet und innerhalb dessen der Beschuldigte einen Straftatbestand verwirklicht haben soll (§§ 155, 264 StPO); sie bestimmt u. a. die Anhängigkeit der Rechtssache oder den Umfang der Rechtskraft

Glossar

Prozessurteil Nimmt nicht zum Anklagevorwurf Stellung, sondern erklärt nur die weitere Fortsetzung des Verfahrens für unzulässig

Realitätskriterien Durch die Psychologie als empirisch gesicherte Kennzeichen zur Erkennung der Zuverlässigkeit einer Zeugenaussage in Abgrenzung zur Lüge (s.a. „Glaubhaftigkeitsmerkmale")

Rechtlicher Hinweis Hinweis des erkennenden Gerichts auf eine Veränderung der in der zugelassenen Anklage bezeichneten Strafgesetze (§ 265 StPO)

Rechtliches Gehör Verfassungsmäßiges Recht des Angeklagten, vor Gericht mit seinem Anliegen gehört zu werden (Art. 103 I GG)

Rechtsbehelfe Oberbegriff für jedes prozessuale Mittel zur Verwirklichung eines Rechts, insbesondere zur Anfechtung von gerichtlichen Entscheidungen; „ordentliche" Rechtsbehelfe sind Rechtsmittel

Rechtsfähigkeit Fähigkeit, selbstständiger Träger von Rechten und Pflichten zu sein (§ 1 BGB)

Rechtsfolge Durch das Gesetz bestimmtes Ergebnis nach erfolgter Subsumtion

Rechtshängigkeit Erfolgt durch Eröffnungsbeschluss des mit der Anklageschrift befassten Gerichts

Rechtskraft Bedeutet, dass das Urteil nicht mehr mit einem ordentlichen Rechtsmittel angreifbar ist (formelle Rechtskraft) und beinhaltet die gegenwärtige und zukünftige Zulässigkeit von Sanktionen gegen denselben Täter wegen derselben prozessualen Tat (materielle Rechtskraft); kann nur in engen Ausnahmefällen durchbrochen werden (Wiederaufnahmeverfahren, Verfassungsbeschwerde)

Rechtsmittel Besondere Form des Rechtsbehelfes, unterscheidet sich von diesen durch zwei Wesensmerkmale: Devolutiveffekt und Suspensiveffekt

Rechtsmittelberechtigte Derjenige, der zulässigerweise ein Rechtsmittel einlegen darf; dies sind der Beschuldigte, sein gesetzlicher Vertreter, sein Verteidiger (jedoch nicht gegen seinen Willen!) sowie die Staatsanwaltschaft (§§ 296–298 StPO)

Rechtsmittelbeschwer Rechtsmittel darf nur derjenige einlegen, der durch die angefochtene Entscheidung beschwert ist (sog. Rechtsschutzbedürfnis)

Rechtsschutz Allgemeine Möglichkeit der gerichtlichen Überprüfung einer Zwangsmaßnahme; im Ermittlungsverfahren nach § 98 II 2 StPO; Sonderfall: § 101 StPO

Reformatio in Peius Gesetzliches „Verschlechterungsverbot"; greift ein, wenn nur der Verurteilte oder die StA zu seinen Gunsten Rechtsmittel eingelegt hat (vgl. §§ 331 I, 358 II StPO)

Revision (Sprung-) Rechtsmittel der StPO, bei dem nur Rechtsfragen überprüft werden (§§ 333 ff. StPO)

Revisionsgründe Die Revision ist nur erfolgreich, wenn geltend gemacht werden kann, das Urteil beruht auf einer Gesetzesverletzung. Dieser Zusammenhang wird bei absoluten Revisionsgründen (§ 338 StPO) vermutet, bei relativen (§ 337 StPO) muss er nicht ausschließbar sein

Richter Organ der Rechtspflege, das über Rechtsstreitigkeiten entscheidet

Richterliche Neutralität Es darf nur ein solcher Richter über einen Fall entscheiden, in den er nicht involviert ist; ansonsten hat er wegen Befangenheit auszuscheiden.

Richterrecht Ausfüllung von Gesetzeslücken durch richterliche Rechtsfortbildung

Sachliche Unabhängigkeit Richter sind unabhängig und nur dem Gesetz unterworfen, außerdem nur an Recht und Gesetz gebunden (Art. 97 I GG)

Sachverhalt Konkretes tatsächliches Geschehen, das durch die Subsumtion rechtlich bewertet wird

Sachverständiger Förmliches Beweismittel der StPO (§§ 72 ff. StPO); audiovisuelle Vernehmung: § 247 a II StPO

Sachverständiger Zeuge Zeuge, der über Tatsachen oder Zustände berichtet, dessen Wahrnehmung besondere Sachkunde verlangt (§ 85 StPO)

Sachurteil Endentscheidung des Gerichtes, die zum materiellen Anklagevorwurf Stellung nimmt

Selbstleseverfahren Einführung von Urkunden in den Prozess nicht durch Verlesung in, sondern durch „Selbstlesen" außerhalb der mündlichen Verhandlung, vgl. § 249 II StPO

Sicherstellung Amtliche Inverwahrungnahme eines Beweismittels ohne Widerspruch des Gewahrsamsinhabers (§ 94 I StPO)

Sperrerklärung Gewisse geheimhaltungsbedürftige Schriftstücke können von Behörden bei Gefahr für das Wohl des Bundes oder eines Landes „gesperrt" werden und stehen dann den Ermittlungsbehörden nicht zur Verfügung (§ 96 StPO)

Spontanäußerung Aussage eines Beschuldigten, die auch ohne Belehrung immer verwertbar ist

Sprungrevision Einlegung der Revision anstelle der Berufung (§ 335 StPO)

Staatlicher Strafanspruch Alleiniger Träger des Strafrechtspflegemonopols ist der Staat

Staatsanwaltschaft Hierarchisch aufgebaute, vom Gericht unabhängige, objektive Strafverfolgungs- und vollstreckungsbehörde (§§ 141 ff. GVG, 152 ff., 449 ff. StPO)

Statthaftigkeit Eingelegter Rechtsbehelf gegen eine Entscheidung, muss vom Gesetz überhaupt vorgesehen sein; zu unterscheiden von der Zulässigkeit

Strafantrag Mitteilung, nicht notwendigerweise des Verletzten, an die Verfolgungsbehörden bzgl. eines strafrechtlich relevanten Vorganges mit dem Willen um dessen Verfolgung (§ 158 StPO), gleichzeitig auch formeller Antrag i. S. d. § 77 StGB

Strafanzeige Wie Strafantrag, nur fehlt es hier am unbedingten Verfolgungswillen des Anzeigenden

Strafbefehlsverfahren Art der Abschlussverfügung der Staatsanwaltschaft; ist ein schriftliches Verfahren mit einseitiger Straffestsetzung ohne Urteil, steht aber einem solchem gleich (§§ 407 ff. StPO)

Strafe Durch Gesetz angedrohte Kriminalsanktion für eine Straftat

Strafvollstreckungsbehörde Behörde zur Durchsetzung der verhängten Sanktion aus einem rechtskräftigen Urteil; i. d. R. die Staatsanwaltschaft (§ 451 StPO)

Strafvollstreckungskammer Kammer des LG mit der Zuständigkeit der nachträglichen Entscheidungen bzgl. eines Inhaftierten nach § 462 a StPO

Strafvollstreckungsverfahren Durchsetzung der verhängten Sanktion aus einem rechtskräftigen Urteil (§§ 449 ff. StPO)

Strafvollzugsverfahren Durchsetzung und Ausgestaltung der verhängten, freiheitsentziehenden Sanktion aus einem rechtskräftigen Urteil durch die JVA

Strengbeweis Beweisverfahren mit den förmlichen Beweismitteln der StPO; mit ihm müssen Tatsachen nachgewiesen werden, die für die Schuld- und Rechtsfolgenfrage erheblich sind

Subsumtion Unterordnung des Sachverhaltes unter eine Rechtsnorm, wenn die Tatsachen die gesetzlichen Voraussetzungen erfüllen

Substitutionsrecht Möglichkeit des vorgesetzten Staatsanwaltes, einen anderen, untergeordneten Staatsanwalt mit der Bearbeitung eines Fall zu betrauen, vgl. auch § 145 StPO

Suspensiveffekt Durch ihn werden der Eintritt der Rechtskraft und damit die Vollstreckung der angefochtenen Entscheidung gehemmt

Täter-Opfer-Ausgleich Möglichkeit zwischen Beschuldigten und Opfer, eine außergerichtliche Befriedigung zu erreichen (§ 155 a StPO, § 46 a StGB)

Tatverdacht Maß der Wahrscheinlichkeit, mit dem jemand eine Straftat begangen hat; zu unterscheiden sind: Anfangsverdacht, hinreichender und dringender Tatverdacht

Telefonüberwachung Eingriffsmaßnahme der Ermittlungsbehörden, bei der das gesprochene Wort am Telefon mitgehört und aufgezeichnet wird (§§ 100 a ff. StPO)

Unmittelbarkeitsgrundsatz Bedeutet einerseits, dass alle vom Gesetz vorgeschriebenen Personen während der gesamten Hauptverhandlung anwesend sein müssen und dass möglichst das tatnächste Beweismittel Verwendung findet (§§ 226, 250 StPO)

Untersuchungshaft Inhaftieren eines dringend Tatverdächtigen vor rechtskräftiger Aburteilung bei Vorlage eines bestimmten Haftgrundes (§§ 112 ff. StPO)

Urkunde Förmliches Beweismittel der StPO (§§ 249 ff. StPO)

Urteil Prozessbeendende Entscheidung des Gerichts in bestimmter vorgeschriebener Form und aufgrund mündlicher Verhandlung; zu unterscheiden sind: Sachurteile und Prozessurteile

Urteilsaufbau Vorgeschriebene Form und Reihenfolge der Urteilsbestandteile (§ 268 StPO); besteht aus Rubrum, Tenor, Gründen und Unterschrift der Berufsrichter

Urteilsgründe Inhalt des Urteils, wobei zwischen Einstellungsurteil, freisprechendem Urteil oder Verurteilung unterschieden werden muss (§§ 260 III, 267 StPO)

Urteilsstil Gegensatz zum Gutachtenstil; hierbei wird mit dem Ergebnis begonnen und die Begründung nachgestellt

Urteilsverkündung Urteil ergeht „Im Namen des Volkes" und erfolgt durch Verlesung der Urteilsformel und der wichtigsten Urteilsgründe (§ 268 I, II StPO)

Verbotene Vernehmungsmethoden Unzulässige Beeinflussungen bei einer Beschuldigtenvernehmung (§ 136 a StPO)

Verdeckte Ermittler Polizeibeamte, die unter einer „Legende" ermitteln (§ 110 a StPO)

Vereidigung Versicherung der Wahrheit in besonders feierlicher Form: „Ich schwöre es, so wahr mir Gott helfe." (§§ 59 ff. StPO)

Vereidigungsverbot Unzulässigkeit oder Absehen von der Vereidigung (§§ 60, 61 StPO)

Vereinfachtes Jugendverfahren Hauptverhandlung vor dem Jugendrichter ohne Mitwirkung eines Staatsanwaltes (§ 76 JGG)

Verfahrensgrundsätze Verfassungsrechtliche Vorgaben für die Durchführung eines ordnungsgemäßen Strafverfahrens

Verfahrenshindernis s. Prozessvoraussetzungen

Verfügung Prozessbegleitende Einzelanordnungen des Vorsitzenden ohne prozessbeendende Wirkung

Verhältnismäßigkeitsgrundsatz Negative Voraussetzung für die Anordnung der Untersuchungshaft; die Unverhältnismäßigkeit schließt selbige aus (§ 112 I 2 StPO)

Verkehrsdaten Erhebung von retrograden oder zukünftigen Telekommunikationsdaten, die nicht das aktuell gesprochene Wort eines Telekommunikationsvorganges betreffen, also z. B. angerufene Telefonnummern von einem bestimmten Telefon während eines bestimmten Zeitraumes (vgl. § 100 g StPO)

Vernehmung Verantwortliche Befragung eines Zeugen; zur Person: § 68 StPO, zur Sache: § 69 StPO

Verteidiger Organ der Rechtspflege und Beistand des Beschuldigten im Strafverfahren; zu unterscheiden ist der Wahl- (§ 138 StPO) und der Pflichtverteidiger (§ 140 StPO); s.a. notwendige Verteidigung

Videoaufnahmen Durchbrechung des Untersuchungsgrundsatzes, wobei entweder die Zeugenvernehmung direkt von einem anderen Ort durchgeführt wird (§ 247 a

I 1–3 StPO, Videosimultanübertragungen) oder ein zuvor aufgenommenes Video abgespielt wird (§§ 247 a I 4–5, 255 a StPO, Videoaufzeichnung)

Vorläufige Einstellung Vorübergehendes Nichtweiterbetreiben des Verfahrens bei behebbaren Verfahrenshindernissen

Vorläufige Festnahme Festnahmerecht von Jedermann auch ohne richterlichen Haftbefehl unter bestimmten Voraussetzungen (§§ 127 ff. StPO)

Warnsignale Erklärungsbedürftige Auffälligkeiten in einer Zeugenaussage für eine mögliche Unzuverlässigkeit derselben

Weisungsrecht Recht eines übergeordneten Staatsanwaltes an einen untergeordneten, diesem dienstliche Anordnungen zu erteilen (§ 146 GVG)

Widerspruchslösung Spätester Zeitpunkt (§ 257 II StPO) seitens der Verteidigung, der Verwertung des Inhalts einer Beschuldigtenvernehmung ohne Belehrung oder einer sonstigen Beweiserhebung zu widersprechen

Zeuge Förmliches Beweismittel der StPO; Zeuge hat die Pflicht zu erscheinen, auszusagen und gegebenenfalls seine Aussage zu beeiden (§§ 48 ff. StPO)

Zeugenvernehmung Gliedert sich in die Vernehmung zur Person (§ 68 StPO) und zur Sache (§ 69 StPO)

Zeuge vom Hörensagen Zeuge, der Tatsachen bekundet, was ein anderer wahrgenommen und ihm erzählt hat; in der StPO nicht geregelt, die Zulässigkeit seiner Vernehmung ergibt sich aus § 244 II StPO

Zeugnisverweigerungsrecht Recht eines Zeugen, aus privaten oder beruflichen Gründen die Aussage zu verweigern (§§ 52–54 StPO)

Zweifelsgrundsatz („in dubio pro reo") Nach Ausschöpfung aller Beweis- und Erkenntnismöglichkeiten ist die für den Angeklagten günstigste Lösung anzunehmen; Grundsatz ist eine Entscheidungs-, keine Beweisregel

Zwischenverfahren Filterverfahren nach Anklageerhebung/Strafbefehlsantrag zur Prüfung der notwendigen Verdachtsmomente für die Eröffnung des Hauptverfahrens (§§ 199 ff. StPO)

MIX
Papier aus verantwortungsvollen Quellen
Paper from responsible sources
FSC® C105338

If you have any concerns about our products,
you can contact us on
ProductSafety@springernature.com

In case Publisher is established outside the EU,
the EU authorized representative is:
**Springer Nature Customer Service Center GmbH
Europaplatz 3, 69115 Heidelberg, Germany**

Printed by Libri Plureos GmbH
in Hamburg, Germany